JN207356

現代エジプトの沙漠開発

土地の所有と利用をめぐる民族誌

竹村和朗

風響社

はじめに

エジプトはナイルの賜物とは、ギリシアの歴史家ヘロドトスが地中海に注ぐナイル川の沖積土の多さを指して述べた言葉であるが［ヘロドトス　一九七一：一八九］、その後人口に膾炙する中で当初の意味は忘れられ、ナイル川の恵みの豊かさとエジプト社会におけるナイル川の重要性を象徴する表現になっている。しかし、エジプトはナイルのみに生きるに非ず。ナイル川と同じくエジプトを象徴する世界遺産、ギザのピラミッドを思い起こしていただきたい。小高い丘の上に並んでそびえるピラミッドとその前に鎮座するスフィンクスは、砂の大地の上にある。ナイル川が重要なのは、エジプトが沙漠の国であり、国土のわずか数パーセントに相当するナイル川流域を除いたほぼすべてが、不毛の荒野――一九世紀末のある法令の表現を借りれば、「広大な空の非耕作地」――だからなのだ。

二〇世紀中ば、ちょうどナイル川の流れを完全にせき止めるアスワーン・ハイダムの計画が始まった頃、近代の進んだ技術をもってすれば、人間は沙漠を征服し、緑に変え、新たな地平を開くことができると信じられるようになった。沙漠に水を撒き、作物を育てるために、運河が掘られ、ポンプ場が建てられた。実質的主権を勝ち取ったばかりの新しい国民国家体制にとって、この発想はあたかも天与のものとみなされ、国家的開発計画に取り入れられた。二一世紀初頭の現在に至るまで、この沙漠開発の思想は、エジプトの政治・社会風土の中にしっかりと根を張り、生き残っている。

本書は、この現代エジプトの沙漠開発という現象を、「民族誌」という方法を中心に論じたものである。沙漠開発の状況や言説は、エジプトの社会・政治を映し出す鏡となると考えられてきた。しかし、沙漠開発に関する論議は、多くの場合、経済的効果や雇用機会の統計、耕作地の範囲や住宅戸数の多寡、政策報告書をめぐる果てしない解釈に終始し、「誰が畑を耕しているのか」に触れないまま沙漠の耕作事業の成否が語られ、「誰が住んでいるのか」を知らないまま、沙漠の住宅建設の成否が判断される。この上滑りの論議の一方で、沙漠開拓地に何が起こり、この現象に直接・間接に関わる人々が、何をどのように感じ、考え、行動しているのか、といった基本的な事柄は明らかにされないまま、放置されてきた。

「民族誌」が含む意味は多種多様であるが、ここでは、現地社会の中に入り込み、活動をともにしながら観察するフィールドワークの手法と、ある程度限定された地域や集団を全体論的に理解しようとする姿勢の二点を強調しておきたい。すなわち本書は、沙漠開発が組み込まれた社会の中にいる人間に注目し、フィールドワークにもとづき、その人間を取り巻く法や制度、慣習、社会組織の全体像を描き出すことを目指すという意味で「民族誌」的方法論をとる。それは、開発の中で静かに進行する国家機構の拡大と人々による日常的抵抗の過程に注目し、私たちと同様、否応なしに「国家ある社会」を生きなければならない現代エジプト社会の姿を描き出すことを意図したものである。

＊　＊　＊

本書には観察者であり執筆者である私の主観と関心、私を取り巻く人間関係が織り込まれている。この意味で本書は、私という特定の人間が、二〇一〇年代初頭という特定の時期に、エジプトのブハイラ県バドル郡という特定の場所で行ったフィールドワークと、そこで出会った特定の人々の記録でもある。バドル郡地域は――これから本書の中で繰り返し述べるが――、一九五〇年初頭に実施された開発計画によって耕作地と住宅地が整備された土地、「沙漠開拓地」である。バドル郡に向かう沙漠道路の途中に「緑の沙漠」という店の看板があるが、沙漠開拓地は、まさに「緑」と「沙漠」という矛盾した要素の組み合わせからなる。一面に広がる黄色い砂礫地の中で、スプリンクラーが機械的な音を響かせ、水を撒かれた部分だけに芝生が茂る姿には、近未来的な非現実感が漂う。

しかし、部外者の目にどれほど奇異に映ろうとも、その土地に生まれ育った者にとっては、そこが故郷である。沙漠開拓地に生まれ育った人々は、その土地をどのようなものとみなしているのだろうか。バドル郡に住むある人は、直截的な言葉で「おれはこの土地を買った」と表現した。これは、二〇一〇年にバドル郡地域でフィールドワークを始めた頃――実は私はその五年ほど前に同地域に一、二ヶ月滞在したことがあったが――、旧知のYと再会し、彼の新居で聞いた言葉である。Yは両親と同居していたが、二〇一〇年には同じ村の少し離れた一画に自分の家を建て、妻子とともに住んでいた。Yの村には一九六〇年代には公営住宅が二四戸があったが、二〇〇五年には自力で建てた新居を含めて約五〇戸に倍増し、二〇一〇年にはさらに増えていた。

私はYに「新居はイブニー・ベータックのおかげか?」と尋ねた。イブニー・ベータック（*ibnī bēt-ak*）とは、エジプト口語アラビア語で「あなたの家を建てよ」を意味し、当時のアフマド・ナズィーフ内閣が経済格差を縮めるため、若者や地方住民に住宅建設を支援した政策プログラムの呼称である。しかしYはこれを即座に否定し、「それは都会向けで、ここではそんなものはやられていない」と断った後、次のように述べた。

おれはこの土地を買った。ナセルの頃は「耕せ、そうしたら土地の権利を与えよう、水も電気も与えよう」だったのに、いまじゃ「先に金を払え、それから自分で耕せ」だ。難しい。入ってくるのは投資家ばかりだ。

この時私は、Yが公的支援を受けずに自力で土地を買い、家を建てたという「事実」を述べただけだと思った。しかし後になり、この時Yは自らが住む地域の生活世界を構成する重要な「真実」を明かしていたことに気づくことになる。「土地を買う」ことは、当然のことながら、土地の所有権や売買契約の証明や登記など複雑な仕組みを要する。Yの家が建っている場所は、二〇〇五年頃には単なる空き地に見える場所であったが、実際その頃にはYはすでにこれを「買い」、土地を管理する組合に登記していた。ナイル川流域内の農地の私的土地所有権は一九世紀末に確立したことが知られるが、近代的な土地所有体制は、いつ、どのようにしてナイル川流域外の沙漠地にも広げられたのか。Yのような人々は、どのようにして金を稼ぎ、土地を買い、これを故郷と呼ばれる場に変えていったのか。本書では、沙漠開拓地にまつわるこれら問いの答えを、バドル郡地域という特定の場所に生きる特定の人々の経験から探っていきたい。

＊　＊　＊

本書は、序章と本論六章から構成される。序章では、本書の目的と問題意識、現代エジプト沙漠開発の状況、バドル郡地域の概略、フィールドワークにおける対話者と資料の種類が述べられる。本論で扱う契約書の表現に準えて言えば、「序章は本書の分割されざる一部」であるが、詳細な背景情報であり、「はじめに」と重複する部分も多いので、読者各位の判断で読み飛ばしていただいても構わない。

本論の六章は、全三部、各部二章から構成される。各部ではそれぞれ沙漠開発における歴史、法、社会関係を論じる。

第一部「開発の評価と歴史認識」では、調査地バドル郡地域の歴史的側面を扱う。第一章「歴史の声――『タフリール県は革命の申し子』から」では、同地域の基礎となった一九五〇年代の国家的開発事業「タフリール県計画」が半世紀の歳月の中で「バドル郡」という一つの地方行政機構に変容していった過程と意義を、当の地方行政機構が記した「歴史書」の記述から考察する。これに対し、第二章「個人の声――町の住民Gの語りから」では、バドル郡地域の中心部の町、通称「マルカズ・バドル」に住む五〇代の男性住民Gの個人史と町のモスクに関する語りから、「歴史書」に含まれない地域社会の展開と、特に慈善を行う地方名士の存在を取り上げる。

第二部「沙漠開拓地をめぐる法制展開」では、バドル郡地域を構成する沙漠開拓地を「買う」仕組みを論じる。第三章「沙漠地の法――民法第八七四条を中心に」では、一九四八年に制定された現行民法の中の沙漠地の所有権と取得に関する第八七四条の形成とその後の特別法による修正から、「誰のものでもない」土地であった沙漠地が「国有地」となっていった過程を跡づける。これに対し、第四章「売買契約書――国有地を私有する仕組み」では、バドル郡地域における沙漠開拓地の所有という現状を出発点として、土地占有の合法化を進めたタムリークという手続きとその展開を検討する。

第三部「人々が依拠する社会関係」では、バドル郡地域で沙漠開拓地を利用し、それによって暮らしを成り立たせている人々の社会関係に目を向ける。第五章「苗農場で働く――沙漠開拓地における農業実践」では、沙漠開拓地を用いた農業実践の一つである苗農場の事例を取り上げ、その方法と風景、経営と労働をめぐる人間関係を描き出す。第六章「喜びを分かち合う――結婚の祝宴と社会関係の実演」では、同地域における社会関係の結節点の一つである結婚について、その不可欠の一部とみなされる祝宴の開催と参加をめぐる人々の間の互酬的関係性のあり方を論じる。

本書は、これら六章から沙漠開発における人間と社会的制度を論じる中で、沙漠開拓地という土地が、個々の人間にとって重要な財産となり、生計と自己アイデンティティーの道具、日常生活の場となっていることを示す。民族誌という方法を通じて、沙漠開発が国家から不断の介入を受ける現代エジプト社会の縮図であること、そして国家権力と付き合う人々のしたたかさを描き出してみたい。

凡例にかえて――本書の表記

1　アラビア語のローマ字転写とカナ表記

本書では、アラビア語の文字資料や会話の中の言葉やフレーズを、ローマ字転写やカナ表記によって表現する。その際に問題となるのが、アラビア語の「文語」と「口語」の間の連続性と乖離である。アラビア語はエジプトの「公用語」であり、教育やメディア、出版を通じて、広く「国民」に教育され、様々な局面で用いられている。文語は、一般に正則語、現代標準アラビア語と呼ばれ、文法規則や語彙の点で、国内的・国際的に一定の理解が共有されている（ただし、文語であっても、発音や文法理解の点には各地の口語の影響が見られる）。他方、口語は、文語との共通性も多いが、国や地域、社会集団や階層、職種ごとに異なる言葉遣いや発音、文法上の変化や省略などの特徴が見られ、その表記についても共通の方法はなく、「正書法」は確立していない。

たとえば、調査地バドル郡が属する県の名は、文語の読み方では「buḥayra／ブハイラ」だが、口語では「beḥeira／べヘイラ」や「bḥēra／ブヘーラ」のように発音される（少なくとも私にはそのように聞こえる）。どの表記をどの文脈で用いるべきだろうか。また、エジプト口語アラビア語（特にカイロ以北のナイル・デルタ地域）では、アルファベットの jīm が gīm に、qāf が ʾāf の音に変わることが知られている。ある歴史的人物は、文語では「Majdī Ḥasanayn／マジュディー・ハサナイン」と読まれるが、口語では「Magdī Ḥasanein／マグディー・ハサネイン」と呼ばれる。英語文献ではしばしば口語の発音に忠実に「Magdi Hasanein」と表記される。この人物の名は、本書の本文と引用文の両方に出てくるが、その表記や転写をどのように区別し、あるいは統一するべきだろうか。

文語に表記を合わせると、口語の持つ含意が落ちてしまい、口語の転写やカナ表記だけでは文語との繋がり、共通する意味が抜け落ちてしまう。どちらを重視するかによって方法は異なるが、民族誌的方法を掲げる本書では、バドル郡地域の人々の発音や理解を重視し、カナ表記の場合にはできる限り現地の形に近い（と私が考える）音にもとづいて表現する。その際、必要に応じてローマ字転写を括弧書きで入れるが、文語の転写法は、アラビア語＝英語辞書の定番であるハンス・ヴェア『現代標準アラビア語辞典』［Cowan 1994］と日本語のイスラーム研究専門辞典の一つ、『岩波イスラーム辞典』［大塚ほか編 二〇〇二］に準拠する。口語の転写表記はイタリックで表現する。意味や発音の確認のために『エジプト・アラビア語辞典』［Badawi and Hinds 1986］を参照するが、文中の表記では私が聞いた音に応じた表記を優先する。代表的な規則は以下の通りである。

（1）文語のローマ字転写について

・アラビア語で書かれた出版物や契約書、刊行物や法令などの言葉やフレーズの一部は、文法的規則に従って、ローマ字に転写され、括弧の中に示される。

・母音は a, i, u、長母音は ā, ī, ū、二重母音は ay, aw。

・子音は、ʼ（語頭では省略）, b, t, th, j, ḥ, kh, d, dh, r, z, s, sh, ṣ, ḍ, ṭ, ẓ, ʻ, gh, f, q, k, l, m, n, h, w, y。

・名詞の語頭に付く定冠詞 al- や語尾に付く人称代名詞（ex. -ī, -hu）との間にはハイフン（-）を付す。例：その心臓（al-qalb）、私の心臓（qalb-ī）

・定冠詞 al- は、続く太陽文字（t, th, d, dh, r, z, s, sh, ṣ, ḍ, ṭ, ẓ, l, n）との同化の有無にかかわらず、常に al- と表記する。例：その光（al-nūr）

・名詞・形容詞の語尾母音は、原則として表記しない。語尾のター・マルブータ（名詞・形容詞の語尾に付き、女性形や集合名詞の個物名詞などを表す）は、原則として表記しないが、その直前の母音は必ず a になる。例：

その夜（al-layla）、昇天の夜（layla al-miʿrāj）

・動詞の語尾母音は、文法規則に従って表記する。

・接続詞の wa や fa、前置詞の bi や li は、続く名詞や動詞と繋げて表記する。続く語頭に alif が来る場合、a や i の音は wa に吸収され発音しないが、原文に alif が残る場合には、表記する。例：そしてその光（wa-al-nūr）、国の所有物（milk li-l-dawla）

（2）口語のローマ字転写について

・フィールドワーク中の会話の単語の一部は、イタリックのローマ字に転写され、括弧の中に示される。

・母音は、原則として、a, i/e, u/o、長母音は ā, ī/ē, ū/ō、二重母音の ei は長母音化して ē になり、aw は ō になる。

・子音は、ʾ（語頭では省略）, b, t, s, g/j, ḥ, kh, d, d/dh, r, z, s, sh, ṣ, ḍ, ṭ, ḍ/ẓ, ʿ, gh, f, q/ʾ（語頭でも省略しない）/g, k, l, m, n, h, w, y。

・名詞の語頭に付く定冠詞 il/el- や語尾に付く人称代名詞との間にハイフンを付す。例：その心臓（*el-ʾalb*／文語 al-qalb）、私の心臓（*ʾalb-ī*／文語 qalb-ī）

・人称代名詞は口語で発音される音を優先する。たとえば、男性単数の -ka は -ak に。例：あなたの主（口語 *rabb-ak*／文語 rabb-ka）

・定冠詞 el- は、続く太陽文字（t, t/th, d, d/dh, r, z, s, sh, ḍ, ṭ, d/z, l, n）と同化して表記する。例：その光（*en-nūr*）

・語尾のター・マルブータは原則的に表記しないが、二つの名詞を結合するイダーファ構造に限り、一つめの名詞の語尾の t を表記し、直前の母音は a ではなく e になる。例：その夜（*el-lēla*）、昇天の夜（*lēlet el-miʿrāg*）

・名詞・形容詞の語尾母音は、常に表記しない。
・動詞の語尾母音は常に表記しない。動詞の変化規則は口語の用法に従う。
・接続詞の **wa** や **fa**、前置詞の **bi** や **li** は、続く名詞や動詞と繋げる表記する。続く語頭に **alif** が来る場合、**a** や **i** の音は **wa** に吸収され発音しないので表記しない。例：神かけて（*wa-llāhi*）

（3）カナ表記について
・アラビア語の人名や地名、重要単語や表現をカタカナで表記する。
・定冠詞「アル／エル」は原則として省略する。
・地名や人名は、口語の発音に準じて表記する。ただし、ブハイラ県は、文字資料に頻出するため、例外的に文語の読みに即してブハイラとする。
・地方行政単位――県（mudīrīya / muḥāfaẓa）、郡（markaz）、行政村を意味する地方単位（waḥda maḥallīya）、市（madīna）、区（hayy）――は、日本語で対応する訳語を充てる。例：バドル郡
・無母音の **ḥ** と **h** は、語中・語尾ではフと表記する。例：タフリール県

2　固有名詞
・著名人および政治家は、上述の転写・表記方法に従い個人名を表記する。すでに確立した表記法がある場合にはそれを優先する。例：ナセル（人名カナ表記の原則に従えば、ガマール・アブドゥンナーセル）
・それ以外の人物名は、複数回参照される場合には、仮称として、アルファベット（Y、Z、Gなど）を充てる。一、二回参照されるだけの者は、記号（○、△など）で示す。村名は、調査地のX村はアルファベットで表し、

実名を伏せるが、その他資料上で言及される村の名は上記の原則に従い実名を記す。
・マルカズ・バドルは、バドル郡の中心地、バドル市の通称である。市内のモスク名やモスク建設者の名前は、地域の著名人であるため実名にしたが、場所や人物の特定を避けるため開示せず、変更した点もある。

3 文中の言葉の表記

・欧米語・アラビア語の単語や表現の原綴りを文中で記す場合には、当該語の後ろに丸括弧に入れて付す。
例：「開発」（tanmiya）、「開発（tanmiya）に関する法律」
・丸括弧を付さない場合は、本文の一部とみなす。

4 引用

・鉤括弧（「」）は、重要な単語や表現を用いる場合、および他資料の文章や言葉の引用、会話内容を表す場合に用いる。他資料から引用する場合には、鉤括弧に続いてブランケット（［ ］）を付し、その中に書誌情報を記す。なお、本書では文献リスト方式を用いるため、書誌情報はすべて巻末に記される。
・引用文や会話文において、著者による補足を加える場合、亀甲括弧を用いる。文中の省略記号「……」は、発言者の言いよどみやぼかしを意味する。引用者が省略した部分には、〔中略〕や〔後略〕を入れる。実在する文書や契約書において固有名詞や地名、数字など、個人情報の特定に繋がる可能性のあるものは＊印によって隠す。
・法令や会話など引用する文章が一定程度以上の長さになる場合には、一行分の行間を入れ、スペース二つ分を落として、引用文を示す。

・法令は、国立印刷局による個別の法令集がある場合にはその書誌情報を記すが、それ以外の場合はDVDに収められた法令全集〔al-Majmaʻ al-ʻArabī al-Qānūnī n.d.〕を参照する。これは、すでに印刷された古い法令をPDF化して取り込み、DVD内のソフトウェアにより閲覧するものである。国立印刷局の販売店で売られ、公式文書を用いていることから公的出版物であることが推定されるが、パッケージには詳細情報が記されず、発行元は「アラブ法律学院」とされる。同学院については、ウェブサイト（www.laa-eg.com）を参照のこと。

5　単位・通貨

・フェッダーン（正則アラビア語で faddān、口語で *feddān*）はエジプトの土地面積単位で、現在では四二〇〇・八三三平方メートルに相当する。下位単位のキーラート（qīrāṭ）は、一フェッダーンの二四分の一で一七五平方メートル。さらに下位のサフム（sahm）は、一キーラートの二四分の一で七・二九三平方メートル。

・エジプトの通貨は、英語でポンド（Egyptian Pound, 正式表記はラテン語の libra に由来する£）、アラビア語でジニー／ギニー（文語 junayh miṣrī／口語 *gini maṣri*）と言う。本書では、本文と会話文の両方でポンドと表記する。二〇一〇年前後のフィールドワーク時の公定為替レートは、一ポンドあたり一五円から一七円を推移していた。

目次

装丁＝オーバードライブ・泉原厚子

●現代エジプトの沙漠開発——土地の所有と利用をめぐる民族誌

序章

一　本書の目的と方法

本書は、現代エジプトの「沙漠開発」（desert development / tanmiya al-ṣaḥrā'）を、その場の一つであるブハイラ県バドル郡地域を事例に論じた民族誌的研究である。

純粋に思弁的な考察を除き、人文社会科学の大半は、観察者によって知覚され、把握される人間的行為や思考を扱う。そのような行為や思考は、内的規則や共通性から一定のまとまりごとに分けられ、名称が付けられる。本書で扱う現象は、沙漠の土地の所有と利用に関わる営為であり、これを「エジプトの沙漠開発」と名付けておこう。「エジプト」と国の名前を冠して限定したのは、自然環境や世界観、慣習や法制、記憶の厚みに目配りすることでこの現象の理解をより確実にするためであり、エジプトの経験を特別視するつもりはなく、他の国や地域の経験との共通性を否定するものでもない。「開発」の語からは二〇世紀後半に世界的に展開した国家的・国際的な開発事業を連想されるが、ここではそうした公式的な開発事業や政策だけでなく、これに積極的あるいは受動的・周縁的に関わる様々な行為者を幅広く目配りしていく。

エジプトの沙漠開発は、古来多くの国家や文明を育んできた肥沃なナイル川流域の外部にある広大な範囲、しばしば一口に「沙漠」と呼ばれる土地を、耕作や住宅のために改変する試みと言い換えることができるだろう。一九世紀から二〇世紀前半にかけて盛んに行われたナイル川流域周辺の未耕作地や沼沢地の整備もこの現象の歴史的過程の一部に含むことができるが、二〇世紀後半以降には灌漑技術の進歩と生活基盤の拡大により、ナイル川流域からはるか遠く離れた地域（たとえば西部沙漠のオアシスやナセル湖岸、シナイ半島）にまで開発の波が押し寄せ、「沙漠開発はエジプトの死活問題」と呼ばれる状況を生み出した。

これにより、沙漠を後背地に持つ地域には新都心や郊外住宅地が建設され、それらは沙漠を貫く複数車線の高速沙漠道路によって結ばれた。沙漠道路沿いには衛星都市やゲート付きの高級住宅地、広大な農園や防風林が立ち並ぶ。地中海や紅海の沿岸もまたリゾート地に変貌した。沙漠開発によって創出された「沙漠開拓地」（reclaimed desert land / arḍ ṣaḥrāwīya mustaṣlaḥa）は、いまや新たな富の源泉となり、現代エジプトの国家と人々の双方にとって一大関心事になっている。

従来の研究では、沙漠開発は「国家的開発」の問題とみなされ、開発政策や開発計画の進捗状況と評価、対象の受益者の適応状況、沙漠開拓地の分配と管理、開発政治の背後にある言説や権力体制など、その政治的側面が議論の俎上に置かれてきた。

そうした議論の最新の成果が、エジプト沙漠開発実務に長年関わってきたアメリカ人経済コンサルタント、デイヴィッド・シムズの著書『エジプトの沙漠の夢』である［Sims 2014; cf. 竹村 二〇一三b］。同書では過去半世紀にわたる沙漠開発の諸事業の状況が統計と衛星画像から分析され、開発政治の動向とそれによる公的管理体制の深刻な不備が指摘され、政治体制が沙漠開拓地に向ける近代主義的願が批判される。著者シムズが、同書の副題を「開発か大失敗か」（development or disaster）とし、表紙写真に門だけの荒れ果てた沙漠農場の写真を選ん

図1　エジプト全図

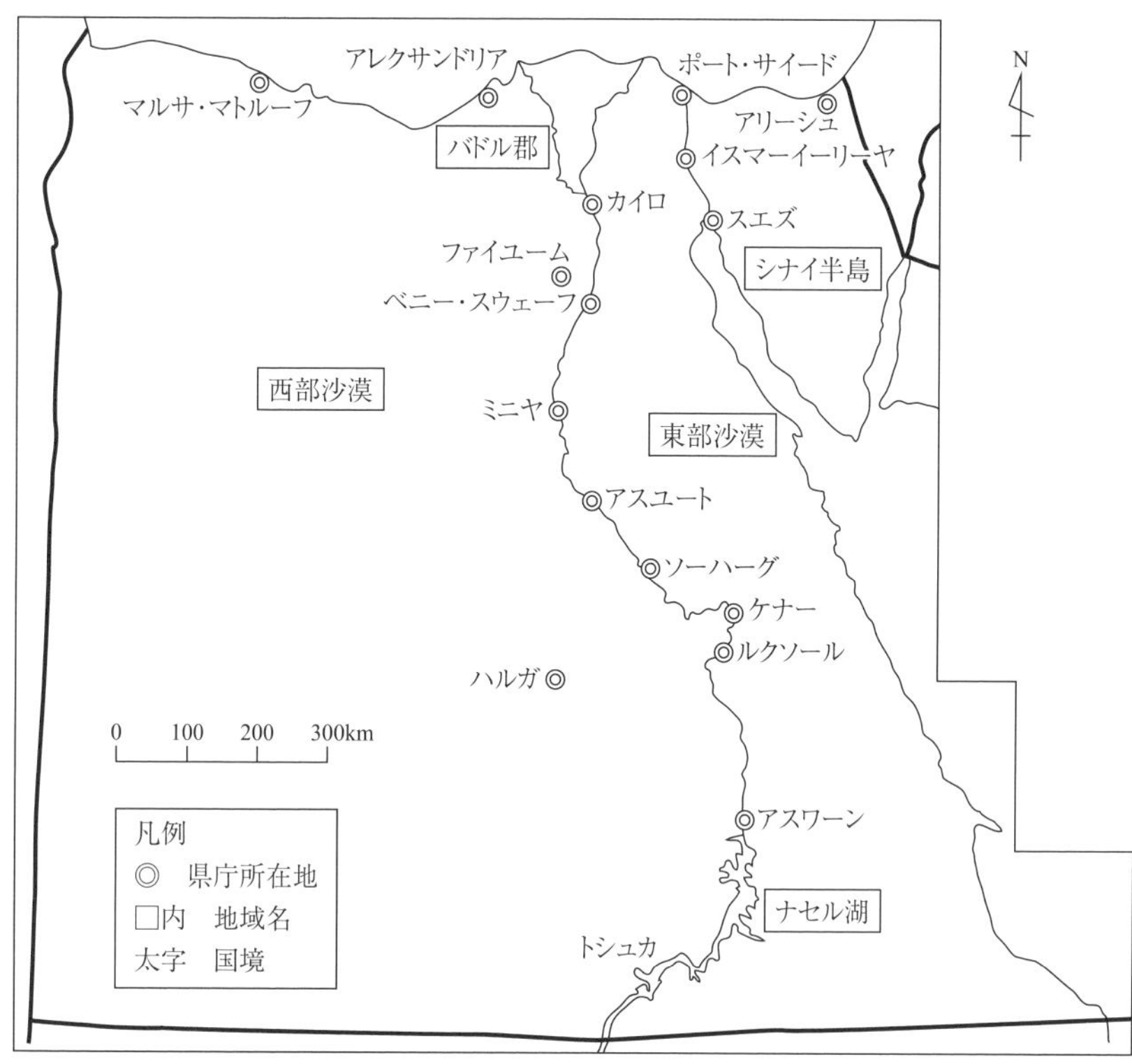

出典：『エジプト道路地図』［Sharika Shill li-l-Taswīq 1996: 6–7］より筆者作成

だことからも明示されるように、エジプトの沙漠開発を「失敗した」と断定している。同書に序文を寄せた著名なエジプト政治史研究者ティモシー・ミッシェルによる著者への賞賛にも支えられつつ、同書は、エジプトの沙漠開発が沙漠に投影された「夢」であり、それが現実には「悪夢」に終わったと結論づける。

同書から得られることは多いが、しかしここには一つ決定的に欠けている点がある。それは、同書表紙を飾る門の写真に端的に示された、著者の論点・方法論における「人間」的要素への関心の欠如である。これに対し、本書は「人間の存在」から沙漠開発を理解することを目指す。沙漠開発によって作り出された土地に生きる人々は、自らの置かれた状況や社会をどのように認識し、それをどのように考え、判断し、その中でどのような行動を選択しているのか。本書は、こうした人間の言葉と行動、記憶と記録が積み重なって成立する「社会」というものの理解が、沙漠開発という政治的・社会的枠組みを論じる上でも不可欠であることを主張する。沙漠開発の現象は、人間を含めた形で描き直されなければならない。本書は、現代エジプトの沙漠開発について、人間の言動、人間がつくりあげた制度や慣習を中心に据えた民族誌的研究を意図している。

この沙漠開発の民族誌という試みのため、本書では議論を特定の場に限定する。本書で扱うその場は、ナイル・デルタの西端に広がるブハイラ県バドル郡地域である。同地域は、一九五〇年代初頭に沙漠開発事業「タフリール県計画」が実施される前まで、ナイル川の氾濫や灌漑網が行き届かない沙漠の一部であった。同計画は進歩的性格を持ち、新たに運河・用水路を掘り、その水で沙漠を開墾し、その土地を農民に分配するだけでなく、これら農民に新たな価値観やジェンダー観、近代的衛生管理、スポーツや音楽を教育することで「新しい農民の創造」を目指していた［El Shakry 2007］。しかしこの先鋭的な計画はほどなく瓦解し、計画地は北と南に分割され、農地改革省の管理下に置かれた。南側部分に相当する「南タフリール地区」が紆余曲折の末、二〇〇一年にブハイラ県の第一五の郡として「バドル郡」となった。

本書の執筆者たる「私」は二〇〇四年にこのバドル郡地域を初めて訪れ、二〇一〇年から一二年にかけて本書のもととなるフィールドワークを行った。フィールドワークでは、バドル郡の人々がそれぞれ関心を持っていること、行っていること、尋ねてもないのに教えてくれること、反対に尋ねてもなかなか教えてもらえないことに注意しながら、観察と対話に努めた。

この作業からは、以下の三つの関心領域が浮かび上がり、これらが本書の三部の構成となった。それは、地域の基礎となった開発の評価とその後の歴史認識、人々の生活に直接関係する沙漠開拓地の所有に関わる法制展開、そして人々がこの地域を生きる中で依拠する社会関係のあり方である。本書では、これら三点をそれぞれ部として各二章を割り当て、全六章の構成から論じていく。

二　エジプト沙漠開発の枠組み

本節では、現代エジプトの沙漠開発を論じる際の背景情報として、文化的なエジプト的性格、二〇世紀後半の政治的取り組みの概観、そして沙漠開拓地の行政管轄の三点を示しておく。

1　沙漠開発のエジプト的性格

エジプトの沙漠開発の根幹には、古代以来の中軸たるナイル川と、その周辺に広がる沙漠の明確な対比がある。この構図の中で沙漠開拓地は、肥沃なナイルと不毛な沙漠の中間にある「どちらでもない空間」にあたる。その曖昧さを巧みに表現したのが、人類学者ドナルド・コウル、エジプト人経済学者ナイーム・シルビニー、統計学者ナディア・ギルギスによる共同研究報告書『エジプトの西部沙漠における投資家と労働者』［Sherbiny, Cole, and Girgis 1992］冒頭の文である。以下、やや長いが引用する。

古代エジプト人は、彼らの世界を、ケメトすなわち「黒い土地」と、デシェレトすなわち「赤い土地」に分けた。ケメトは、ナイルの河谷とデルタを意味し、その豊かで黒い堆積土と命を恵むナイル川の水と結びつけられ、古代エジプト人が世界でもっとも偉大な農耕文明の一つを生み出す環境的基盤を与えた。デシェレトは、ケメトの東西に広がる乾燥地を意味した。その土地は住みにくく危険で、悪の精霊の住処であり、セト神――自然の無慈悲さと結びつけられる――によって支配されると考えられていた。

> 数千年後、現代のエジプト人たちは、同じ二項対立を用いて、彼らの国を「エル＝ワーディー」すなわち「河谷」と、「エル＝ガバル」、文字通りには「山」すなわちエジプトの文脈では沙漠とに分けた。ナイル河谷とデルタ（以後ワーディーと表記）は、エジプト・アラブ共和国の主権領土である約一〇〇万平方キロメートルの約四％を占める。過去と同様、現在のエジプト経済・社会・文化は、圧倒的にワーディーにもとづく。〔中略〕
>
> ワーディー出身の現代エジプト人の文化において、沙漠――エル＝ガバル――はいまだ危険な場である。それは、環境的に住みにくいだけでなく、ジンやアフリートのような、悪意のある、または潜在的に悪意のある精霊の領域であり、ハラミーヤすなわち「盗賊」と「無法者」とに――少なくともその一部として――結びつけられる住処である。それにもかかわらず、最近の数十年間、「赤い土地」の一部が（いまや「新しい土地」あるいは「開拓地」と呼ばれるようになり）農業生産やその他関連する土地利用に供されるようになるにつれ、沙漠地とワーディーの古い農業地の間の境は、次第に曖昧になってきた。［Sherbiny, Cole, and Girgis 1992: 1］

コウルはもともとアラビア半島のベドウィン（移動牧畜民）を専門とし、近代国家による介入と定住化政策を論じたが［Cole 1975］、この報告書によれば、もはや沙漠はベドウィンだけのものではなく、ナイル川流域から移動してきた投資家と労働者、さらには行楽客が交じり合う場になっている［cf. Cole and Altorki 1998］。

文中の「新しい土地」（new lands / arāḍin jadīda）という表現もエジプト的沙漠開発理解のあり方を示している。この語は「古い土地」（old lands / arāḍin qadīma）、古代エジプトにおける「黒い土地」、ナイル川流域の肥沃な耕作地を対義語として構成される。こうした言葉が用いられ始めた時期は定かではないが、少なくとも現代エジプトの農業統計では、「古い土地」は一九五二年までに存在していた耕作地として、六〇〇～六五〇万フェッダー

表1　エジプトの耕作地面積（2001–2012年）（単位はフェッダーン）

	耕作地面積		
年度	合計	新しい土地	古い土地
2001	7,945,574	1,540,240	6,405,334
2002	8,148,040	1,661,118	6,486,923
2003	8,113,219	1,655,402	6,457,817
2004	8,278,654	1,655,368	6,623,286
2005	8,384,768	1,736,438	6,648,330
2006	8,410,986	1,754,826	6,656,160
2007	8,423,079	1,887,024	6,536,055
2008	8,432,186	1,978,110	6,454,076
2009	8,783,214	2,626,683	6,156,531
2010	8,741,122	2,623,399	6,117,723
2011	8,619,427	2,548,208	6,071,219
2012	8,799,439	2,780,044	6,019,395

出典：エジプト『統計年鑑』［CAPMAS 2014: 113］より著者作成

ンあると言われる［Kishk 1999］。コウルらはこれを国土の「約四％」と述べている。一フェッダーンは四二〇〇平方メートル（〇・〇〇四二平方キロメートル）であるから、多めに六五〇万フェッダーンとしても二万七三〇〇平方キロメートルである。エジプトの国土はほぼ一〇〇万平方キロメートルであるので、この数字は二・七％、つまり三％弱にすぎない。

なお、この「四％」という数字は、ティモシー・ミッチェルが引用する一九八〇年の世界銀行報告書でも用いられている。マイル（一マイルは一六〇九・三メートル、以下一・六キロメートル）で計算されているので若干の誤差もあるかもしれないが、ミッチェルの文中では「エジプトの国土は三八万六〇〇〇平方マイル」だとされる。これは九八万八一六〇平方キロメートルで、それに対しナイル川流域は「一万五〇〇〇平方マイル」、すなわち三万八四〇〇平方キロメートルとされる。これは三・八八％であるので、ほぼ「四％」と言える［Mitchell 2002: 209］。

この三万八四〇〇平方キロメートルを、先ほどのエジプトの土地面積単位フェッダーンに直すと、約九一四万フェッダーンになる。手元にある二〇一二年までの統計では、エジプトの合計耕作地面積がこの数字に届いたことはまだない（表1）。「四％」は、ナイル川流域の農地だけでなく、住宅地や工業用地を含めたものだと考えられる。たとえば、手元にある二〇一四年の『統計年鑑』［CAPMAS 2014］の第五部「農業・土地開拓」に記載される二〇〇一年から一二年までの「合計耕作地」の表によれば、二〇〇一年には七九四万五五七四フェッダーンであったのが、二〇一二年には八七九万九四三九フェッダーンに至る。

これより五年古い二〇〇九年の『統計年鑑』［CAPMAS 2009］の第一部「人口」に含まれる「二〇〇九年一月一日付の県別居住面積・人口・人口密度」の表によれば、エジプトの国土総面積が一〇〇万九四四九・八平方キロメートルであるのに対し、居住面積は七万八九九〇・二平方キロメートルであり、居住面積の比率は七・八三％に相当する［CAPMAS 2009: 55］。仮に、表1の二〇〇九年の合計耕作地面積八七八万三二一四フェッダーン、すなわち三万六八八九平方キロメートルと二〇〇九年一月一日付の居住面積七万八九九〇平方キロメートルが重複しないとすれば、合算して合計一一万五八七九平方キロメートルになり、これは国面積の約一一・五％に相当する。この数値によれば、国土の一割が農業や住宅のために用いられており、残り九割は具体的な利用目的が明らかではない状態、すなわち「未開発の沙漠」であると考えられる。

このようにエジプトの沙漠開発の前提として、全土の一割しかないが肥沃で稠密なナイル川流域と、九割を占める広大で未利用の沙漠地という不均衡が想定されている。

2　沙漠開発と政治

それでは二〇世紀後半以降のエジプト沙漠開発は、国土のどの部分で、どのように展開してきたのだろうか。全体的傾向から、以下の四つの時期区分に分けられ、説明することができる。

①一九五〇~六〇年代――耕作地の拡大

この時期には、国家的開発計画による沙漠の耕作が試みられた。一九五〇年代は本書で扱う「タフリール県計画」や地中海沿岸部の干拓を伴う「エジプト・アメリカ農村改良事業」[Tadros 1975; 1978]など種々の実験的計画が実施された[al-Jabalī 1985]。一九六〇年代前半になると、社会主義的体制下で沙漠の耕作事業は経済五ヵ年計画の農業部門に組み込まれて予算が急増し、ナセル大統領の号令により、「毎年一〇万フェッダーンの耕作地拡大」が目指された[Waterbury 1979: 137; Voll 1980]。背景には、アスワーン・ハイダム建設による灌漑用水の確保が予想されたことと、それに伴うナショナリズムの高揚が指摘される[al-Jabalī 1985: 35; Kishk 1999: 107–108]。これら事業はナイル川流域周縁部で進められたが[Voll 1980: 131–138]、例外的に、西部沙漠のオアシスにおいても地下水を利用した「新河谷計画」(1)(mashrū‘ al-wādī al-jadīd「新しいナイル河谷計画」)が実施された。これら事業は、公的には約九〇万フェッダーンの沙漠開拓地を創出したとされる[Kishk 1999: 108]。これらの「開拓農地」は、一旦は国営農場とされた後、特定受益者に分配された。

②一九七〇~八〇年代――住宅地の拡大

この時期には、ナセルからサダトへの政治指導者の変化とともに、沙漠開発においても新機軸が掲げられた。一九六七年の第三次中東戦争の大敗やその後の消耗戦の影響から、一九七〇年代には新規開発事業がほぼ停止し、一九八〇年代の再開後も、かつての国家的開発事業や国営農場は激しい批判を浴び、「民営化」や「官民協同」を通じた民間資本の役割が強調されるようになった[Hanna and Osman 1995]。一九八〇年代の新規開拓地は公的統計でも五七万フェッダーンから九五万フェッダーンまで数値に差があり、さらにこれ以降さらなる情報錯綜が顕著になっていった[Kishk 1999: 110–112]。一九七四年の「経済開放」(infitāḥ)の開始と同時期に、沙漠開拓地の住宅利用が推進されるようになり、人口の急拡大と都市の人口過密を緩和するために、衛星都市や郊外住宅地の建設が始まった［Sims 2010］。沙漠地の住宅利用は、すでに夏季行楽地として人気を博していた地中海岸や紅海沿岸部のリゾート開発にも転用され拡大していった［Cole and Altorki 1998］。

③一九八〇～二〇〇〇年代――格差の拡大

この時期には、ムバーラク大統領の政治体制下でエジプト経済全体に、「構造調整と新自由主義経済」の影響が見られ、沙漠開拓地の利用・管理においても、格差拡大と階層分化が進行した。一九九〇年代には上エジプトやシナイ半島などの貧困解決のため大規模開発事業が策定され、国土最南部に位置するナセル湖沿岸部の大規模開発事業「トシュカ計画」などが実施された［竹村 二〇一四c］。しかしこの時期には小作法改正を通じた大土地所有の復活への端緒が開かれ［Bush 2002］、経済格差が広がる中で投資家を優遇する大規模事業には冷ややかな視線が向けられた(2)。この格差拡大の動きは二〇〇〇年代に加速し、国際的な資本による沙漠開拓地の農場経営や豪奢な郊外住宅地やリゾートの開発、沙漠道路沿いの土地の違法利用が進み、沙漠開拓地は「制度化された腐敗」［Amin 2011: 37–38］や「縁故資本主義」［ʻAbd al-Fattāḥ 2011; Amin 2013］の一部とみなされるようになった。

④二〇一〇年代～――国家統治の再強化？

この時期には、「二〇一一年革命」によりムバーラク体制が突如瓦解し、その後「二〇一三年革命」を経て新たな方向性が模索されている。前者の直後には「腐敗の浄化」が訴えられ、沙漠開発政策の見直しや沙漠道路沿いの違法利用の撤去が求められた［cf. Khayrī 2011］。二〇一〇年代以降の政治・経済政策の方向性が判明するのはおそらくまだ先になるが、「二〇一三年革命」後の新体制は、スエズ運河地域やシナイ半島の開発促進を掲げ、沙漠開発を政策パッケージに組み込み、新たな成長戦略の一部とみなしているようだ［土屋 二〇一五］。すでに憲法のレベルでは、国家と法の支配が改めて強化される方向性が見られる［竹村 二〇一八］。

先に挙げた表1の「新しい土地」という概念は、「一九五二年革命」以後のもので、一九五〇年代から二〇一〇年頃までに約二五〇万フェッダーンの沙漠開拓地が耕作地として利用されるようになったことを意味する。ナイル川流域の「古い土地」と比べて、生産性の低い沙漠開拓地の農業利用については、（特にエジプト人の）農学者や地理学者からの異論や批判が根強い。また沙漠開拓地が増えた一方、より生産性の高いナイル川流域の農地が（しばしば違法な）宅地化の進行により減少していることの矛盾も指摘されている［Cole and Altorki 1998: 17–18］。それでも数値上では、いまや「新しい土地」の規模は、「古い土地」の三割を超えている。このことは、それだけ沙漠開発がエジプトの国土に入り込み、沙漠開拓地という「資源」を生み出していること、そしてこの新しい「資源」を管理する方法が求められてきたことを意味する。

3　沙漠開拓地の行政管轄

沙漠開発を通じて創出された沙漠開拓地は、多くの場合、一旦公的機関の管理下に置かれた後、個人や民間企業に払い下げられた。耕作地としての沙漠開拓地を管轄する公的機関は、一九七五年に設置された「建設農業開発計画公機構(3)」であり、住宅地としての沙漠開拓地の管轄は「新都市共同体機構(4)」である。調査地のバドル郡地域の土地はおもに前者に関わるので、以下では前者の行政管轄系統を整理しておきたい。ここには大別して三つの系統が観察される。

①「土地開拓」（istiṣlāḥ al-arāḍī）

「土地開拓」系統は、一九五四年に農業省傘下に設置された「土地開拓常設機構[5]」を始まりとする。これは、未耕作の可耕地である「荒蕪地」（al-arāḍī al-būr）の調査やこれに関する政策提言をおもな活動内容としていた。同機構は一九五五年に灌漑省管轄に移り[6]、一九五八年に開拓地取引の原則を設定した[7]。その後一九六〇年に農地改革省（と呼ばれるようになった農業省）の管轄下に戻り、同機構の理事会や職務規定に関する内規を定めた[8]。しかし一九六一年の行政官庁改組改編に伴い、「土地開拓公機構」と改名され[9]、さらに一九六二年に「土地開拓エジプト公機関」に改組され、開拓地における経済開発と投資促進を活動目的に加えた[10]。一九六五年には、「開拓地利用開発エジプト公機関[11]」に改組され、エジプト全土の沙漠開拓地や荒蕪地の耕作と関連する事業の準備、沙漠開拓地の払い下げ、農村社会開発など多岐にわたる活動内容を定めた。開拓地利用開発エジプト公機関は、全国の沙漠開拓地を統括する上部組織として設置されたが、一九七一年に民営化推進のため廃止が宣言された［Waterbury 1971］。同機関の傘下にあった開拓地は各地域に設置された農業公社に振り分けられ、これらを統括するため新たに「土地耕作開発エジプト公機関[12]」が設置された。同機関はおもに農業公社の民営化とその管理を行う。この農業公社の中に、本書で扱う「南タフリール農業社」が含まれる。

②「沙漠建設」（taʿmīr al-ṣaḥrāʾ）

「沙漠建設」系統は、西部沙漠を管轄するものとして始まった。一九五九年に「沙漠建設公機構[13]」が軍事省（現在の防衛省）に設置され、隣国リビアとの国境地帯を含む、西部沙漠のオアシス集落周辺を対象として、可耕地の調査や政策提言を担った。一九六一年には大統領府に管轄を移し、立案されたばかりの「新河谷計画」に関する沙漠地の耕作や処分[14]、調査や事業監督を統括した[15]。一九六二年に農業省に移され、「沙漠建設エジプト公機関[16]」として再編された。新河谷計画は、西部沙漠各地に多数の井戸やポンプを設置したが、地下水位の低下やそれに伴う事業進捗の遅れなどから事業的には成功しなかった。それでもこの地域に新たな県である「新河谷県」を設置する下地を作ったことは確かである。同機関は一九六九年には土地開拓省に移管され、「沙漠建設公機関」[17]と改名された。一九七一年には「沙漠事業実務局」[18]に改組され、一九七五年に、次に見る「土地建設」系統に吸収された。

③「土地建設」（taʿmīr al-arāḍī）

「土地建設」系統は、タフリール県計画とエジプト・アメリカ農村改良事業を始まりとする。「タフリール県機関」は一九五四年に内閣府に設置され、予算決定、計画策定と実施、土地払い下げに関する広汎な独立権限が認められたが[19]、軍出身の主導者ハサネインの失脚により一九五七年には「土地開拓」系統の「土地開拓常設機構」に組み込まれ、農地改革省の下に移された[20]。しかし一九六二年に軍勢力がこれを取り返し［Springborg 1979］、「土地建設エジプト公機関」[21]が新たに設置され、「土地開拓」系統の「土地開拓エジプト公機関」からタフリール県とエジプト・アメリカ農村改良事業を引き抜き、中核事業に据えた[22]。このとき、わずかに名を変えた「タフリール県機構」が設置された[23]。一九六五年に「開拓地利用開発エジプト公機関」が設置されると、「土地開拓エジプト公機関」もその傘下に組み込まれ、一九六九年には「土地建設公機構」に改編された[24]。同機構は一九七一年の廃止により「建設農業事業エジプト公機構」に改組され[25]、最終的には一九七五年に「沙漠事業実務局」との合併により「建設農業開発計画公機構」が設置された[26]。現在、同機構はエジプト全土の農業用沙漠開拓地を統括する上部組織であり［Sims 2014: 78–81］、沙漠開拓地に関わる現行法である一九八一年法律第一四三号において「本機構」（al-hay'a）と呼ばれる。

この中でバドル郡地域の前身である「タフリール県機構」は、一九七一年の「開拓地利用開発エジプト公機関」の廃止後、「土地開拓」系統の「土地耕作開発エジプト公機関」に移された。公的機関の民営化により沙漠開拓地は地域ごとに数万フェッダーンの農業公社（後に公的部門企業）に改組され、旧タフリール県計画地域の南側半分を占める「南タフリール地区」も、一九七六年に約四万フェッダーンの土地を有する「南タフリール農業社[27]」（South Tahrir Agricultural Company / sharika janūb al-taḥrīr al-zirāʿīya）に再編された［Waterbury 1971］。同社は一九七〇年代から九〇年代にかけて、同地域の土地管理と行政機能を代行し、土地の払い下げを進めていった。一九九〇年代に構造調整と民営化が推進されるようになると、一九九四年に南タフリール農業社も清算命令を受け[28]、保有する沙漠開拓地の大半を処分した。同社の資産は二〇〇一年に設置された地方行政機構「バドル郡」に引き継がれ[29]、その基盤となった。この歴史的展開の評価や政治的機微については、本書第一章で改めて論じる。

三　バドル郡地域の概要

1　タフリール県から南タフリール地区へ

第二節で触れたように、バドル郡は、一九五〇年代の国家的沙漠開発事業「タフリール県計画」を端緒とし、その南側の「南タフリール地区」を前身とする。ここには、初期の開拓村や中心部の町マルカズ・バドルが含まれる。計画名のタフリールはアラビア語で「解放」（liberation）を意味し、カイロ新市街の中心にある広場と同じく、「一九五二年革命」による外国勢力（特にイギリス）からの解放が含意されている。立案者は、西部沙漠に駐屯した経験を持つ軍人マグディー・ハサネインであり、「一九五二年革命」を実行した自由将校団の支持者として知られる［Hopkins 1969: 128］。ハサネイン指揮下の工兵部隊の調査により、タフリール県計画地は、ナイル・デルタ

図2　ナイル・デルタ地図

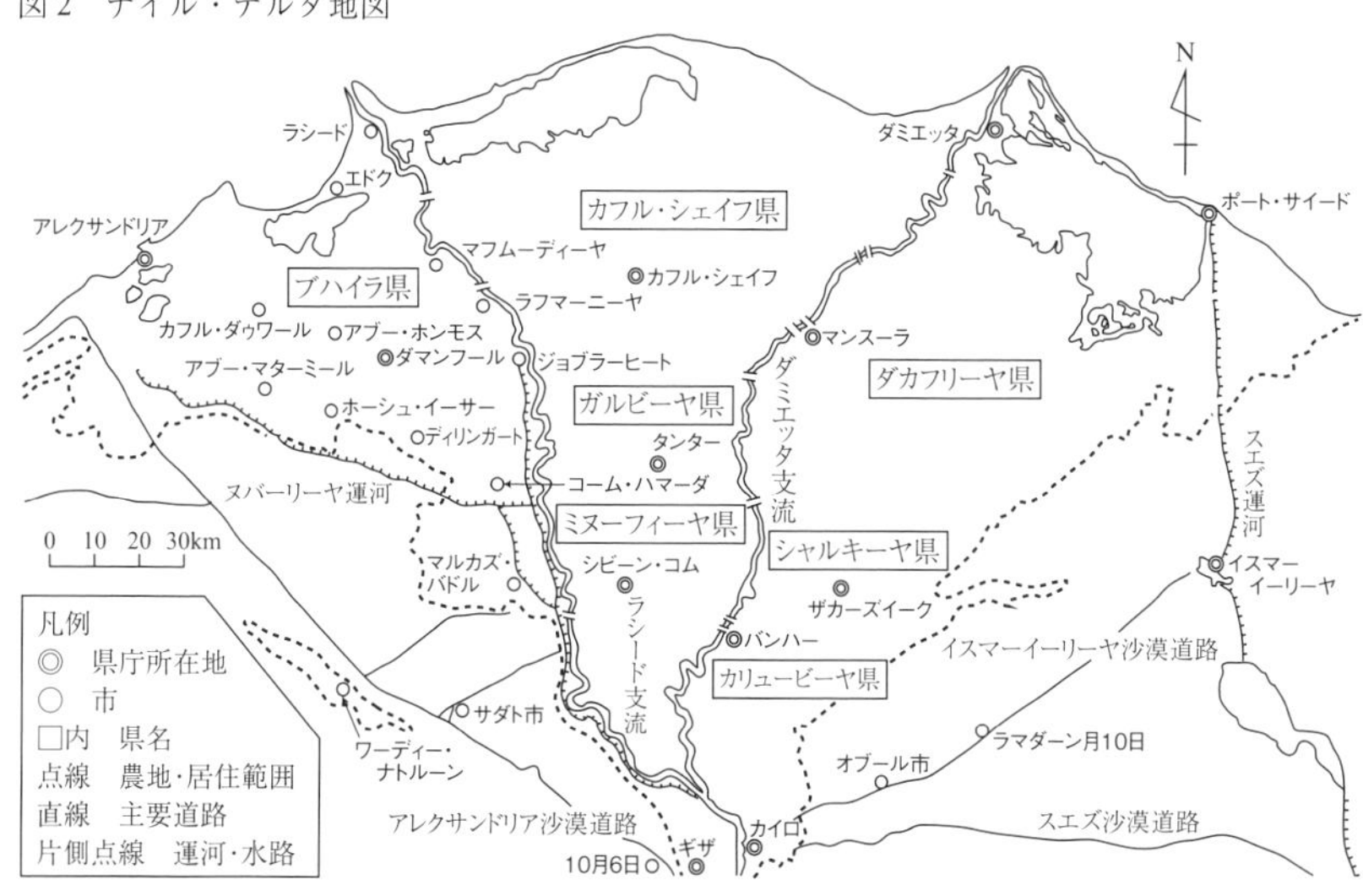

出典：『エジプト道路地図』［Sharika Shill li-l-Taswīq 1996: 96–99］より筆者作成

の西側一帯を北西に向かって流れるブハイラ運河の西側の沙漠地とされた。同地域は、ブハイラ運河から北西に分岐するヌバーリーヤ運河を北辺とし、カイロからアレクサンドリアに走る沙漠道路を南辺とする（図2）。

ハサネインが後年執筆した回想録『沙漠……革命と富――タフリール県物語』［Ḥasanayn 1975］によれば、ハサネインらは、革命の翌年、一九五三年三月二〇日に内閣総理大臣宛にタフリール県設置委員会の要望書を提出し、翌日の討議を経て、同月二五日に委員会設置が閣議決定された。当時のムハンマド・ナギーブ総理大臣（後のエジプト初代大統領）が理事長に就任し、ハサネインが副理事長として実質的な指導者を務めた［Ḥasanayn 1975: 105］。事業計画の立ち上げや運営理念は、この回想録に詳しく記されている。これによれば、タフリール県の目的は、農業生産の拡大や水資源の有効利用、雇用促進、そして何よりエジプト農民の刷新にあった［Ḥasanayn 1975: 101–104, 124–126］。ハサネインはこれを「エジプト的課題」（al-qaḍāyā al-miṣrīya）と呼び、以下のように述べた。

このエジプト的課題は、タフリール県の労働の場に存在する。私はこの課題を解決することなくして、沙漠の開拓と耕作には何の価値もないと考える。いや、さらに言えば、沙漠の開拓と耕作はこの課題の解決なしに成功すらできず、外国企業はこのエジプト的課題に立ち入る余地がない。[Hasanayn 1975: 125]

このような社会改革思想にもとづき、最初期の入植者は一定の社会的基準にもとづいて選抜され、計画的に設計された住宅地をあてがわれ、西洋風の衣服を着用し、音楽やスポーツの教養を身につけることが要求された。タフリール県計画は、この時期の「近代化[30]」志向の農村改革の稀有な事例でもある[El Shakry 2007]。それでも多くの者にとって、タフリール県計画は灌漑と農地拡大の事業であった。ハサネインの計画もこの点を抜きにして論じることはできない[31]。たとえば、前述の事業要望書には灌漑・耕作に関する三段階の計画が示されていた。第一段階は三万フェッダーンの土地耕作を目指し、その二万四〇〇〇フェッダーンは溜水灌漑で賄うことができるが、残りは最大六メートルの揚水を必要とする小高い土地であった[32]。灌漑のためブハイラ運河から主水路が掘られ、地域内に支水路を張りめぐらせることが計画された。実際に主水路はハサネイン期に掘削され、「ナセル運河」と呼ばれる[Hasanayn 1975: 399]。こうして創出された土地は、当時の農地改革と同じように、「農民」に分配されることが期待されていたが、ハサネインはソヴィエト式の集団農場を志向して土地分配を遅らせ、最初にこれを行ったのは農地改革主導者のサイイド・マレイ[33]であった[Sabea 1987: 41–42]。

2　南タフリール時代の社会状況

新たな「県[34]」(mudīriya)の創出を目指したタフリール県計画であるが、一九五七年のハサネインの解任後、しばらく関係諸機関の間を流転し、その途上で南側の「南タフリール地区」と、地中海に近い北側の「北タフリール地区」に分割された。南タフリール地区は、隣接するブハイラ県コーム・ハマーダ郡の管轄下に置かれた。南タフリール時代の社会状況は一九八〇年代の調査報告から垣間見ることができる。

一九八〇年代頃から沙漠開発事業の評価報告や事後調査が行われるようになったが［Atef 1987; Hopkins *et al.* 1988; Sabea 1987; Sukkary-Stolba 1985］、その中で南タフリール地区に関する最も重要な報告は、人類学者ニコラス・ホプキンスが実施した共同調査報告書『エジプトの新しい土地への参加と社会――南タフリールの事例』である(35)［Hopkins *et al.* 1988］。この調査では、南タフリール地区に移住し、土地分配に与かった「受益者」（muntafiʿūn）――公的な土地受領者を指す用語で、「小規模耕作者」（sighār al-zurrāʿ）や「大学卒業者」（khirrījūn / *kharīgīn*）、「公務員」（muwaẓẓafūn）などの範疇がある(36)――が集住する村を三つ選び、受益者が加入を義務づけられた農業協同組合の名簿から調査対象者を抽出して聞き取りを行った。この報告によれば、移住者たちが新たに社会関係を構築する上で参照したのは、「古い土地」の「故郷」（baladīya）の結びつきと、「新しい土地」の社会的・経済的構造、すなわち土地管轄機関における職務や地位、受益者の範疇であった［Hopkins *et al.* 1988: 116］。とりわけ「故郷」は、擬制的な親族関係として働き、居所や職場を超えた紐帯を創出するものとみなされた［Hopkins *et al.* 1988: 117］。

この調査の中心人物のホプキンスは、上エジプト（アスユート）農村部での調査経験にもとづき、「新しい土地」を国家により創出された「国家が遍在する場」［Hopkins 1987: 4; Hopkins and Westergaard 1998b: 2］と定義して、「古い土地」と著しく異なる性格を持つ地域とみなし、そこで展開される社会参加や協力の形に関心を持っていた［Hopkins *et al.* 1988: 124–125］。この観点から「新しい土地」は、エジプト社会論で定番の大家族や親族関係の「不在」によって特徴づけられ、それを補うべく社会的紐帯が再創出される場として理解された。ホプキンスらの研究では、この地域に移動してきた人々は、国家によってもたらされるサービスや社会基盤に依存しながら、出身地から持ち込んだ「故郷」という関係性に依存し、これを補強することで、萌芽的な社会関係を形成していったと結論づけられる。[37] しかしこの報告書では、調査対象を受益者に絞ったことで、考察から外された社会層がある。それは、土地分配に与かる保証もないままに、希望的観測から開発計画地に移動してきた「自発的な移住者」――この報告書の中でも引用された開発人類学者サイアー・スカッダーが提唱した範疇［Hopkins *et al.* 1988: 5; cf. Scudder 1991］――である。ホプキンスらの報告書では、これらの人々が先に移住した親族から誘われ移動した話が断片的に伝えられるのみである［Hopkins *et al.* 1988: 66–72］。

バドル郡地域の社会状況は、エジプト国内の他の沙漠開拓地とも比較されている。本章第二節で引用したコウルらの調査報告書［Sherbiny, Cole, and Girgis 1992］では、一九九〇年代初めに西部沙漠の五ヶ所で質問票調査を行い、社会構成や投資家と労働者の状況把握を目的としていたが、その調査地の一つが南タフリール地区であった。南タフリール地区は、ベドウィンの多い地中海沿岸部と比べて、カイロやナイル・デルタからの移住者が多いこと、農業や商業を主要な経済活動とすること、ベドウィンという「先住民」がいないことから、土地や水を巡る争いが少ないことなどを特徴とする［Sherbiny, Cole, and Girgis 1992: 4, 14–15, 23, 30–31, 41］。南タフリール地区に近いサダト市は、工業都市である点でやや性質を異にする。ワーディー・ナトルーンは、古くからのオアシス集落であり、先住者と移住者の双方によって構成されるが、主要産業を農業や商業とする点で南タフリール地区により近いと論じられる。全般に、「投資家」は事業を行う場所に長く滞在する場合が多く、「労働者」は移動を繰り返す傾向にあるが、南タフリール地区とサダト市の人々は頻繁に移動する点で、故地を離れない傾向が強いベドウィンが多い地中海沿岸部と明確に対比される［Sherbiny, Cole, and Girgis 1992: 16］。

南タフリール地区を扱った研究や報告書が存在するのは一九九〇年代初頭までで、その後は見られない。おそらく最初期の開発事業から数十年が経過し、すでに一定の評価もなされていることからこれ以上論じる必要性がない、あるいはより新しい開発計画地の調査を優先するべきと考えられたのであろう。[38] 加えて、この地域が「郡」

（markaz）という地方行政機構を持つようになったことも理由に挙げられるだろう。一つの地方行政機構となれば、それはもはや「開発計画地」とは言えない。しかしそれは伝統的な「農村」とも異なる、どちらでもない曖昧な空間になる。農業統計用語ではこのような土地を「古い・新しい土地」（old new-lands）と呼ぶが、この曖昧な状態が、既存の研究分野にうまく合致せず、放置される原因となったのだろう。この点は、大都市近郊の「郊外」をめぐる研究状況とよく似ている。

「古い・新しい土地」となることは、沙漠開拓地の社会建設と人口移動が成功した場合に、避けては通れない道である。エジプト全土に沙漠開拓地が広がる現在、この「古い・新しい」状態は、もはや単なる不規則や例外ではなく、現代エジプト社会に進行している変化そのものであり、注意して考察すべき対象である。ここに、「古い・新しい土地」の先駆けであるバドル郡地域の社会状況を研究する意義がある。

3　バドル郡の現状

バドル郡地域の具体的な状況は、本書各章において語られるが、その前に各種統計から概観を示しておきたい。バドル郡は、ブハイラ県を構成する一五の郡の一つで、最も新しく設置されたものである。同県は、ナイル・デルタの北西部に位置し、ナイル・デルタを流れる二つの大きな支流の一つ、ラシード支流より西側の地域名として古くから歴史書に知られる［Ramzī 1994a: 20–26; Ramzī 1994b: 28–34］。ブハイラの語は、アラビア語で「海」や「大河」を指す bahr の変形（縮小形）buhayra であり、現代標準アラビア語では一般に「湖」を意味する。アフラーム政治戦略研究所から出版されている「エジプト各県シリーズ」の『ブハイラ県』の巻によれば、ブハイラの語は、正則アラビア語で「窪地にある塩湖」を意味し、海に近いこの地域の特質を捉えてそのように呼んだか、湖がいくつも連なっているためにナイルの氾濫時には地域一帯が水底に沈んだことからこの地域を湖に喩えたかのいずれかとされる［al-ʻAlība 2004: 7］。

このようにブハイラ県の名は、水辺の多い環境と結びつく。ただしナイル・デルタ中心部のガルビーヤ県などとは異なり、ナイルの氾濫域の外れに位置することから、湖や沼沢地を多く持つ一方で、沙漠と接することでも知られる。ブハイラ県の土地は、地質の観点から三種に分けられる。北部に位置する県庁所在地ダマンフール周辺にはナイルの沃土たる重い黒土が広がるが、南西部のホーシュ・イーサーやアブー・マターミール周辺はナイルの氾濫域からやや外れるため石灰質の土が多く見られ、バドルとワーディー・ナトルーンは氾濫の届かない地域であるため、砂礫地が広がる［al-ʻAlība 2004: 14］（地名の場所は前出図2参照）。この地域性はブハイラ県の公式ウェブサイトに掲載された統計情報（表2）にもよく表れており、「開拓地」を有する三つの郡（表2の2、4、15番）はどれも西側が沙漠と面した地域である(39)。

表2の「都市／農村」区分は、行政区の種類から機械的に分類されるものだが［cf. Hopkins and Westergaard 1998b: 2］、ある程度の傾向を掴むことができるだろう。都市人口が突出して多いのは県庁所在地のダマンフールと国内有数の工業都市カフル・ダゥワールであるが、これらにしても農村部に都市部の二倍近い人口を抱えている。唯一、農村部と都市部の人口がほぼ均衡しているのはエドクとラシードで、これらは地中海に面した「港湾都市」的環境にある。他の郡は農村部の人口の方が圧倒的に多い「農村」的環境にある。この中でバドル郡（15番）は、面積では上から四番目と広い方だが、人口では反対に下から四番目と少ない方にある。かつて南タフリール地区が属していたコーム・ハマーダ郡（11番）を見ると、面積が狭く、農地の割合が高く、人口の九割が農村に居住する点から、「古い土地」によくある「農村」的地域であることが推測される。これら統計からも、「古い土地」と「新しい土地」との違いが見えるようだ。

バドル郡で発行される行政刊行物『バドル郡要覧――二〇〇九／二〇一〇年』［ʻAmmār n.d.］には、バドル郡の

表2　ブハイラ県の基本情報

	郡・市名	面積（フェッダーン）	人口（人）	都市	農村	農地（フェッダーン）	開拓地
1	ダマンフール	94,275	707,574	250,287	457,288	78,542	
2	アブー・マタームール	274,095	453,649	51,513	402,136	241,797	155,488
3	アブー・ホンモス	116,996	425,847	40,789	385,058	99,770	
4	ディリンガート	249,456	315,543	43,215	272,328	231,171	155,290
5	マフムーディーヤ	49,864	230,149	29,777	200,372	44,343	
6	イーターイ・バールード	72,762	390,802	42,137	348,665	64,384	
7	ホーシュ・イーサー	73,282	189,349	49,016	140,333	61,061	
8	ラシード	47,079	201,446	91,231	110,215	32,837	
9	ショブラーヒート	44,756	233,574	29,087	204,487	38,902	
10	カフル・ダゥワール	129,432	805,093	263,592	541,501	113,204	
11	コーム・ハマーダ	71,589	407,827	37,602	370,225	61,551	
12	ワーディー・ナトルーン	207,000	73,616	22,124	51,492	52,557	
13	ラフマーニーヤ	27,422	137,108	30,623	106,485	24,215	
14	エドク	53,915	157,703	100,798	56,905	23,437	
15	バドル	204,151	162,739	22,106	140,633	165,450	165,450
	合計	1,716,074	4,892,019	1,103,897	3,788,123	1,333,221	476,228

出典：ブハイラ県公式ウェブサイトより筆者作成
（最終アクセス 2009 年 4 月 18 日　http://www.behera.gov.eg/data_area.aspx）

集落構造や社会状況のより詳しい情報が記されている。これを作成した情報局は、本書第一章でも触れるが、内閣府の直属機関で各地方行政機構に支部を持ち、省庁横断的に情報を収集し、政策決定支援を行う公的機関である。情報局の報告によれば、二〇〇九／二〇一〇年時点のバドル郡人口は一七万一五九四人と表2の数字よりやや多いが、郡面積は二九万二七四〇フェッダーンと表二の約一・五倍の数字が計上され、耕作地は二一万一〇六五フェッダーンと約一・三倍である。郡は、中心の「市」（madīna）と、村を管轄する六つの「地方単位」（wahda mahallīya）から構成される。報告書は、人口や教育、農業など部門ごとに分かれているが、合わせると以下のようになる（表3）。

バドル郡の中心である「バドル市」（madīna badr）はタフリール県計画以来の中心地で、住民からはマルカズ・バドルと呼ばれる。人口は約二万三〇〇〇人で、郡全体の一四%を占める。[40] バドル郡は六つの地方単位（村役場が置かれる主要村に☆印）に分けられ、各村には、『バドル郡要覧』の表の順序のまま番号を振った。歴史上、タフ

表3　バドル郡の村ごとの人口と教育・保健施設
（名称の／以下は別称、○印は市、☆印は地方単位主要村）

No.	市・村名	人口	単位ごと	割合	中学	高校	保健
1	○バドル市／マルカズ・バドル	23,184	23,184	14%	1	6	3
2	☆アフマド・オラービー／ハムサ	3,893	11,674	7%	3		1
3	アブドゥルハミード・アブー・ゼイド	3,236			1		
4	ナビール・ワッカード	4,545			1?		
5	☆ウンム・サーベル	7,600	23,632	14%	1	1	2
6	オマル・シャーヒーン	8,781			1		1
7	ミンシャア・アーミル／ソフナ	7,251					1
8	☆オマル・マクラム	10,203	37,028	22%	1?		1
9	サラーフッディーン／ラバア	13,251			2		1
10	アムル・ブン・アース／スィーン	2,409			1?		1
11	アブドゥルマギード・ムルスィー	4,681			1?		1
12	ムスタファー・カーミル	1,914			1		
13	イーマーン／ヤー	1,664					
14	イーマーン／ハー	1,784					
15	イーマーン／ター	1,085					1
16	カマールッディーン・サラーフ	37					
17	☆ナガーフ	7,938	46,974	27%	1	2	1
18	キファーフ	6,389			1		1
19	マアラカ	15,028			1		1
20	アズィーマ	5,914			1		1
21	ティッル・キビール	4,525			1?		1
22	アイン・ガールート	4,606			1		1
23	ファールージャ	2,574			1		1
24	☆バグダード	4,542	20,225	12%	1		1
25	ヒラー	1,549			1?		1
26	アブドゥッサラーム・アーリフ	2,450			1		1
27	ハーリド・ブン・ワリード	4,024			1		
28	オスマーン・ブン・アッファーン	3,147			3?		1
29	アリー・ブン・アブー・ターリブ	4,513			1		1
30	☆アブー・バクル・スィッディーク	3,940	8,877	5%	1		1
31	オマル・ブン・ハッターブ	2,962			1		1
32	ハルトゥーム	522					
33	マグド	599					
34	フィラスティーン	295					
35	登録された組合	559					
	合計	171,594		100%			

出典：『バドル郡要覧：2009/2010 年』［'Ammār n.d.］より筆者作成

図3　バドル郡の周辺図

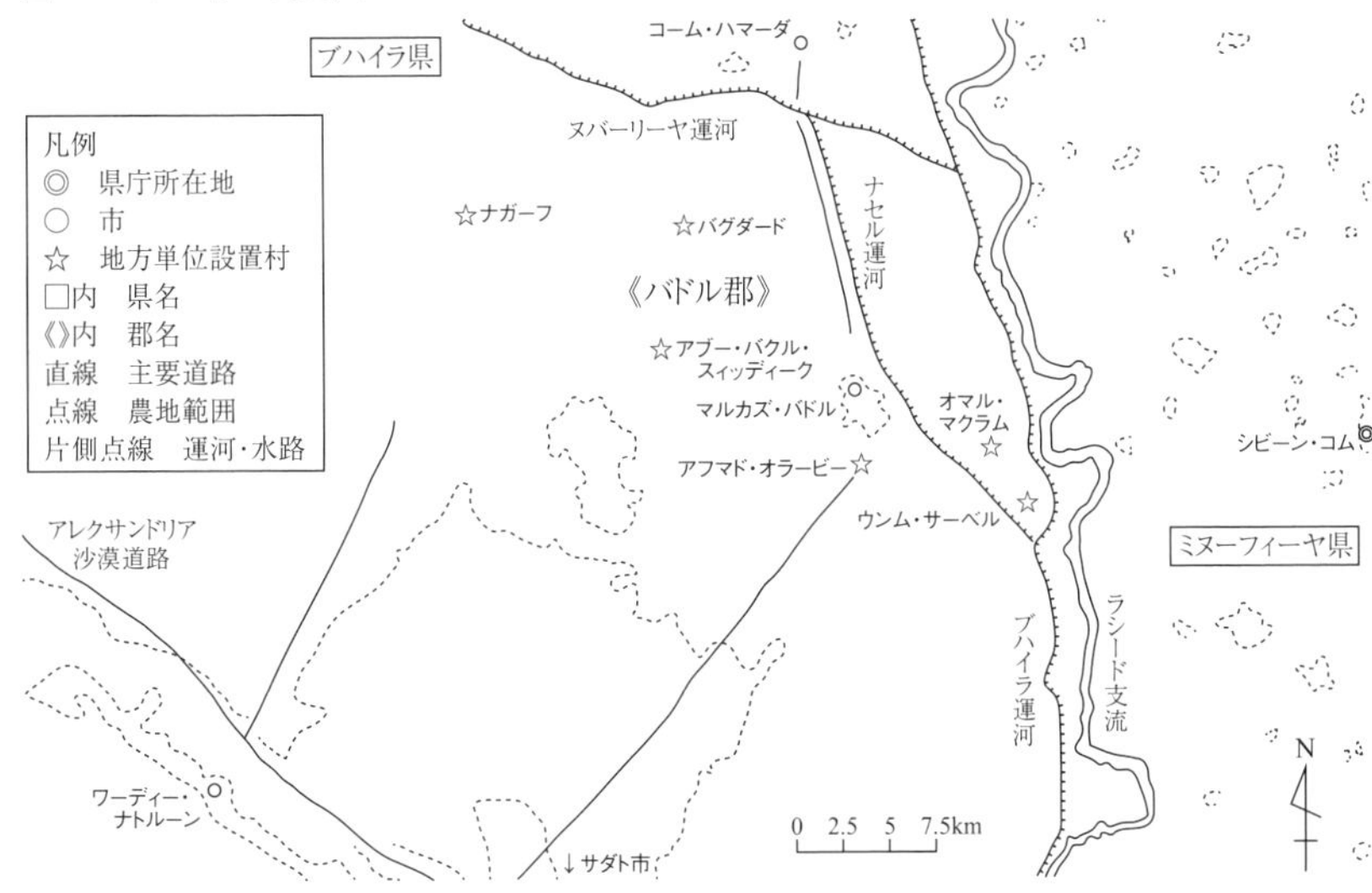

出典：『エジプト道路地図』［Sharika Shill li-l-Taswīq 1996: 32–33］より筆者作成

リール県計画の中で最初に設置された村はウンム・サーベルで、その次にオマル・シャーヒーン、オマル・マクラム、サラーフッディーン、アフマド・オラービーと続く。

地理的には、バドル郡の東側にブハイラ運河が流れ、バドル郡の中心をそこから分岐したナセル運河が流れる。先に述べたウンム・サーベル地方単位の管轄地域はナセル運河の上流である南東部に位置し、その西岸にアフマド・オラービーがある。ナセル運河に沿って北西に進むと東岸にオマル・マクラム、西岸にマルカズ・バドルがある[41]。オマル・マクラムはナセル運河を北上した北東部一帯を含む。ナセル運河は二つに分岐し、その周囲にバグダードとアブー・バクル・スィッディークが広がり、西にナガーフがある。

表3の教育・保健施設の分布を見る限り、高等教育施設はマルカズ・バドルに集中していることがわかる。この町には普通科高校の男子校と女子校、工業高校の男子校と女子校、共学の農業高校と商業高校の計六校がある。保健施設の点では、各村には医師が数人ずつ駐在する保健所があるだけだが、マルカズ・バドルには医師四〇人

表4　バドル郡の農業協同組合と農地（◯は市、☆印は村落単位主要村）

No.	農業協同組合名	農地面積（フェッダーン）	保有区画	平均	単位ごと面積	比率	区画	平均
1	◯**バドル市／マルカズ・バドル**	7,460	849	9	7,460	5%	849	9
2	☆**アフマド・オラービー／ハムサ**	19,830	835	24	35,222	23%	1,529	23
3	アブドゥルハミード・アブー・ゼイド	15	6	3				
4	ナビール・ワッカード	15,377	688	22				
5	☆**ウンム・サーベル**	1,649	118	14	7,472	5%	843	9
6	オマル・シャーヒーン	2,517	498	5				
7	ミンシャア・アーミル／ソフナ	3,306	227	15				
8	☆**オマル・マクラム**	1,469	420	3	15,033	10%	2,547	6
9	サラーフッディーン／ラバア	3,058	659	5				
10	アムル・ブン・アース／スィーン	2,792	268	10				
11	アブドゥルマギード・ムルスィー	1,018	247	4				
12	ムスタファー・カーミル	1,460	254	6				
13	イーマーン／ヤー	38	8	5				
14	イーマーン／ハー	4,936	666	7				
15	イーマーン／ター	262	25	10				
16	カマールッディーン・サラーフ	n.a.	n.a.					
17	☆**ナガーフ**	1,406	125	11	22,911	15%	2,545	9
18	キファーフ	5,349	364	15				
19	マアラカ	3,534	1,080	3				
20	アズィーマ	2,921	209	14				
21	ティッル・キビール	3,028	305	10				
22	アイン・ガールート	5,348	395	14				
23	ファールージャ	1,325	67	20				
24	☆**バグダード**	1,720	230	7	10,571	7%	1,267	8
25	ヒラー	1,162	180	6				
26	アブドゥッサラーム・アーリフ	1	1	1				
27	ハーリド・ブン・ワリード	2,401	225	11				
28	オスマーン・ブン・アッファーン	2,789	432	6				
29	アリー・ブン・アブー・ターリブ	2,498	199	13				
30	☆**アブー・バクル・スィッディーク**	4,030	609	7	53,822	35%	3,767	14
31	オマル・ブン・ハッターブ	3,850	315	12				
32	ハルトゥーム	36	4	9				
33	マグド	1	69	0				
34	フィラスティーン	6	2	3				
35	登録された組合	↓	↓	↓				
	ハムサ・ワ・イシュリーン・ヤナーイル	5,776	371	16				
	オルーバ	6,897	412	17				
	アブー・マカーリム	961	94	10				
	ロワービー・ホドラ	2,318	80	29				
	ガマイーヤ・サラーム	10,010	366	27				
	ガマイーヤ・アムン・ガザーイー	4,425	103	43				
	ガマイーヤ・イフワ	2,416	91	27				
	ガマイーヤ・タハッディー	1,750	124	14				
	ガマイーヤ・ヒダーヤー	2,513	34	74				
	セッタ・オクトーベル	1,268	117	11				
	ガマイーヤ・タクワー	1,913	198	10				
	ガマイーヤ・アドル	1,340	443	3				
	ガマイーヤ・オブール	3,051	193	16				
	バサーティーン・マアラカ	1,261	142	9				
	合計	152,491	13,347	11		100%		

出典：『バドル郡要覧：2009/2010 年』［‘Ammār n.d.］より筆者作成

を抱える公立の病院、医師八人を抱える保健所、医師九人を抱える私立の救急病院の三つがある。これに次ぐ規模を持つのがナガーフで、共学の普通科高校と工業高校が一校ずつ、医師二八人を抱える公立の病院がある。人口も公的施設も多いため、ナガーフはいずれ独立した郡となるのではと噂されている。

前出のホプキンスらの調査で扱われた三つの村は、それぞれ異なる受益者範疇を代表していた。オマル・マクラム村（表3の8番）は一九五〇年代に移住した「小規模耕作者」、バグダード村（同24番）は一九八〇年代に土地を得た南タフリール農業社の「元公務員」、マアラカ村（同19番）は一九七〇年代に土地を得た「大学卒業者」であった［Hopkins *et al.* 1988: 24–25］。アブー・バクル・スィッディーク地域は、企業や組合が保有する数千フェッダーン級の大農場が広がる場として記述された［Hopkins *et al.* 1988: 19］。現在でも人口規模が小さく、表3でも村ではない「登録された組合」が多い。『バドル郡要覧――二〇〇九／二〇一〇年』の農業協同組合の登録農地統計によれば[42]、開拓地の所有状況は、表4の通りである。

なお、表4の「平均」の値は、各組合の土地面積を区画数で割った単純計算で、実際的な土地保有を反映したものではないが、ある程度の推測は成り立つ。すなわち、五フェッダーン以下の土地分配が行われたオマル・マクラム地域では全般に土地保有規模が小さく、一〇～二〇フェッダーンの土地分配が行われた大学卒業者や元公務員の多いナガーフ地域では土地保有規模が大きい。アブー・バクル・スィッディーク地域には、村ではない「登録された組合」が多数あり、個人ではなく組合や企業がより大規模の土地を所有していることになる。

このようにバドル郡の内部にも、土地所有や人口規模、公的施設の点で細かな違いがある。次節ではこのバドル郡地域で行ったフィールドワークの概要について説明する。

四　フィールドワークと資料

1　フィールドワークの成り行き

本書は、参与観察にもとづくフィールドワークをおもな調査法とする。フィールドワークはもはや人類学の専売特許とは言えないが［西井　二〇一四］、「人類学的フィールドワーク」は、他と区別される特徴を持つ。それは、対象地域や集団に長期間滞在し、その人々と行動と対話を共有し、その社会関係に擬似的に組み込まれながら、観察者としての視点を持ち続け、観察した事象や出来事を日々記録すること、そしてこのような資料を集めた結果、対象に関する「民族誌を書く」ところにある。本書のいう「民族誌」とは、こうしたフィールドワークからデータの作成・加工・執筆・ピアレヴューの過程を合わせたものである［cf. 日本文化人類学会監修　二〇一一］。

バドル郡地域におけるフィールドワークは、二〇一〇年七月から二〇一二年四月にかけて断続的に行われた。当初は、エジプト長期滞在の受入機関であったカイロ・アメリカ大学（The American University in Cairo）の沙漠開発研究所（Desert Development Center）が保有する南タフリール農場（以下、大学農場）を拠点としていた。(43) 五〇〇フェッダーンを超える大学農場の土地は、沙漠農業の調査研究のために一九八一年に南タフリール農業社から貸与されたもので、同研究所の活動の柱をなしていたが［Bishay 1991］、二〇一五年に南タフリール農場の土地・建物は同社に返還され、現在では別の公的機関の訓練所として用いられている。従って、大学農場はすでに「過去の話」になっているが、本書ではフィールドワーク当時の呼称を用いる。大学農場には「事務所」（al-idāra）と呼ばれる二階建ての建物があり、その一階は事務管理室として、二階は農場で働く技師たちの宿泊所として用いられた。農場内には数十人を収容できる宿泊施設があり、沙漠農業の技術訓練のためのエジプト人学生や研究者、海外からの留学生や研究者によって利用されていた。

私がこの大学農場を初めて訪れたのは二〇〇四年のことである。当時私は同大学大学院に在籍し、修士論文の調査地を探していた。縁あってこの大学農場の調査を行うことになり、二〇〇四年七～八月と二〇〇五年一～二月の合計二ヵ月半を大学農場の宿泊施設に滞在し、農場労働者に関する調査を行った。二〇〇九年九月から博士論文のための調査としてエジプトに長期滞在した際には、国内各地の沙漠開拓地を見てまわる一方、バドル郡地域での追跡調査を行い、二〇一〇年七月から大学農場への短期滞在を繰り返すようになった。この時には大学農場を管理する沙漠開発研究所から許可を得て、事務所の二階にある宿泊所の一室を借りた。農場の宿泊施設は、三食付き、部屋もトイレ・シャワー完備である分費用がかかったが（当時一泊五〇ポンド）、事務所二階は食事なし、トイレ・シャワーも共同であるため、その半額以下であった。

実は、この頃私はバドル郡地域ではなく、一九九〇年代末にエジプト最南部のナセル湖近くで始められた大規模沙漠開発事業「トシュカ計画」を調査するつもりだった。しかしトシュカ計画地は、南の隣国スーダンとの国境近くに位置するため、同地での長期調査には様々な許可が必要で、その手続きを工夫し、結果を待つ間、バドル郡地域への訪問を繰り返し、バドル市議会や南タフリール農業社などの公的部門への接近や新たに関心を持った苗農場の調査を始めていた。他方、トシュカ計画調査に関する手続きはなかなか進まず、焦りを感じ始めていた頃、「二〇一一年革命」が生じたのである。

二〇一一年の一月中旬、私は大学農場を訪れていた。当時そこで入手できる情報は、事務所二階に備えられた衛星テレビ、時々訪れるマルカズ・バドルで購入する新聞(44)、接続が不安定なインターネットのニュース(45)、そして地域住民やカイロにいる日本人からの口コミ情報くらいであった。それらからカイロの方で何か動きが生じていることは知られていたが、バドル郡地域の人々には緊迫感がほとんどなかった。「怒りの金曜日」の名で知られる、デモ隊と警察との衝突に発展した一月二八日には、私はかねてより誘われていた苗農場関係者の婚約の祝宴に参加していたくらいである。しかしその日の夜、全国各地の衝突の様子がテレビ報道を通じて伝わると、バドル郡地域の住民もついに不安と困惑をもってテレビを注視するようになっていた。私も翌二九日にはカイロに戻り(46)、その後はカイロに残って情報を集め、騒動の様子を見守った。

二月一一日にはムバーラク大統領が辞任し、軍による統治が始まったが、先行きは不明で、地方の治安状況にも乱れがあると報じられていたため、私はカイロから動くことができずにいた。三月末に憲法改正の国民投票が行われる頃になるとようやく情勢も安定してきたことがわかり、徐々に大学農場への訪問を再開し始めた。長期にわたる強権的支配に慣れていたため、エジプトの人々自身も新たな展開に戸惑っているように見えた。また、政治的責任者の多くが変わったためトシュカ計画地での調査許可に関する交渉は白紙に戻った。国境地域での治安面の不安が増したことからもこの調査案は断念せざるを得ず、以後バドル郡地域での調査に専念することにした(47)。

2　民族誌的対話者

民族誌は、かつて、「インフォーマント」によって集められ、まとめられた情報を整理したものと考えられたが、一九七〇年代以降、特に「民族誌を書く」ことをめぐる議論や具体的な実践として生産された「実験的民族誌」の数々［cf. Clifford and Marcus 1986］、そして「文化を語る」ことの権威と政治性［太田　二〇〇九］に対する反省を経て、この考えは大きく改められてきた。いまや民族誌は、調査者自身が、曖昧で間主観的な社会的現実をその場にいる人々との対話と共同を通じて、感じとり知り得たことを文字化した、一つの「作品」であると理解される。本書は、この意味における現代的民族誌を意図したものである。多くの人々から刺激を受けたが、本書において最も重要な「民族誌的対話者」は、Y、Z、Gの三人である。

Yは、大学農場周辺のX村に住む当時三〇代半ばの男性で、最初に出会った二〇〇四年には大学農場で働いていた。二〇一〇年七月に再会した時、Yはすでに大学農場を辞め、Zが経営する苗農場で働くようになっていた。私はYに連れられてこのZ農場を訪れ、当時三〇歳前後（私とほぼ同年齢）であった男性経営者のZと知り合い、ここに頻繁に通うようになった。二〇一一年七月にバドル郡地域の調査に専念することを決めた後、大学農場からバドル郡の中心部の町マルカズ・バドルに生活拠点を移し、地域社会により密着して滞在することにした。YとZの協力により見つかったのが、町の中にあるGのアパートである。

これ以降、私のフィールドワークの中心はマルカズ・バドルになった。時に大学農場に通い、時にZ農場を訪れ、時に町を散策し、町の喫茶店に腰を据えて、新聞を熟読する日々を過ごすようになった。大学農場では農作業を観察し、労働者と昼ごはんを食べ、技師とお茶飲み話をすることができたが、大学農場周辺の地域では、知り合いの家を訪問する以外に、自由に散歩することも、するような場所もなかった。町では人の目がそれほど厳しくなく――それでも勝手に町並みや看板を写真に撮ったり、メモを書いたりしていると、店や工場の人々に呼び止められ詰問されることもあったが――好きに歩きまわり、「ウィンドウショッピング」も「お茶」することもできた。そうして少しずつ知り合いを増やし、観察し、周囲の人々との対話を重ねていった。

Gのアパートに住み始めてから数ヶ月が経った一〇月頃から――具体的には、Gの家の下水管の詰まりを掃除するGに付き合い、「汚れ仕事」をともにした後から――Gと打ち解けるようになり、三階にあったGの住居に気軽に出入りするようになった。年が明けて二〇一二年になった頃にはほぼ毎日訪れ、昼食や夕食をともに食べ、紅茶を飲み、テレビを観るようになり、食事のためにパンや肉などの食材を買って帰るようになっていった。Gは当時五〇代初めの男性で、同世代の妻と、二人の息子（二〇代後半の長男Aと次男B）がいた。マイクロバス運転手をするAは既婚で、Gのアパートの一階に住み、トゥクトゥク運転手のBは未婚で両親と同居していた。息子たちは家を空けることが多く、私の話相手はもっぱらGであった。

3　フィールドノートと文字資料

フィールドワーク中の会話や出来事は、その日のうちにフィールドノートに書き込んだ。ノートは日本語で書き、重要な単語や表現にはアラビア語表記やローマ字転写を書き加えた。フィールドワーク中の会話は、ほぼすべて口語アラビア語でなされた[48]。無論、言葉や習慣の壁は大きく、相手の言うことすべてを理解できたわけではなかったが、通訳は用いず、私自身が日本から来た「社会学[49]」の調査者であることを知らせた上で、見聞きした言葉や出来事を――私が理解した限りにおいて――ノートに書き込んだ。ノートは、自分の部屋やアパートに戻り、一人になったときに、わずかなメモと記憶を頼りに、その日にあった出来事や会話を書き起こしたものである。必然的にノートに書かれた話は、私がよく会っていた人物のことが多い。後に日本に戻ってから、ノートに記された人々の言動の意図や文脈を考え、整理したことが、本書の材料となった。

フィールドワークでは、調査票やインタビュー調査ではなく、作業や会話の中で、「○○についてどう思う?」「××について知りたいがどうすればよいか?」といった問いかけから会話を広げていった。録音機やICレコーダーは一切用いなかった。機械録音は正確に記録することができる一方、対話者に警戒心を喚起し、公権力との繋がりという懸念を引き起こすおそれがあった。「スパイ」(*gasūs*)の呼び名は、半ば冗談で、半ば本気で中傷と不安を表現していたので、誤解を受けぬよう注意する必要があった。私はズボンの後ろポケットに小さなメモ帳を携帯していたが、人々はこのメモ帳にも興味を抱き、しばしば情報開示を求められた。慣れてくると「この話は重要だからメモしろ」や「諺を教えてやるから書け[50]」などと軽口の対象にもなった。当初はデジタルカメラも携帯していたが、女性の撮影に抵抗感を覚える人がいたり、街角の写真撮影が咎められたりしたので、次第に持ち歩かなくなった。ただし結婚の祝宴の時にはカメラを持ってくることが期待され、私自身が撮ることもあれば、カメラを貸して自由に撮影させ、後に相手のパソコンに移したり、印刷して贈り物にすることもあった。

フィールドワークでは様々な資料や出版物、冊子、文書を入手した。その最も日常的なものは、新聞である。町には販売店があり、新聞を買うことができた。日刊紙は当時一ポンドと安価であったが、多くの人は自分では買わず、他人（私）が持っている新聞を借りてまわし読みしており、最後には人知れず持ち去られることもしばしばであった。新聞は単なる文字資料ではなく、特定の話題について尋ねるきっかけとなり、情報交換の資源でもあった。また、記事に書かれた出来事を議論する中で、マスメディアと人々の言葉遣いや考え方の共通性と違いを目の当たりにすることができた。

行政刊行物や公的文書は、地域の歴史について人々に尋ねてまわる中でその存在を教えられ、入手することができたものである[51]。これらを理解するために、法令そのものや法学解説書を読む必要が生まれた。アラビア語で書かれた法令を読むためには、文法規則だけでなく当然のことながら、法学用語に慣れ、法学研究にあたる必要があった。法学の門外漢である私がそれらを十全に理解できたとは到底言えないが、社会の中にある法令の存在に気付くことができたことは、フィールドワークの予期せぬ収穫の一つであった[52]。

こうした文字資料を用いたとしても、民族誌である以上、権力性への批判的意識、非エリート層、市井の人々の視点や声への注目は失われない［クリフォード　二〇〇二：一〇七］。法を扱う場合には実際の行為や文脈に注意し、制度を扱う場合にはその周縁の存在に着目し、言説や思想を扱う場合には地域社会への影響を見るよう意識した。人類学的フィールドワークの意義は、調査対象者のみならず調査者自身までを記述・考察の対象として、他の研究分野では見向きもされないところに目をつけ、そこから新たな視点や議論を作り出すところにある。本書において沙漠開発現象の中の人間的要素に着目した理由は、まさにこの点にある。

五　本書の構成

このようにエジプト沙漠開発への民族誌的接近を試みる本書では、歴史、法、社会関係という三つの主題を取り上げる。以下では、本書の構成として、各部の狙いと背景、先行研究との関わりを示しておきたい(53)。

1　第一部「開発の評価と歴史認識」

本書の第一部で取り上げるのは、バドル郡地域の基礎となった「タフリール県計画」の歴史的評価である。開発研究において開発事業の初期段階に焦点を当てることは、比較的オーソドックスな手法である［cf. Scudder 1991］。開発事業に費やされた公的資金の効果を計り、開発によって影響を受ける地域社会や人々への利益分配を監督し、一時的に負担を被る人々への配慮を担う点で、開発事業の「外部評価」は実施過程の重要な一部をなしている。エジプト沙漠開発の文脈においても、タフリール県計画［Warriner 1962; Saab 1967］を含む開発の初期的評価［Tadros 1975; Fahim 1975］や、時期・分野ごとの複数の事業計画の一括評価［Voll 1980; Sims 2010; 2014］がなされてきた。しかしこれにはデメリットもあり、事業の影響や展開を短期的にしか捉えられず、実施後に生じた変化や転換を視野に含むことができず、社会的・文化的影響を見逃しがちである。これらの批判点は、すでに「開発計画の民族誌」と呼ばれる研究群によっても明らかにされ、長期的な政治経済の変動や開発の影響下にある人々の主体的関与に注目する必要性が提起されている［石井　二〇〇七、竹村　二〇〇八a］。ただしバドル郡地域に関する最重要の先行研究であるホプキンスらによる共同調査［Hopkins *et al.* 1988］では、一九八〇年代までの約三〇年にわたる歴史的変化を視野に入れていたが、公的に沙漠開拓地を入手した「受益者」のみを対象にしたことから、開発の初期段階に対する従来的な関心の壁を乗り越えることができなかった。

第一部に含まれる二つの章では、より長い時間軸からバドル郡地域の歴史と開発事業の成果と意義を考察する。第一章では、バドル郡の地方行政機構の一部局が発行した冊子を題材として、バドル郡地域における歴史認識の形を検討する。この冊子は『タフリール県は革命の申し子』［ʻAmmār 2003］と題され、タフリール県計画を「一九五二年革命」という現代エジプト政治の画期的出来事に結びつけるという野心的な展望を示している。しかし題名とは裏腹に、この冊子の記述は、初期のタフリール県計画とも、「一九五二年革命」とも関係がない一人の政治家を地域の歴史的人物とみなし、その功績を称えている。その上、この政治家は、少なくともフィールドワーク中に私が尋ねた地域住民からは、特に意識も尊敬もされていないようであった。それではなぜこの冊子の中でこの人物が重視されているのか。この点が第一章の問いとなる。

一方、地域の歴史に関する個人的な意見や評価は、当初なかなか聞くことができなかった。そしてそうした「お前だけに話す話」を聞くことができたのは、時間をかけて親しくなった一部の人たちからだけであった。その一人が、アパート大家Gである。Gは親しくなるにつれ折々に自らの人生譚を語ってくれるようになり、これが本書第二章の題材となった。またある時、私がマルカズ・バドルの街区の歴史的展開を検証するために、町に点在するモスク（イスラーム教の礼拝所）の成立年を調査しようとした時、Gは「よそ者」の私がそれを行うことで引き起こしかねない問題性を指摘し、調査の代行を買って出た。後にGはその結果をもとに、モスク成立年だけではなく、モスクに関わる様々な人々の思い出を語った。その語りからは、宗教的・社会的に重要なモスクを、自らの財力と意思によって建てる「地方名士」の「慈善」のあり方が伝わってきた。

これら二章の議論から、第一部では、バドル郡地域の現在を生きる人々が開発計画という過去の何を重視し、どのような論理でそれを表現するのかを論じていく。

2　第二部「沙漠開拓地の法制展開」

第二部で取り上げるのは、バドル郡の人々の生活に深く関わる財産である「沙漠開拓地」の法制展開である。土地分配を伴う沙漠開発を論じる上で「法」に注目するのは、一見自然なことであろう。実際、従来の研究においても土地に関する政策や法制度が言及されているが［ex. Cole and Altorki 1998; Hopkins *et al.* 1988; Sims 2014］、法令条文の詳細や、法制度の具体的な内容や変化にまで取り組んだものはない。私自身、フィールドワーク前には、沙漠開発と法の繫がりや重要性を認識していなかった。特に法学は弁護士や裁判官、あるいは法学研究者にしか関わらないと考え、法と日常生活の接点を見つけることができていなかった。私がこれに気付くきっかけとなったのは、Gが見せてくれた一通の土地売買契約書である。

なお、ここで「法」と述べているのは、「制定法」（qānūn）のことで、国会で制定された法律（qānūn）、憲法（dustūr）や行政官庁の決定（qarār）、命令（amr, lā'iḥa）を含めた制定法全般を指す。他方、前近代の中東・イスラーム世界で「法」と言えば、不文法の「イスラーム法」（al-sharī'a al-islāmīya）のことを指し、制定法は支配者の布告や勅令に限られていた［加藤　一九九三］。ところが一九世紀以降の近代司法の導入を通じて、「イスラーム法」と「制定法」、それに地域ごとで実践される「慣習法」（'urf）が合わせられ、あるいは取捨選択されて、近代法の形式に則って条文化された「制定法」が「法」の座を得るようになった［堀井　二〇〇四a］。

現代のエジプト社会では、この近代的な制定法にもとづく司法体制、すなわち裁判や訴訟、行政登記などの法的手続きが浸透している。しかしエジプトを含めた中東法の研究は、現地の法実務者（裁判官や弁護士、法学者）による法解釈や判例集、専門的な法学研究［ex. Najīb 2003］の莫大な蓄積が存在する一方で、英仏語による比較法学や政治学研究〔cf. Brown 1997; 2002; Gerber 1994; Moustafa 2007〕はまだ少なく、専門分野を超えた学際的研究はまだ手つかずのままである。近代のイスラーム法の「法典化」に関心が向けられるようになったのも近年のことである〔大河原・堀井・磯貝 二〇一一、大河原・堀井 二〇一四、Debs 2010〕。他方、非西洋諸社会における「法」に注目してきた法人類学や法社会学は、多元的法構造への強い関心から、各地にいまなお残る「慣習法」の研究に特化し森 一九八七、ローゼン 二〇一二〕、社会の中の制定法に着目した研究はまだ少ない〔高野 二〇一五〕。

第二部の二つの章では、沙漠地・沙漠開拓地に関わる法を論じる。第三章では、「沙漠地」という範疇が近現代エジプトでどのように形成されてきたのかを明らかにする。これは、前述のGの土地売買契約書を理解するための準備作業となる。沙漠地の所有に関してしばしば言及される規定が、一九四八年制定の民法第八七四条「所有者のない非耕作地の先占」である。ここでは領域内の沙漠は「所有者のない非耕作地」と定義され、第一項で以後「国有地」とされ、第二項で「許可のない占有は禁止される」が、例外的に第三項で「ただしエジプト人が耕作や建設をした場合には占有は許可される」と定められた。ところが一九五〇年代以降には第三項が覆され、沙漠地は実質的に「国有地」になった。第三章では、これら法令条文から「沙漠地の法」を再構成する。

第四章では、こうした法の変化を踏まえた上でGの土地売買契約書の内容を検討する。沙漠地が「国有地」であり、「占有」が禁止されるのであれば、Gの土地の「私有」状況はどのようにして成り立つのかという問いが浮かんでくる。この謎を解く鍵となったのは、土地の入手に関してGが述べた「タムリーク」という土地所有権を確認する手続きである。バドル郡地域ではタムリーク手続きが一九七〇年代から進められ、占有された沙漠開拓地の所有権が確定された。この手続きの起源を調べる中で、一九七〇年代半ばから八〇年代初めにかけて発布された省令が見出された。その分析からは「国有地を私有する仕組み」としての売買契約書の重要性が明らかになるだろう。

これらの議論から、第二部では、バドル郡地域を生きる人々にとって重要な財産である沙漠開拓地の法制展開を明らかにし、沙漠開発によって生じた土地所有構造の変化を論じる。

3　人々が依拠する社会関係

第三部で取り上げるのは、バドル郡地域の人々が生きる上で実際に依拠している社会関係である。沙漠開発には社会を変容させる契機として、土地分配と移住者による新社会形成の二点が認められる。政策としての沙漠開発の最大の利点は、特定社会層への土地分配にあり［cf. Mar'ī 1957］、開発事業や政策の初期的段階に注目した研究報告では、もっぱら土地を入手した「受益者」に焦点が当てられてきた［Fahim 1975; Tadros 1975］。一九八〇年代のホプキンスらの共同調査では、「受益者」が入る農業協同組合の名簿から調査対象者を選んだが、受領地を親族に貸した事例や借金のため手放した事例も含まれていた［Hopkins *et al.* 1988: 66–75］。そこに示唆されるように、土地は一度分配されれば終わりではなく、ある者の財産がその者の社会的・経済的事情により分割・移譲され、そうした売却や相続の際に特定の社会関係が想起されることが考えられる。土地分配による利益供与は、人を移動させ、異なる社会層の人々を混合させる。前述のホプキンスらの共同調査では、「受益者」の人々が集住する中で、「故郷」と「職場での地位」が社会関係の指標となったことが指摘された［Hopkins *el al.* 1988: 75–87］。同様に、苦難の共有や移住者同士の通婚が新集落における共同意識を芽生えさせたことも報告されている［Sabea 1987］。これらの報告からさらに二、三〇年が経過した二〇一〇年代年代のバドル郡地域では、どのような社会関係が認められるだろうか。

第三部の二つの章では、沙漠開拓地の農業実践の一つである苗農場と、社会関係の結節点となる結婚の祝宴をそれぞれ取り上げる。第五章で扱う苗農場とは、野菜や果物の苗を育てる業種で、需要のある高品質の種を買い、温室で育て、耕作者に苗を売ることにより利益を得る。農業界の脇役だが、ある程度の技術があれば始められ、野菜や果物の栽培よりも短期間で結果が出るため、若い世代に人気がある。また、農業技師の資格が必要な農薬・肥料販売、工学知識が必要な農機具販売と異なり、特別な資格がなくても参入できる。第五章では、マルカズ・バドル郊外にあるZ農場を事例として、若き経営者のZと、そこで働く農業技師のYの二人をめぐる人間模様を描き出す。受益者の息子として生まれ、湾岸産油国で成功した兄弟を持つZと、労働者の家に生まれ、農地を持たずに農業に従事してきたYは、同じようにバドル郡地域に生まれ育ち、苗産業に従事していても異なる社会状況にある。二人は雇用者・被雇用者として関係し、互いを「同郷者」とみなすが、「共同経営者」にはならない。苗農場を通じてどのような社会関係が想起され、結ばれているのか。彼らの具体的な言動からそれを読み取っていく。

第六章では、バドル郡地域における重要な社会的行事の一つ、結婚の祝宴を取り上げる。バドル郡地域では、宗教的・法律的に定められた婚姻の契約とは別に祝宴を開くことが結婚過程の不可欠の一部とみなされる。路地や空き地を利用して祝宴会場が設置され、招待状の有無を問わず参加を認める開かれた形式がとられる。バドル郡の人々は様々な理由や関係性にもとづき、互いを祝宴に招待し、祝宴に参加する。多額の費用を要する祝宴は、結婚を望む男女とその保護者にとって大きな負担となっているが、それでもなお人々が祝宴を求め、これに積極的に参加するのはなぜか。どのような考えと実質的な負担により祝宴を開催しているのか。花嫁側、花婿側それぞれの視点から祝宴の具体的様相を描写し、これを通じた社会関係のあり方を考察する。

これらの議論から第三部では、苗農場と結婚の祝宴という二点から、沙漠開発によって作られた「新しい土地」に生きる人々の繋がりの具体的な形態を論じる。

エジプト映画では、しばしば終幕に結婚の祝宴を描くことで、伝統的・社会的価値観に沿った形で物語を収め、大団円を強調する。本書でも、第六章の議論によってひとまず区切りをつけ、バドル郡地域を舞台に演じられた沙漠開拓地をめぐるドラマに幕を下ろす。最後に、「おわりに」で各章の議論を振り返り、本書全体のエンドロールとしたい。

註

（1）「新河谷計画」については、地理学者の小堀巌が計画初期段階の一九六二年夏に中心地のハルガ・オアシスを訪れ、「人工的に沙漠とたたかいつつ作りあげられている都市なのである」という感想を残している［小堀 一九六七：一八二］。ハルガ市は、現在の新河谷県の県庁所在地である。

（2）たとえば、一九五〇年代の農地改革の受益者を調査してきたエジプト人人類学者リーム・サアド［Saad 1988］は、政府は一九九七年一月に始まった「農民のための」トシュカ計画を喧伝する一方で、地主に有利な形に改正された小作法（一九九二年法律第九六号）が一九九七年一〇月に施行されたため、地主たちが次々と契約更新を拒み、「農民」である小作人たちが数十年間耕した農地から追い出されることになったという皮肉を指摘している［Saad 2002: 104］。

（3）「建設農業開発計画公機構（al-hayʾa al-ʿāmma li-mashrūʿāt al-taʿmīr wa-al-tanmiya al-zirāʿīya）に関する一九七五年エジプト・アラブ共和国大統領令第二六九号」による。一九七五年四月一〇日付の官報により公布。英語の名称は、General Authority for Reconstruction Projects and Agricultural Development で、同機構の公式ウェブサイト（http://www.garpad.gov.eg、最終アクセス二〇一六年三月一一日）で確認できる。

（4）「新都市共同体（al-mujtamaʿāt al-ʿumrānīya al-jadīda）に関する一九七九年法律第五九号」による。一九七九年一一月二九日付官報により公布［al-Bayyūmī and Zaghlūl 2006］。

（5）「土地開拓常設機構（al-hayʾa al-dāʾima li-istiṣlāḥ al-arāḍī）の設立に関する一九五四年法律第一六九号」による。一九五四年三月三〇日付の官報により公布。

（6）「土地開拓常設機構に関する一九五五年法律第六四三号」による。一九五五年一二月二七日付の官報により公布。

（7）「土地開拓常設機構に土地の利用および処分を許可することに関する大統領令」による。一九五八年二月二七日付の官報により公布。

（8）「土地開拓常設機構の内規に関する一九六〇年アラブ連合共和国大統領令第二二七〇号」による。一九六〇年二月二〇日付の官報により公布。

（9）「土地開拓公機構（al-hayʾa al-ʿāmma li-istiṣlāḥ al-arāḍī）の理事会設立に関する一九六一年アラブ連合共和国大統領令第一八七八号」による。同法は一九六一年一二月一六日付の官報により公布。

（10）「土地開拓エジプト公機関（al-muʾassasa al-miṣrīya al-ʿāmma li-istiṣlāḥ al-arāḍī）の組織化に関する一九六二年アラブ連合共和国大統領令第三三一五号」による。一九六二年一一月三日付の官報により公布。

（11）「開拓地利用開発エジプト公機関（al-muʾassasa al-miṣrīya al-ʿāmma li-istighlāl wa-tanmiya al-arāḍī al-mustaṣlaḥa）の設立に関する一九六五年アラブ連合共和国大統領令第三三〇二号」による。一九六五年一〇月一七日付の官報により公布。英語での名称は、Egyptian Authority for the Utilization and Development of Reclaimed Land という［El-Abd 1979］。

（12）「開拓地利用開発エジプト公機関の土地耕作開発エジプト公機関（al-muʾassasa al-miṣrīya al-ʿāmma li-istizrāʿ wa-tanmiya al-arāḍī）への改名、および土地耕作開発エジプト公機関へのエジプト農業公社の付随に関する一九七一年エジプト・アラブ共和国大統領令第二四三〇号」による。一九七一年一〇月七日付の官報により公布。英語での名称は、Egyptian General Organization for Land Cutivation and Development という［Tadros 1975: iii］。

（13）「沙漠建設公機構（al-hayʾa al-ʿāmma li-taʿmīr al-ṣaḥārā）の設立に関する一九五九年アラブ連合共和国大統領令第五七二号」による。一九五九年四月一四日付の官報により公布。

（14）本章註一の小堀が一九六二年夏に訪問した「沙漠開発庁」はこの機関であったと思われる［小堀　一九六七：一八一］。

（15）「沙漠建設公機構の設立に関する一九六一年アラブ連合共和国大統領令第一五一五号」による。一九六一年九月二五日付の官報により公布。

（16）「沙漠建設エジプト公機関（al-muʾassasa al-miṣrīya al-ʿāmma li-taʿmīr al-ṣaḥārā）に関する一九六二年アラブ連合共和国大統領令第三三一七号」による。一九六二年一二月九日付の官報により公布。

（17）「沙漠建設エジプト公機関の公機構への変更、および沙漠建設エジプト公機構に関する一九六二年大統領令第三三一七号の廃止に関する一九六九年アラブ連合共和国大統領令第四五三号」による。一九六九年四月一七日付の官報により公布。

（18）「沙漠建設エジプト公機関の公機構への変更に関する一九六九年大統領令第四五三号の一部規定の改正に関する一九七一年エジプト・アラブ共和国大統領令第二四三七号」による。一九七一年一〇月一四日付の官報により公布。同大統領令により、「沙漠事業実務局」（al-jihāz al-tanfīdhī li-l-mashrūʿāt al-ṣaḥrāwīya）に改称された。

（19）「タフリール県機関（muʾassasa mudīrīya al-taḥrīr）の設立に関する一九五四年法律第一四八号」による。一九五四年三月二〇日付の官報により公布。

（20）「タフリール機関の土地開拓常設機構への編入に関する大統領令」による。一九五七年一一月三日付の官報により公布。

（21）これは、「土地建設エジプト公機関（al-muʼassasa al-miṣrīya al-ʻāmma li-taʻmīr al-arāḍī）の理事会結成に関する一九六二年アラブ連合共和国大統領令第二五八号」から明らかになる。一九六二年三月一日付の官報により公布。

（22）「土地建設エジプト公機関に関する一九六二年アラブ連合共和国大統領令第三三一六号」による。一九六二年一二月三日付の官報により公布。

（23）「タフリール県機構（hayʼa mudīrīya al-taḥrīr）に関する一九六二年アラブ連合共和国大統領令第三三一八号」による。一九六二年一二月三日付の官報により公布。

（24）「土地建設エジプト公機関の公機構への変更および土地建設エジプト公機関の設立に関する一九六四年大統領令第三三一六号の廃止に関する一九六九年アラブ連合共和国大統領令第四五二号」による。一九六九年四月七日付の官報により公布。

（25）「土地建設公機構の名称の建設農業事業エジプト公機構（al-hayʼa al-miṣrīya al-ʻāmma li-l-taʻmīr wa-al-mashrūʻāt al-zirāʻīya）への変更、および前者の権限の後者への移管に関する一九七一年エジプト・アラブ共和国大統領令第二四二九号」による。一九七一年一〇月七日付の官報により公布。

（26）「建設農業開発計画公機構」の公布令については、本章註三を参照のこと。

（27）「南タフリール農業社の設立に関する一九七六年三月二五日付の農業省令第二四九号」による。一九七六年五月二三日付の官報により公布。

（28）「一九九四年農業省令第一一号」による。一九九四年一月二八日の官報により公布。

（29）「バドル村地方単位のバドル郡および市への変更に関する二〇〇一年三月一七日付の内閣総理大臣令第三二五号」による。

（30）ハサネインの文章を読む限り、彼の考える「近代化」は必ずしも「西洋化」一本ではなく、「ソヴィエト化」の可能性が含まれていた。古い農民の刷新を語るくだりには、彼が一九五六年にソ連を訪問し、観察した集団農場の姿が美化されて描かれている［Ḥasanayn 1975: 126］。

（31）ハサネインは常に「工業化」（taṣnīʻ）を念頭に置き、農業生産を中軸にしつつも、多角的な経済発展を志向していた［Ḥasanayn 1975: 154–156］。ハサネインの失脚後、そのような総合的発展の可能性は見失われ、沙漠開拓は単なる耕作事業、農業生産の拡大と同一視されるようになっていった。ただし一九九〇年代末の「トシュカ計画」のように、事業計画レベルではこうした理念が時折思い起こされ、農産加工業や鉱業、観光業など他業種との組み合わせによる複合的な地域社会の発展が事業計画の中に含まれた［竹村二〇一四c］。

（32）「揚水」の語が示すように、タフリール県地域の土地は、ナイル川の水がそもそも届かない場所であり、デルタ地域に比べてやや小高いところにある。従って、灌漑網の敷設は、単に水路を掘削するだけでなく、揚水用のポンプ場の設置とこれを動かすための電力インフラの整備が必要としていた。

(33) 正則アラビア語では Sayyid Marʿī、英語では Sayed Marei と表記される。一九六〇年代に農地改革大臣を務め、エジプト農政を代表する政治家の一人である［cf. Springborg 1989］。

(34) 現代エジプトの地方行政区分は、「県」(muḥāfaẓa)「郡／市」(markaz / madīna)「地方単位／区」(waḥda maḥallīya / ḥayy) の三段階に分かれる［伊能 二〇〇二］。これらの名称や区分設定は時代により異なるが［竹村 二〇一四b：二二九—二三〇、Ramzī 1994a; 1994b］、現在では一九六一年の地方行政法改正により、すべての県が muḥāfaẓa と呼ばれる。これ以前にはナイル川流域部の県は mudīrīya、港湾都市や大都市は muḥāfaẓa と呼ばれていた。従って、一九五〇年代に考案された「タフリール県」(mudīrīya al-taḥrīr) の名称には、既存のナイル川流域の諸県のように、人が住み、産業が栄える場所となることを願う気持ちが込められていたと考えられる。

(35) 同書は、一九八七年にカイロ・アメリカ大学沙漠開発研究所に提出された報告書に修正を加えて、同大学が発行する Cairo Papers in Social Science シリーズのモノグラフとして一九八八年春に出版されたものである［Hopkins *et al.* 1988: iii］。

(36) 範疇ごとにそれぞれ適用条件や入手可能な土地の規模が異なる。この調査は一九八〇年代であるが、受益者の土地分配は一九六〇年代から七〇年代に行われたため、これら三つの範疇は一九六四年法律第一〇〇号［Buḥayrī and al-ʿArabāwī 2013］に準じた内容であると考えられる。同法については、本書第三章を参照のこと。

(37) この共同調査に参加し、後に独自の追加調査を行ったエジプト人人類学者ハナーン・サバーイーは、調査村の一つに数ヶ月滞在する中で、「故郷」や「職位」だけでなく、村の「地縁」、すなわち苦労と喜びをともにした共通の経験が新たな社会関係を芽生えさせつつあることを指摘している［Sabea 1987: 193］。

(38) たとえば、一九九七年のシンポジウム内容をまとめて編まれた『エジプト農村の変化の方向性』［Hopkins and Westergaard 1998a］では、沙漠開拓地に関係する論考として、コウルらによる北西海岸の牧畜業への開発の影響を論じたものと、地理学者メイヤーによるブハイラ県北西部のヌバーリーヤ地域の沙漠開拓地の利用方法と経済的効果について論じたものの二つのみが収録されていた。後者は、同地域で一九九〇年代初めに行われた国有農場の払い下げ後の状況を、土地の大小と農業経営の効率性を結びつけて論じたものであった［Meyer 1998］。

(39) この種の統計出版物は、資料ごとに異なる点も多い。たとえば、二〇〇四年出版の『ブハイラ県（エジプトの県シリーズ）』では、二〇〇三年の表で「開拓可能地および沙漠地」として、ワーディー・ナトルーン郡とバドル郡の二つにのみ開拓地を計上していた［al-ʿAlība 2004: 16］。

（40）この表には人口数十人から数百人の村までが含まれているが、確認されるのは行政的に「村」（qarya）と認められている集落までで、それ以下の小集落（'izba, kafr）は省かれているか、近隣の村に合わせて計算されている可能性がある。

（41）バドル郡地域の北辺は、ブハイラ運河から西に分岐するヌバーリーヤ運河であり、これがアレクサンドリアまで延びて、別の開発地域である西ヌバーリーヤ地域［cf. Meyer 1998］の水源となっている。

（42）この表には登録農地がわずか一フェッダーン（アブドゥッサラーム・アーリフやマグド）のもの、その一方で一万フェッダーン以上と桁違いに多い地域（アフマド・オラービーやナビール・ワッカード）が含まれており、その数字の正確性には疑いが残る。

（43）沙漠開発研究所の歴史的展開については、カイロ・アメリカ大学大学院に提出した修士論文で詳しく述べた［Takemura 2005］。同研究所は、二〇一三年一一月に「持続的環境研究所」（Research Instiutte for a Sustainable Development, RISE）に改組された（http://schools.aucegypt.edu/Sustainability/Rise/Pages/Home.aspx 最終アクセス日二〇一八年四月一七日）。

（44）大学農場とマルカズ・バドルは距離があったので、夕方四時に農場労働者を送り届けるバスに乗って行くことが多かった。しかし夕方には日刊紙は売り切れていることが多く、新聞販売店自体が閉まっていることもあった。

（45）二〇一〇年頃にはエジプトにおいてもＤＳＬ（Digital Subscriber Line, 定額料金で利用できる高速インターネット回線。それ以前は、サービス・プロバイダーへ直接電話をかける低速のアナログ回線が主流であった）が普及し、インターネットが広がり始めていたが、大学農場周辺はサービス状況が悪く、ネット環境は常に不安定で、技術が普及した衛星テレビの方が安定していた。当時は携帯電話会社によるＵＳＢメモリー型の無線ＬＡＮ方式もまだ初期的状況にあり、ＤＳＬの有線ＬＡＮ環境と比べて著しく速度が遅く、携帯電話の電波も不安定で回路の切断が多かった。

（46）一月二八日の夜、カイロ行きを周囲の人々に相談すると、友人の一人が「明日カイロ大学で受講している農学の授業の試験があるから一緒に行くか?」と言うのでその車に乗せてもらい、二九日朝にカイロに向かった。カイロ（といっても対岸ギザ県のモハンディスィーン周辺）の街路には、前夜の衝突の跡と見られる焼け焦げた警察車両や焼けたタイヤが放置され、人通りもまばらであった。カイロ大学の門はかたく閉められ、試験延期の張り紙が出されていた。後から考えれば、当然の措置であるが、当時バドル郡地域にいた人々の認識はまだこの程度であった。

（47）トシュカ計画に関する資料は、後に拙著『ムバーラクのピラミッド』にまとめた［竹村　二〇一四ｃ］。

（48）大学農場ではまれに英語で会話することがあった。農場長を含めて比較的英語が通じる相手がいたため、アラビア語で聞きにくいことについて英語で尋ねることがあった。また、カイロから外国人（非エジプト人）の訪問者や沙漠開発研究所の外国人スタッフが来る時には英語が用いられた。

(49) エジプトでは「社会学」('ilm al-ijtimā')の語は、「人類学」('ilm al-insān)よりも広く知られており、社会の「慣習」(al-'ādāt wa-al-taqālīd)を学んでいることを伝えるため、よく用いていた。学校教育の中で「社会科」(al-dirāsāt al-ijtimā'īya)があるため理解されやすかったのかもしれない。

(50) 当時、私が諺の収集や使用に熱心であったためである[竹村 二〇一一]。

(51) フィールドワークを通じた文書資料の発見は、歴史学における史資料発見[近藤 二〇一四]の過程と構造が似ているように思われる。

(52) 法令を法学的研究としてではなく、人類学・地域研究のテクストとして扱うための方法論を模索して、「二〇一一年革命」後に制定された「二〇一二年憲法」を題材として、条文テクストの通時的比較分析法を試みた[竹村 二〇一四a、二〇一四b]。「二〇一三年革命」後に書かれた「二〇一四年憲法」についても同様の分析を行っている[竹村 二〇一五b、二〇一六b、二〇一八]。

(53) 各章の内容は、調査後に発表した論文や口頭発表にもとづき、本書の主旨や凡例規則に則って、加筆修正を施したものである。第一章は[竹村 二〇一三a]にもとづく。第二章は一部を[竹村 二〇一六d]として口頭発表を行ったが、大半は書き下ろしである。第三章は[竹村 二〇一五a]にもとづく。第四章は英文による[Takemura 2016]を日本語に変え、加筆したものである。第五章は要旨を[竹村 二〇一六c]として口頭発表を行ったが、本文は書き下ろしである。第六章は[竹村 二〇一六a]にもとづく。「はじめに」、序章、「おわりに」は、書き下ろしである。

●第一部　開発の評価と歴史認識

第一章　歴史の声──『タフリール県は革命の申し子』から

一　はじめに

国内諸地域の「開発」[1]、すなわち中央政府による社会基盤や行政サービスの拡張は、いまやどのような辺境や地方を語る上でも見過ごすことのできない要素である。沙漠開発は、現代エジプトの国内開発の重要課題の一つに挙げられる。古来の農地と宅地が密集するナイル川流域を「国土の四%以下」と図式的に把握し、「狭いナイル河谷からの脱出」を提唱するもので、沙漠地の耕作や入植、宅地造成や産業振興などの点で地方開発を推進する言説を形成してきた［Mitchell 2002: 209–210］。その優先度は時代により変動するが、中央から地方へむけた公共事業の一種として、沙漠開発は国内開発の象徴的存在であり続けている。[2] こうした開発現象を理解するためには、開発に関わる「言説」だけでなく、具体的な事業・実践によって創出された土地や地域社会に目を向け、その社会的・文化的・政治的展開を明らかにする必要がある。[3]

本書の調査対象地であるバドル郡地域は、沙漠開発によって創出された「新しい土地」の一つに数えられる。カイロ以北のナイル・デルタの西側を占めるブハイラ県の中でも最南端に位置し、西は同じくブハイラ県に含まれる古いオアシス集落のワーディー・ナトルーン郡、北はかつてバドル郡地域を管轄していた同県の古い農村地域コーム・ハマーダ郡、南と東はミヌーフィーヤ県と接する。現在バドル郡が位置する場所は、一九五〇年代初めまで沙漠の荒野であった。これを切り拓いたのが、「タフリール県」（mudīrīya al-taḥrīr）計画である。ナセルら自由将校団による「一九五二年革命」の直後に策定されたこの計画は、首都カイロ中心部の「タフリール広場」（maydān al-taḥrīr）と同じく、イギリスからの独立と「解放」（taḥrīr）を目指した当時の時代状況が刻印されている。同時に、当時の農村県を指す言葉であった mudīrīya が用いられたことは、沙漠を拓き、新たな「農村」を創出する意図が込められていたと考えられる。

沙漠開発によって生み出された地域の中でも、バドル郡は、「開発計画地」に始まり、後に地方行政単位の一つである「郡」（markaz, 県を構成する中位の地方行政体）に発展した点で注目に値する。従来、現代エジプトにおける「新しい土地」または「沙漠開拓地」は、その始まりとなった開発事業の進捗状況、そこにおける農業・灌漑方法や農地の規模、公的入植者の適応ばかりが取り上げられ、一定の社会的関係や文化的伝統が集積した「地域社会」として議論されることがほとんどなかった(4)。バドル郡地域も例外ではなく、一九五〇年代のタフリール県計画の進捗状況［Warriner 1962; Saab 1967］やその後の土地分配［Springborg 1979; Sukkary-Stolba 1985］、計画の結果としての移住［Hopkins *et al.* 1988; Sabea 1987］など、「開発計画地」としての展開が議論されてきた。

しかし、沙漠開拓地を国家主導の開発計画と同一視する視点は、開発における公的イニシアチブをあまりに狭く捉える点で、また開発に様々な形で参加する人々の関与を見過ごしている点で不十分である。本書は人々がどのように「開発計画地」に関わり、その組み替えと発展に貢献しているのかに目を向ける。その試みの一つとして、本章ではバドル郡の「歴史」に注目する。バドル郡地域においてタフリール県計画のような過去の「歴史的遺産」とその後の展開は、どのように描かれてきたのか。「歴史」は、誰によって書かれ、どのように読まれているのか。「歴史」の記述を検討することで、現在のバドル郡地域の社会構成のどのような側面に迫ることができるのか。本章ではこれらの点を考察していきたい。

本章でおもに用いる資料は、バドル郡地域でのフィールドワークで入手した小冊子、『タフリール県は革命の申し子――過去・現在・未来』［ʻAmmār 2003］（以下、『タフリール県』）である。同書は、後述するように、二〇〇一年の郡昇格から二周年を祝して、地方行政機構の一部である情報局バドル郡支部により準備され、バドル郡住民の政治的代表である「バドル市議会」（majlis madīna badr）により刊行された非売品の行政刊行物である。本文と写真、図表を含めて、合計で八〇頁弱からなる小冊子である。序文から巻末奥付まで七五の頁番号が振られ、序文より前に中表紙、中扉、献辞が付く。目次は七頁目にあり、そこで全九章の全体構成が示される。各章の本文には小見出しが振られ、巻末には三篇の付録がある。以下は『タフリール県』の目次である（節番号や亀甲括弧内の頁数は筆者が補った）。

第一章　タフリール県機関の設立を命じる一九五四年法律第一四八号〔八―九〕
第二章　タフリール県設立後に実現された成果
地均しと灌漑〔一〇―一一〕
農業〔一一―一三〕
建設と居住〔一四―一五〕
工業活動〔一六―一八〕
社会生活〔一九―二〇〕
畜産分野〔二一―二二〕
第三章　一九七六年のタフリール県機関から南タフリール農業社への移管〔二三、不鮮明な法令の写しのみ〕
第四章〔南タフリール農業〕社が達成した実績や目的
南タフリール農業社が実現した、期待されていた諸目的〔二四―二八〕
スポーツに関する会社の役割〔二九―三一〕
第五章　一九八〇年の地方単位設置〔三二〕
第六章　一九九四年三月の南タフリール農業社の清算命令〔三三―三五〕
第七章　バドル村の郡および市への昇格を命じる二〇〇一年三月一七日付内閣総理大臣令〔三六―四一〕
第八章　各部門において実現された成果〔保健衛生、教育、農業、社会問題、水、電気、インフラ、スポーツ、融資〕
教育部門〔四二―四三〕
保健部門〔四四〕
農業部門〔四五―四六〕

この全体構成から窺われるように、『タフリール県』では、最初期のタフリール県計画と、その後を継いだ南タフリール農業社に多くの紙幅が割かれ、これらの公的機関によってもたらされた「実績」や「成果」の数々が強調されている。同書の執筆・製作者が当の地方行政機構の一部であることと合わせれば、『タフリール県』が、この地域に形成されてきた権力構造と一致し、これに寄り添う内容であることは予想が付く。

以下では、このような、いわばどこにでもある「行政刊行物」を資料としつつ、バドル郡地域における「歴史」叙述の形、そして「歴史」をめぐる知識と権力のあり方を描き出してみよう。

二　『タフリール県』との出会い

その前にこの『タフリール県』という冊子との「民族誌的出会い[5]」について、すなわち私がバドル郡地域でのフィールドワークの中でどのようにして同書を入手したか、についてもう少し詳しく記しておきたい。このこと自体がこの地域における知識と権力の配置に関わっているからである。

序章でも述べたように、私はバドル郡地域の調査を進める中で、中心部の町マルカズ・バドルに関心を抱き、その住宅発展の軌跡を再構成する方法や資料を探していた。その取り組みの一つとして、町で知り合った人々に、「この町の歴史に関する本や手記、写真などはないか」と尋ねていた。そこで私は『タフリール県』に「出会った」、あるいは「再発見した」のである。というのも、住民への聞き込みを始める前に、私はすでに『タフリール県』を入手していたからである。町に拠点を移す前に滞在していた大学農場にいた頃、地域出身の技師たちにバドル郡の歴史や地図を得られるところはないかと相談したところ、南タフリール農業社を訪問するべきだと勧められた。技師たちの一人が同社代表のマフムード・サアダーウィー技師と「知り合いだ」と言うので、この人物に頼み込み、面談する機会を作ってもらった。その帰り際にサアダーウィー技師が手土産に持たせてくれた二冊の刊行物の内の一冊が、『タフリール県』であった（もう一冊は、農地改革省により刊行された『タフリール県――一九五九年』[ʻAbd al-Wahhāb 1959]）。

当時は事情をよく呑み込めてなかったが、サアダーウィー技師が話してくれた内容は、この地域における土地所有の状況や地域住民の社会構成など、本書の議論に関係する重要な知見を含んでいた。彼が手土産に持たせてくれた二冊も後々になって重要性がわかったが、この時は中身を一瞥しただけで、特に発見があるとは思わず、フィールドワークの資料の一つとしてカバンの奥にしまいこんでしまった。『タフリール県』の存在を思い出し、その価値を「再発見」したのは、大学農場を離れて町にアパートを借り、町の歴史について人々に尋ねていた時である。大半の人が「そんなものはない」と言下に否定した中で、ある二人が「ある」と答えた。

一人は、この町に生まれ育った三〇代の男性で、カイロの大学を卒業したが仕事（*shoghl*, この文脈では大学卒業後に約束されているはずの公務員職）[6]がないため地元に戻り、町に多くある携帯電話販売店[7]で働いていた。彼に地域や町の歴史をよく知る「古老」のような人がいないかと尋ねたところ、二人の名前を挙げた。一人は彼の友人で、文化省傘下の「文化宮殿公機構」[8]（al-hay'a al-ʿāmma li-quṣūr al-thaqāfa）のバドル支部に勤めているので、「町の歴史の本」を持っているかもしれないという。文化宮殿機構は国内の民俗・伝承に関する著作を出版する公的機関であることから、バドル郡地域の歴史や文化に関する「地方史」の類があるのではないかと想像し、是非それを借りてくるよう頼み込んだ。数週間経ち、幾度かしつこく催促を繰り返した後に、彼は「その本」を持ってきた。手に取ってみると、見覚えのある表紙をしていた。それは、私が先にサアダーウィー技師から手土産にもらい、カバンにしまいこんでいた『タフリール県』であった。

図 4　『タフリール県』表紙

私は内心落胆しつつ、「その本は自分で持っている」と伝え、よくお礼を言って冊子を返した。しかしまだ希望は残っていた。彼が名前を挙げたもう一人の人物からも、「この地域の歴史に関わる本」を見せてもらえる手ごたえがあったからである。その人物は、六〇代の男性で、学校教師として数十年前にこの地域に赴任し、晩年には校長まで務めあげ、現在は「年金暮らし」をしている。彼の息子は、まだ三〇代の若さだが、マルカズ・

バドルで携帯電話販売店を開き、町で一番と評判の店に育てあげた人物である。いまだ教育者の威厳を漂わせるこの男性と会ったのは、若者の熱気でむせ返る彼の息子の店内であった。私は自己紹介をして、「町の歴史の本」について尋ねた。すると彼は、「それなら自宅にあるから持ってこよう」と答えた。長くこの地域の学校に勤めた教師の手による手稿や手記、あるいは在野の歴史家の手による著作か、と私は期待に胸を膨らませた。数日後、彼が持ってきたものは、またもや見覚えのある『タフリール県』であった。

こうして繰り返しこの冊子を出された経験から、私は改めて『タフリール県』に注目し、その内容を読み直してみた。そこから、この冊子には注目すべき二つの特徴があることを見出した。第一に、『タフリール県』は、バドル郡地域の現状について、他の著作や報告書に含まれない情報を有する。タフリール県計画がまだ世間から注目されていた一九五〇～六〇年代には、開発事業の進捗状況に関わる行政刊行物が折々に発行されていた。その一つが、サアダーウィー技師から手土産にもらったもう一冊の本、『タフリール県――一九五九年』である。その後もこの地域に関する報告はいくつか出されたが［Habashy 1991; Hopkins *et al.* 1998; Sherbiny, Cole and Girgis 1992］、それらにしても一九九〇年代初頭までで終わっており、それ以降の「バドル郡」となった時期の状況を扱ったものはない。また、この地域の住民の間にも、昔の街並みや住宅地の写真、当時の社会状況を綴った手稿など存在しないようである。写真について尋ねたところ、住民の一人は「ここらは昔、荒地（*gabal*）だったんだ、そんなの撮るわけがないよ」と呆れ顔で答えた。これらを踏まえると、『タフリール県』以外に、バドル郡地域の歴史や社会を記した著作はおそらく存在しないと考えてよいだろう。従って、『タフリール県』の情報は、たとえそれが行政刊行物にありがちな内容や書き口であったとしても、その存在自体が貴重なのである。

第二に、『タフリール県』は行政出版物であるため、この地域の歴史について（特に私のような外国人研究者に）尋ねられた際に言及され、提示されるのにうってつけの公的性格が認められる。私がこの冊子に繰り返し「出会った」のも偶然ではないのかもしれない。ただし、私が尋ねた住民の多くが『タフリール県』を知らなかった点も考慮されなければならない。学校や行政機関に勤めた経験がある人々はこの冊子の存在を知っており、なおかつこれこそが求められている情報だと考え、提示してきたのである。私がサアダーウィー技師からこれを得たとき、面会を仲介した大学農場の技師も一冊得ることができた。彼はバドル郡出身で、南タフリール農業社に長く勤めた父親がいるが（そのために同社代表のサアダーウィー技師と個人的に面識があった）、それでもこの冊子を持っていなかったようで大変喜んでいた。[9]『タフリール県』の頒布状況は、この地域における「歴史」という情報と権力の繋がりのあり方を示唆しているようである。[10]この点をさらに考察するため、次節では、誰がいつ、どのような資料を用いて、そして誰に向けて、同書を書いたのか、その内容を詳しく読んでみよう。

三　歴史を書く者、書かれる者

1　刊行の日付

奥付によれば、『タフリール県』は、「タフリール県の五〇周年となる二〇〇三年三月二三日に」（bi-munāsaba al-yūbīl al-dhahabī li-mudīrīya al-taḥrīr 23 māris 2003）に刊行された。この「三月二三日」という日付が根拠があって選ばれたものであるのかどうかは、判断が難しい。先行研究によれば、タフリール県計画の始まりは、最初に承認された一九五三年「三月二五日」［Sabea 1987: 29］あるいは「四月五日」［Voll 1980: 129］、または最終承認が下りた一九五四年四月［Hopkins *et al.* 1988: 6; Springborg 1979: 54］とみなされてきた。これらに対し、『タフリール県』本文の冒頭一頁目では、大見出しで「タフリール県に関する発想の始まりは一九五二年一〇月だった」（kānat bidāya al-tafkīr fī mudīrīya al-taḥrīr fī uktūbir 1952）と書かれ、そのすぐ下にある小見出しには「第一の閃き 一九五三年三月一二日」と書かれている［'Ammār 2003: 1］。続く本文で言及される日付は、計画に関する覚書が提出された日付とされる「一九五三年三月二一日」である。本文の記述が正しいとすれば、小見出しに書かれた「二一日」は「二一日」の誤植であり、本来は、一九五三年三月二一日から「五〇周年」を意図していたのではないか。

このように考える根拠は他にもある。それは、この冒頭の文章が実際には別の本からの引用である点にある。『タフリール県』には学術的研究に不可欠な引用符や参考文献の書誌情報などが記されていないため、一見しただけではわからないが、同書のこの部分は、タフリール県計画の実質的な推進者であったマグディー・ハサネイン少佐が晩年に出版した回想録、『沙漠……革命と富――タフリール県物語』（以下『沙漠』）［Ḥasanayn 1975］の一節をそのまま切り貼りしたものだからである。

ハサネインの『沙漠』では、第一部「土地の歴史」で二〇世紀半ばに至るエジプト農業の変遷と土地所有状況を述べた後、第二部「人間と土地と解放（taḥrīr）が県（mudīrīya）を構成する」において、タフリール県計画がどのようにして構想されたのか、様々な資料と自らの経験、独白を交えて描かれる。そこではハサネインが――この人物は「一九五二年革命」を実行した自由将校団の支持者であったことが知られる［Hopkins 1969: 128］――革命前に提唱したエジプト全土での植樹事業の様子や、革命後に就任した内閣官房長官（mudīr maktab li-ra'īs al-wuzarā'）として直面した大学卒業者の不完全就業問題、イギリス農村視察時に見たイギリス農民（fallāḥ injlīzī）の豊かさに追いつくための政策提言の必要性が語られた後、農業技師でもあるアフマド・カースィム教授の講義で「沙漠開拓」（istiṣlāḥ al-ṣaḥrā'）の可能性を聞いたときに「私の頭の中でその考えが閃いた」（baraqat fī ra'sī al-fikra）ことが述べられる［Ḥasanayn 1975: 98–100］。ハサネインは、一九五二年一〇月に、沙漠開発事業への水資源配分について報告書を書き、灌漑を管轄する公共事業省（現在の水資源・灌漑省）に伺いを立てており、これが「〔タフリール〕県に関する発想の始まり」（bidāya al-tafkīr fī al-mudīrīya）であったと記される［Ḥasanayn 1975: 105］。ハサネインが計画の当事者であったこと、『沙漠』の出版年が『タフリール県』より早いことから、この一節が『タフリール県』冒頭の見出しにあった表現の元であったと考えられる。

『タフリール県』による『沙漠』の引用符なき無断引用は、他にも見られる。たとえば、『沙漠』の第二部の小見出し「新しい世界と繋がる科学」は、以下の文章から始まる。

> ○新しい社会と繋がる科学
>
> タフリール県の歴史における第一歩は、科学と調査の完全な結合であった。最初の瞬間から、あらゆる局面は科学によって計算され、調査によって計測され、集合的・技術的・専門的な議論によって決定された。
>
> [Ḥasanayn 1975: 104]

これと同一の表現によって、『タフリール県』の序文は始まる［ʿAmmār 2003: 1］。唯一の違いは『沙漠』ではアラビア語で「第一の」を表す単語ūlāを正しく表記したが、『タフリール県』ではūlīと誤記した点だけである。

続いて、『タフリール県』は、『沙漠』と同一の言葉遣いで（ただしやはり句点や引用符の有無に細かな違いがあり、『沙漠』の方が文法的に正確）、タフリール県設置委員会が、一九五三年三月二一日に、『タフリール県設置に関する農業の水平的拡大についての覚書』（mudhakkira ʿan al-tawassuʿ al-zirāʿī bi-inshāʾ mudīrīya al-taḥrīr）を内閣総理大臣に提出したことを記す。『沙漠』の本文から「三月二三日」が正しい日付であること、すなわち先述した『タフリール県』の序文の見出しにある「三月二一日」が誤植であることが窺える。

『沙漠』では、覚書への言及の後、二段落ほどナイル川の取水量に関する国際協定に話が逸れるが、『タフリール県』ではその部分は省かれ、タフリール県が設置されるべき地域とそこでの六〇万フェッダーンの土地開拓予定が述べられる。さらに当時内閣総理大臣を担っていたムハンマド・ナギーブ参謀総長（al-liwā’ arkān al-ḥarb Muḥammad Najīb）が、農業生産を管轄する国民生産開発会議（majlis tanmiya al-intāj al-qawmī）に向けて出したタフリール県創設要望書の文面が掲載される。そこでは、タフリール県計画理事会の形式的な長としてナギーブが理事長に就き、ハサネインが「理事の一人」かつ「理事長不在時の代理人」（yanūbu ‘an al-ra’īs ‘ind taghayyub-hi）という実質的な責任者を務めることが示されていた。

　これらの記述に記されたように、一九五三年三月二一日がタフリール県の真の始まりであったとすれば、その五〇周年を祝うべき『タフリール県』はなぜわずかに二日ずれた二〇〇三年三月二三日に刊行されたのだろうか。これには確たる証拠はなく、この「二三日」という日付自体が誤植であった可能性もあるが、いくつかの推論は成り立つ。第一に、「一九五二年革命」が「七月二三日」に始まったことから、月こそ違えど、二三日という日付に「革命」を想起させる力が働いた可能性がある。第二に、『タフリール県』の執筆者たちは、タフリール県計画をムハンマド・ナギーブとマグディー・ハサネインの功績とすることを避けた可能性がある。周知の通り、ナギーブは当初こそ古参将校として「革命」の指導者に祭り上げられたが、後に実質的な指導者であったナセルと衝突し、一九五六年にナセルが新憲法を制定し、同憲法下の最初の大統領に選出された時にはナギーブは政治の表舞台から姿を消していた。ハサネインもまた、一九五七年にはタフリール県計画の進捗遅れと支出超過を理由に解任され、タフリール県計画はナセル肝煎りの農地改革省に吸収された。ハサネインのタフリール県構想を支持したのはナセルであったとする報告もあり［Hopkins 1969: 129］、ハサネインがナギーブと近く、ナセルと遠かったとは一概には言えないが、少なくとも『タフリール県』では、冒頭の二頁以外にハサネインとナギーブの名が出てくることはない。つまり、政治的評価が分かれるハサネインとナギーブ由来の「三月二一日」を避け、現代エジプトの政治体制の正統な始まりである「七月二三日」に合わせた方がよいと、『タフリール県』の執筆者たちが考えたとしても不思議はない。それでは、そのような「忖度」をした執筆者とは、一体誰なのだろうか。

2　歴史を書く者

『タフリール県』の奥付によれば、同書の発行者は、バドル郡の政治的代表である「バドル市議会」であり、その議長のサラーフ・アブドゥルワーヒド技師が「総合監修」（al-ishrāf al-ʻāmm）を、副議長のサブリー・ジャマル会計士と事務局長のムハンマド・サッバーグ技師が「監督」（taḥt riʻāya）を務めた。しかしこれらの政治家たちは形式的に名を連ねただけであり、実質的な執筆作業は、「原稿執筆・資料収集係」（hayʼa al-taḥrīr wa-jamʻ al-māda）と呼ばれる、情報局バドル郡支部職員のファーティマ・デメルダーシュとサナー・シェルヌービーが務めたと考えられる。そしてその責任は、二人の上司であり、「編集長・本書出版委員長」（raʼīs al-taḥrīr wa-raʼīs lajna al-kitāb）を務めたムフセン・アンマールに帰せられる。情報局は、正式名称を「内閣官房・情報政策決定支援局」（majlis al-wuzarāʼ markaz al-maʻlūmāt wa-daʻm ittikhādh al-qarār）といい、ムバーラク体制初期の一九八五年に内閣府直下の省庁横断型シンクタンクとして設立された[11]。情報局バドル郡支部は、総合庁舎の一室に事務所を構えている。この意味で、『タフリール県』の執筆者は、バドル郡の地方行政機構の一部にして、国家権力を与かる人々、「お上」[12]（*el-ḥukūma*）の一員であったと言える。

実際、『タフリール県』には、現代エジプトの行政刊行物に独特の雰囲気が漂っている。文語によって書かれた文章は、平易でわかりやすいが、脈絡もなく政治指導者に対する美辞麗句が突然入ったり、農政用語[13]が何の注釈もなく用いられていたりする。前項で取り上げたように、誤植もしばしば見られ、文章の根拠となる参考文献や引用を示す符号、注などは一切ない。転載されている関連法令の写しや風景写真も大半が不鮮明で、統計図表には調査方法や情報源、年度など基本的情報が欠けている。こうした技術的な不備は、執筆者の個人的性格や学術的背景の欠如以上に、情報と権力が結びついたエジプト政治の事情から、執筆者たちが意図的に情報を制限した可能性がある。『タフリール県』は単に歴史的情報を開示したものではなく、必要な情報を必要なだけ公開するという政治的な情報公開判断が織り込まれた「政治的」刊行物なのである。

この点を色濃く示すのが、『タフリール県』における政府要人の扱いである。この時期のエジプトの行政刊行物によく見られたように、『タフリール県』の中扉には国家元首のムバーラク大統領の肖像が掲げられている(14)。大統領に続くもう一つの中扉には、別の人物の肖像がある。その人物こそ、『タフリール県』を読み解くキーパーソン、当時のブハイラ県知事アフマド・ライシー技師（al-muhandis Aḥmad al-Laythī）であった。ライシーの重要性は、中扉に続いて記される「タフリール県の人民」からの「献辞」からも読み取ることができる。

献辞　　ihdāʾ ilā

理性の呼び声を……叡智の声に……　　nidāʾ al-ʿaql … ilā ṣawt al-ḥikma …
ブハイラ開発の道を指令する御方　　qāʾid masīra tanmiya al-buḥayra …
大臣・技師／ブハイラ県知事　　siyāda al-muhandis al-wazīr / muḥāfiẓ al-buḥayra
アフマド・アブドゥルムヌイム・ライシー閣下へ　　Aḥmad ʿAbd al-Munʿim al-Laythī

タフリール県の人民　　jamāhīr mudīrīya al-taḥrīr

献辞が捧げられたのは、ムバーラク大統領でもハサネインでもナギーブでもナセルでもなく、ライシーただ一人であった。ライシーへの格別の配慮は、この献辞だけにとどまらない。『タフリール県』の第四章第二節では、一九八八年の「タフリール県計画三五周年記念祭」の様子が伝えられるが、そこには当時南タフリール農業社の理事長を務めていたライシーに対し詩人が捧げた称讃詞が収録されている［ʻAmmār 2003: 30］。以下にその一つを見てみよう（「凡例」と異なり、以下の詩には韻律に合わせたアラビア語転写を付けた[15]）。

言葉遊びを聞くのはもうたくさんだ
私たちはあらゆる場所で立ち止まり
アフマドがやって来た、その信仰強く
私の同伴者よ、立ちて努力せよ
私たちは信頼する指導者の求めに従う
決意が岩を叩く
基盤の固い経済を打ち立てよう
輸入品はもうたくさんだ、たくさんだ
私たちは砂を削り取る、男たちの決意で
アフマドの導きと信仰に従えば
あなたの地でバドルよ、私たちは決意した
私の国はあらゆる幸福に恵まれるだろう

無知からつく嘘はもうたくさんだ
大切な時間を無駄にする
私の呼びかけと希望に応える
あなたの心をクルアーンで清めよ
荒地から沙漠を消し去るため
遠くにあるあなたの腕を近づけよ
幸福がすべての地に行き渡る
娼婦のごとく私たちを嘲らせるな
努力で、忍耐で、様々な考えで
天は来る、夢を伴って
私たちはあなたの声を高く響かせよう
これこそが大切な目覚め

kafānā samāʻan mina l-qāfiyā
fa-naḥnu wuqūfan bi-kulli makānin

kafānā khidāʻan mina l-ghābiyā
nubaʻthiru awqāta-nā l-ghāliyā

fa-qad jāʻa aḥmad qawīya l-īmānī　yulabbī nidāʻ-ī wa-āmāliyā
fa-qum yā rafīq-ī wa-ḥayya l-jihādā　wa-ṭahhir qalba-k bi-qurʼāniyā
nulabbī nidāʼa l-qiyāda l-amīnā　li-maḥwi ṣ-ṣaḥārā mina l-bādiyā
fa-inna l-ʻazīma taduqqu ṣ-ṣukhūrā　fa-qarrib sawāʻida-ka n-nāʼiyā
li-nabni qtiṣādan qawīya l-asāsī　yaʻummu r-rakhāʼu bi-arjāʼiyā
kafā-nā kafā-nā mina l-wāridāt-ī　fa-taḍḥak ʻalay-nā ka-mā l-ghāniyā
sanamḥu r-rimāla bi-ʻazmi r-rijāl-ī　bi-jahd-ī wa-ṣabr-ī wa-afkāriyā
bi-rshādi aḥmad wa-īmāniyā　sataʼti s-samāʼu bi-aḥlāmiyā
bi-arḍi-ka yā badru innā ʻazam-nā　sanarfaʻu ṣawta-ka li-l-ʻāliyā
satunʻam bilād-ī bi-kulli rakhāʼin　fa-hādhih hiya ṣ-ṣaḥwatu l-ghāliyā

ここで熱っぽく語られる「アフマドがやって来た、その信仰強く」の「アフマド」は、ライシーの個人名にほかならないが、アフマドはイスラーム教の預言者ムハンマドの別名の一つでもあり、あえてアフマドと呼ぶことには宗教的心情の喚起が意図されているとも考えられる。『タフリール県』巻末の付録には、南タフリール農業社の歴代代表の名が記されているが、ライシーは第一三代にあたり、一九八五年から九四年の九年間同職を務めた。他の者が二、三年を任期とする中で、九年は例外的に長い（最長は第一七代のサアダーウィー技師で一〇年以上）。ライシーが任期を終えた一九九四年は、同社の節目となる「清算」（taṣfiya）の年にあたる。この点についてライシーはどのような役割を果たしたのだろうか。そのことはライシー個人の礼讃とどのような関係にあるのか。次節では、『タフリール県』本文に示される歴史的局面を追いながら、ライシーの関与が何だったのか、バドル郡地域が「開発計画地」から「郡」への変容していく過程とどのように関わるのかを見てみよう。

四　バドル郡への長い道のり

『タフリール県』の目次には全九章の構成が示されるが、各章はそれぞれ特定の時期の行政上の変化とその成果を表している。つまり、目次の構成は以下の五つの局面に整理することができる[16]（以下、括弧内が『タフリール県』の当該箇所）。

①一九五四年のタフリール県機関設置（序文、前段階と初期工程が第一章、成果が第二章）
②一九七六年の南タフリール農業社設置（第三章は設置命令の写真のみ、成果が第四章）
③一九八〇年の地方単位設置（第五章）
④一九九四年の南タフリール農業社清算（第六章）
⑤二〇〇一年のバドル郡設置（第七章、成果が第八章、将来展望が第九章）

①の「タフリール県機関」（mu'assasa mudīrīya al-taḥrīr）が存在したのは一九五四年から五七年までで、その後は農地改革省など関連諸省庁の管轄下に置かれた[17]。特に一九六五年以降は、新設された「開拓地利用開発エジプト公機関」[18]に吸収されたが［Mar'ī 1970: 359］、これが一九七〇年代の経済開放・民営化を受け、一九七六年に解散させられると［Springborg 1979: 65］、管轄下の沙漠開拓地は地域ごとに分割され、数万フェッダーン規模の農業公社の

形で再編された。この時、旧タフリール県計画地の南半分に相当する南タフリール地区の約四・八万フェッダーンを保有する南タフリール農業社が設立された〔Waterbury 1971: 10〕。これが②に相当する。同社が一九九四年に清算命令を受け、解体されたことは、④に相当する。このように①②④は沙漠開拓地の管理行政に関わる局面を示している。他方、③⑤はエジプト地方行政において「行政村」(qarya)を束ねる下位の地方行政機構、「地方単位」(waḥda maḥalliya)の設置や、地方単位を束ねる中位の地方行政機構「郡」に関わる局面を示している。

ここで鍵となるのは南タフリール農業社である。『タフリール県』で言及されたように、同社はかつて地域一帯の土地を管理する公的機関であったが、一九九四年に解散させられた。しかし同社は形を変えて存続し、現在に至るまで地域の土地管理を担い、地域住民の生活に影響力を持ち続けている。少なくともバドル郡地域住民の間では、同社は「生きた機関」として認識されているようだ(この点は本書第四章で再度論じる)。それでは④の意義は何だったのか。それは③の地方単位設置や⑤の郡設置とどのような関係にあるのか。以下、『タフリール県』の記述からこれらの点を考察する。

1　一九五四年のタフリール県機関設立

『タフリール県』では、序文から第一、二章にかけて、開発計画の策定、基盤整備の諸工程、開発の精神、六つの主要活動分野が語られる。先に見たようにこの部分の文章は、ハサネインの『沙漠』から拝借したものが多い。『沙漠』で展開された「耕作地の拡大」「大学卒業者の就職支援」「農民の再生」などの論理は、『タフリール県』序文の端々に見られる。たとえば、最初期の灌漑基盤整備の工程を述べた後、以下の理念が綴られる。

この生きた計画(hādhā al-mashrūʻ al-ḥayawī)の重要性から、耕作地の拡大による国民生産の拡大と沙漠の処女地の耕作地への転換は、国の富〔khayrāt li-l-dawla〕となり、数万の人民諸氏に誇りある恵み〔al-rizq〕の扉と就業〔の機会〕を開く。［ʻAmmār 2003: 3-4］

タフリール県は、五千年の息子たるエジプト農民〔fallāḥ〕を、従属〔qahr〕と搾取〔istighlāl〕から、五フェッダーン〔の土地〕を所有する農民に変え、その家を電気の光で灯し、清浄な水を流し、学校と機械と芸術に触れさせることにより、エジプトの社会関係に初めて大揺さぶり〔zilzāl〕を与えたのだ。［ʻAmmār 2003: 4］

エジプトの農業が、エジプト人が古代より知る最古の職業であり、現代に至るまでその主要な活動であるにもかかわらず、農地は数世代にわたってほとんど固定されたかのようであった。そのため永久不滅の〔一九五二年〕七月二三日革命が最初に考えたことは、タフリール県であった。タフリール県は、沙漠の開拓・耕作分野における第一歩であり、先駆的な実験〔al-tajriba al-rā'ida〕なのである。［ʻAmmār 2003: 4］

このように、タフリール県計画には多くの理想や理念が寄せられていたが、その主たる目的は、およそ次の二文に要約される。

タフリール県計画は、第一に、広大な沙漠地の耕作〔bi-zirāʻa misāḥāt kabīra min al-ṣaḥrā'〕により、国の資源〔al-tharwa al-qawmīya〕の増大を目的としていた。開拓地は緑の〔ナイル〕河谷に加えられ、生産の新たな源となるだろう。［ʻAmmār 2003: 8］

この計画はまた、模範的農村社会の創出（khalq mujtamaʻ rīfī namūdhajī）を目的としていた。それは協同的社会主義（ishtirākīya taʻāwunīya）にもとづき、市民に尊厳ある生をもたらすだろう。［ʻAmmār 2003: 8］

第一の点は、沙漠の耕作地の拡大と農業発展を通じた国民生産の拡大を意味する。『タフリール県』の「計画の目的」［ʻAmmār 2003: 6］に記されたように、食料生産や商品作物の栽培だけでなく、農産物加工業や関連した製造業の展開など、「相互補完的農業・工業社会」（mujtamaʻ zirāʻī wa-ṣināʻī mutakāmil）の形成と「工業化」の進展を伴うものとして、農業には大きな期待が寄せられていた。他方、第二の点は、タフリール県計画が産業振興のみならず、農村社会に新たな思想と改善をもたらすことで、「新しい社会」「新しい農民」を創出する役割を担わされていたことを示している。少なくとも初期段階では、生活基盤を確保し、新たな産業を作り出した上で、教育や訓練を通じて古き農民をつくりかえ、「近代的な国民」を生み出すことが企図されていた[19]。

『タフリール県』では不鮮明な写ししか掲載されていないが、タフリール県機関設置に関する一九五四年法律第一四八号については別途入手することができたので概要を述べておく。同法は、先に述べた一九五三年三月二一日のタフリール県計画の始まりから一年後の一九五四年三月二〇日に公布されたものである。同法付属の覚書によれば、一九五三年七月二一日に暫定理事会の発足が閣議決定され、同年一一月四日に理事会の人選が行われた。理事会は一二人から構成され、任期は三年、内閣に解任権がある（第四条）。タフリール県機関は、予算と計画策定に関する独立した権限を持ち、職員を独自に雇用することもできる（第五条）。具体的な活動内容は、道路や水路などの基盤整備、土地・建物の貸借、投融資業務であり（第三条）、貸付や契約に関する権限を一手に握っていた（第五条）。つまり最初期のタフリール県機関は、独立性の高い組織であり、実質的指導者のハサネインの独自行動が許されていた。おそらくその独立性ゆえに、ナセル率いる中央政府から危険視され、わずか三年後の一九五七年にハサネインの解任と機関の権限剥奪が定められたのであろう。しかし、このあたりの事情について、『タフリール県』は何も語らない。

２　一九七六年の南タフリール農業社の設置

タフリール県機関は一九五七年以降、一九七六年の南タフリール農業社設置までの間、農地改革省など様々な省庁や公的機関の傘下に置かれ、その位置づけ自体が政治勢力間の権力争いの火種となり、交渉の道具とされた[Springborg 1979]。また、その過程で「開発計画地」は、地中海に近く水資源に恵まれた「北タフリール地区」と、計画中心地として用水路が張りめぐらされ、集落が多く設置された「南タフリール地区」の二つに分割された。『タフリール県』では、一九七六年の南タフリール農業社設置以前の話は詳しく語られない。序章の第二節第三項で述べたように、この時期には沙漠開拓地や非耕作地をめぐる公的機関がいくつも作られていた。

『タフリール県』の一三頁には、「タフリール県機関〔sic〕から南タフリール農業社への移管、一九八〇年〔sic〕」という見出しと、命令の不鮮明な写しが掲載されている。これについてはオリジナルの文書を入手できなかったため、よく目を凝らして見るしかないが、題名に「南タフリール農業社の設置に関する一九七六年三月二五日付省令第〔判別不能〕号写し」と書かれている。つまり見出しの「一九八〇年」は誤植で「一九七六年」でなければならず、またこの時期にはタフリール県「機関」（muʾassasa）はすでに（一九六二年に）「機構」（hayʾa）に改組されていたので、これも不正確である。省令番号は不鮮明で読めないが、「一九七六年三月二五日」という日付から――本書第四章で取り上げる土地売買契約書の同一日付の省令と同じ――第二四九号であろう。

同省令の第二条には、一〇項目以上にわたり同社の管轄事項が列挙される。その大半は同様に判読が難しいが、第一項には「その利用が停止している土地における開拓事業の完遂」（istikmāl aʿmāl al-istiṣlāḥ fī al-arāḍī al-muʿaṭṭala al-istighlāl）とあるように読める。これは、『タフリール県』の二四頁にある「南タフリール農業社が実現することを期待された諸目的」の冒頭とほぼ同内容であり、そこには「その開拓が停止している土地における開拓事業の完遂」（istikmāl a‘māl al-istiṣlāḥ fī al-arāḍī al-mu‘aṭṭala istiṣlāḥ-hā）と書かれていた。『タフリール県』では続いて、南タフリール農業社の実施事業として、砂地の改善やスプリンクラー灌漑の採用、果樹や野菜の耕作地の拡大、畜産や養蜂事業の拡大などが列挙される。この記述によれば、南タフリール農業社の活動は、おもに農業や畜産業に限定される。最初期にハサネインによって掲げられた「農業と工業の融合」や「新しい農村社会の創出」という社会改革的・進歩主義的理念は、ほとんど抜け落ちている。

この中で唯一、南タフリール農業社による「社会的」活動として取り上げられているのが、「スポーツ支援」である。『タフリール県』の二九頁には以下のように書かれている。

> 南タフリール農業社は、スポーツ分野においても大きな役割を担っている。現ブハイラ県知事のアフマド・アブドゥルムヌイム・ライシー大臣・技師閣下は、この活動を保護してきた。同社は、当時バドル・スポーツクラブ〔の設置〕に支出した。そのためそのサッカーチームは、閣下の時代にトップレベルに上った。この活動は、同クラブが実施し、閣下が保護した様々な活動の一つとみなされる。［‘Ammār 2003: 29］

南タフリール農業社の事業成果は、ライシーによるスポーツ振興に続き、先に紹介したタフリール県三五周年記念祭におけるライシーへの称讃詩、ライシーによる南タフリール農業社職員の表彰（および理事長と受章職員の握手の写真）によって締め括られる。一九七六年の設置から九四年の清算に至る南タフリール農業社の一八年間の歴史の中でライシーが理事長を担ったのは、他に比べて長いとはいえ、後半の九年間（一九八五～九四年）だけであるが、南タフリール農業社とライシーが一体であるかのような印象を与える記述となっている。実は、ここに同書の物語上、重要な伏線が張られていた。

3　一九八〇年の地方単位設置

南タフリール農業社の清算より前に、『タフリール県』はある重要な出来事に触れている。それは、一九八〇年に当時の「バドル村」（qarya badr）——現在の「バドル市」（madīna badr）——に初めて、「地方単位」（waḥda maḥallīya）が設置されたことである。このことは、先に述べた南タフリール農業社による土地の管理と並行して、この「開発計画地」が初めて全国的な地方行政体制に——ただし、隣接するブハイラ県コーム・ハマーダ郡の周縁的一部として——組み込まれたことを意味する。その目的は、『タフリール県』で以下のように述べられる。

> 地方単位を設置する目的は、地方単位が、公的政治と国家総合計画の範囲内で、その領域内にあるすべての公的施設の設置と監督（inshāʾ wa-idāra jamīʿ al-marāfiq al-ʿāmma）を管轄すること、そして関連する諸法令に従い、各専門分野において各省庁が有するあらゆる権限を管轄することにある。［ʿAmmār 2003: 32］

この文言は、「地方行政法」（qānūn al-idāra al-maḥallīya, 一九七九年法律第四三号として公布）の第二条第二項冒頭と同一で、地方単位が果たすべき基本的な機能を示している。それは、公的施設、すなわち公金によって設置・維持される社会基盤の設置と運営、各省庁によって実施される行政サービスを管轄することである。『タフリール県』によれば、公的施設の設置は電気や上下水道、道路の整備を指し、行政サービスは学校教育、警察、消防、保健衛生の出先機関の整備、そして治安維持を指す。こうした地方単位の役割は、先述の地方行政法の「施行令」（al-lāʾiḥa al-tanfīdhīya）に明確に記されていた。同施行令の第二部「地方単位の権限」は、二四節から構成され、第一節「一般規定」に始まり、「教育」「保健衛生」「住宅供給」「社会」「商業」「農業」「土地開拓」「灌漑」「職業訓練」「文化広報」「青年・スポーツ」「観光」「交通」「輸送」「電気」「工業」「経済」「協同組合」「農村開発」「手工業」「ワクフ」「アズハル」と続き、最後に第二四節「治安」で終わる[20]。

バドル村に新設された地方単位の役割が、地方単位を統括する地方行政法の内容と同一であることにはそれほどの不思議はないが、そもそもなぜこの地域に地方単位が必要とされたのか。その理由を『タフリール県』は以下のように述べる。

> 国が沙漠地を改良・耕作し、タフリール県の地に事業をなしてきたことを踏まえれば、人間は、あらゆる時間と場所における人の本性としての発展を信じる心情と向上心と希望により、進歩し発展することができる。従って行政体制を構築し、農村サービスを提供することは国の責務であり、これにより〔ナイル〕河谷から新しい土地への人々の移住を促進しなければならない。そのため国はこの〔地方〕行政体制を適用し、この地域の住民のためにバドル村に地方単位を設置し、あらゆる分野と組織を通じて、高次のサービス（khidma jalīla）を提供するのだ。［ʻAmmār 2003: 32］

これら社会基盤や行政サービスは、地方単位設置以前には誰によって担われていたのか。一九八〇年代にこの地域で実施されたホプキンスらの共同調査によれば、地方単位がない場所では社会連帯省傘下の「社会開発組合」（community development association / jamʻīya tanmiya al-mujtamaʻ）がこれらを担っていた［Hopkins *et al.* 1988: 119］。また、地方単位が設置された三つの場所（バドル村、オマル・マクラム村、ウンム・サーベル村）でも、地方行政の中心が、車で小一時間ほどかかる距離にあるコーム・ハマーダ市であったため、地域住民は行政サービスと政治的代表性の点で周縁的な立場にあった〔Hopkins *et al.* 1988: 119〕。ホプキンスらによれば、地域内で発生した電気や灌漑用水などに関わる問題は住民の集合的行動である「陳情」によって解決が図られ、その他の個人的問題は、金銭の融通を行う「頼母子講」（*gama'īya*）に代表されるような個人間の私的な協力によってまかない、一部には年長の住民による「慣習法廷」（*maglis 'urfi*）の実施も見られたという〔Hopkins *et al.* 1988: 120–125〕。

従って、地方単位設置以前には、土地の管理と開拓事業を行う南タフリール農業社を中心に、諸省庁の出先機関がそれぞれ独自に地域社会に入り込み、サービスを提供していたと考えられる。地方単位の設置は、そのような相互連携の取れていない状況を改善し、地方単位の下に行政サービスを一元化することを目指していた。これは、「一つの地域社会」という枠組みを、「上から」もたらすことを意味していた。

4　一九九四年の南タフリール農業社の清算

地域行政の中心に担っていた南タフリール農業社の清算は、『タフリール県』の中で三頁（三三一―三三五頁）にわたって扱われる。まず三三一頁では清算の根拠となった「決定」（qarār）の写しが載せられ、続く二頁で清算の理由とこれに伴う会社保有資産の払い下げの実績が示される。この「決定」の写しは、不鮮明で解読が難しいが、原文を入手することができなかったので、よく目を凝らして見ると、右上に「農業開発所属会社」（al-sharika al-tābi'a li-l-tanmiya al-zirā'īya）とある。これは農業省傘下の農業公社を意味し、南タフリール農業社はその一部であったことが知られている。この決定は、「農業開発所属会社」の代表者と南タフリール農業社理事長の連名により下されていた。正式名称は「一九九四年決定第一九号」と辛うじて読める。公布日は比較的読みやすく、「一九九四年二月二八日」である。この日付は、同決定の第一条で「南タフリール農業社は一九九四年三月一日水曜日をもって清算される」と書かれているので間違いない。決定右下の署名は「ムハンマド・アブドゥルアズィーム・マドブーリー」と読めるが、これは「農業開発所属会社」の代表者と思われる。『タフリール県』巻末の付録によれば、一九九四年の南タフリール農業社理事長は、ライシーか後任のマフフーズ・ブトルスであったが、いずれの名もここには見られない。続く三四頁には顔写真が掲載されているが、二〇〇〇年から同社代表を務めるサアダーウィーのものである。「清算」はライシーの成果ではないのだろうか。『タフリール県』は、清算の背景を以下のように説明する。

国は、自由経済（al-iqtiṣād al-ḥurr）と一部企業の民営化（khaṣkhaṣa）に直面する中、南タフリール農業社の清算と同社保有地の売却・賃貸借による処分（al-taṣarruf bi-al-bayʻ aw al-ījār）、そして国が定める諸法令に則った同社の再構成を行った。［ʻAmmār 2003: 34］

清算は、国家的な自由経済・民営化の流れを受けて進められたことになる。『タフリール県』によれば、会社保有地は四区画に分割され（八〇〇フェッダーンから七一〇〇フェッダーンと幅広い）、農業協同組合に対し数千フェッダーン規模で売却されたという[21]。同社職員への退職金代わりの土地分配に用いられた土地面積も記され、合計八万七七二〇フェッダーンが計上されている。この他にも賃貸借に用いられた土地の合計が六二〇〇フェッダーンあり、この中にはカイロ・アメリカ大学の大学農場であった五〇〇フェッダーンも含まれていた。

清算は、南タフリール農業社が担っていた行政サービスをバドル村などの地方単位に引き渡す契機となったようである。『タフリール県』は以下のように述べる。

この決定は、〔南タフリール農業〕社の肩にかけられた負担や同社が提供してきたサービスと社会基盤を、地方〔単位〕（al-maḥalliya）に移すことを伴った。かつて同社が担った役割を、地方単位が引き受け始めたのである。それは、学校の建設や道路の舗装、保健衛生部門への支出などである。こうして同社はその資産（uṣūl）を、諸省庁出先機関（al-mudīriyāt）に引き渡し始めた。［ʻAmmār 2003: 35］

このような資産移譲の中でも最大のものは、各地方単位に移された合計八六四フェッダーンの土地建物である。これに次いで、小中学校を管轄する初等教育省への四二フェッダーンが挙げられる。学校の土地建物を指すのであろう。その次が青年スポーツ省への三九フェッダーンで、これは村や町の各所に設けられた「青年センター」（markaz al-shabāb）の土地建物だと考えられる。続くワクフ省への一七フェッダーンは、おそらくモスクや墓地にされた土地・建物であろう（ワクフについては本書第二章を参照）。さらに農業省傘下の「開発監査局」（al-murāqaba al-ʻāmma li-l-tanmiya）への一四フェッダーン、保健所や病院を有する保健衛生省への一〇フェッダーン、警察やその他治安機関を統括する内務省への七フェッダーンなどが続く。これら資産移譲の意義について、『タフリール県』は以下のように述べる。

ここからこの地域は、その性質を完全に変え始めた。これら諸省庁出先機関一つひとつが、自ら発展（bi-taṭwīr nafs-hā）を始めたのだ。［ʻAmmār 2003: 35］

この局面が意味するのは、開発事業によってもたらされた社会基盤が、徐々に省庁や地方行政機構へと移っていく過程である。『タフリール県』でこれが「発展」と呼ばれたことは注目に値する。アラビア語では、外部からの介入や開発を含意するtanmiyaに対し、内発的発展をtaṭwīrと呼ぶ〔長沢　一九九七：二五八〕。『タフリール県』では、そうした、いわば内からの発展の最終到達点として、この後の二〇〇一年のバドル郡設置が語られる。

しかし「自然に発展した」ように見えても、行政機構の内部で何かを変えることは、容易ではないはずである。ましてや、県の中に一つの「郡」を設置することは、「地方単位」と比べて、より大きな予算配分や権力構造に関わることであり、はるかに困難な作業であることが想像される。またその過程は本来的に政治的性格を持つため、政治の外部で語られることは多くない。実際、バドル郡成立に至る経緯は、先行研究のいずれにおいても、私自身のフィールドワークの中でも聞かれることがなかった。唯一、『タフリール県』のみがこれを語り、またそれを「ライシーの業績」として語る。

5　二〇〇一年のバドル郡成立

『タフリール県』の記述によれば、郡の設置の求めは、自然の発展にもとづく欲求、すなわち地域住民の間から沸き起こった要望にもとづく。そしてその実現のために、当時現職のブハイラ県知事であったライシーが果たした役割が述べられる。

二〇〇一年三月一七日、人間の本性と自然の発展により、この地域がブハイラ県内部で社会的・経済的・政治的な重要性を増したことで、〔タフリール〕県の先駆者たちは地元住民となり、長期間にわたりブハイラ県のために尽くしてきたことが明らかになった。そこでバドル郡および市の設置の決定が公布され、ブハイラ県の地図の中に置かれた。なぜならバドル郡は、ブハイラ県の嫡出子（al-ibn al-bār）であるからである。タフリール県の清浄な地の向上を常に望み、実践してきた人民の強い熱意により、そしてブハイラ県知事アフマド・アブドゥルムヌイム・ライシー技師・大臣閣下のご尽力により、このすばらしき郷土〔al-balad al-'aẓīm〕を市〔および郡〕に変える判断が下されたのだ。[ʻAmmār 2003: 36]

これに続く一節では、「包括的開発」〔al-tanmiya al-shāmila〕という表現が二度用いられる。一つは、それまで所属していたコーム・ハマーダ郡からの予算・行政上の「独立」の文脈で、もう一つは、郡の設置によって達成される教育や保健衛生、農業などの全体的な「発展」の期待を指す。これらは、「ライシー技師閣下の長きにわたるご指示とご庇護」のためであるが、ここでは「初のバドル郡および市の長となられたサラーフ・アブドゥルワーヒド技師の役割を私たちは決して忘れない」とも述べられる[ʻAmmār 2003: 36]。この人物が同書の「総合監修」に名を連ねていたことが思い起こされる。

「郡」成立に至る筋書きは、どのようなものだったのだろうか。『タフリール県』によれば、この地域の重要性が増し、郡設置を望む声が大きくなったことを受けて、県政の大物が次々と同地を訪問した。まず名前が挙げられたのが、過去のブハイラ県知事サラーフッディーン・アテイヤとファールーク・タッラーウィーである。タッラーウィーはライシーの前任（一九九六〜九九年）、アテイヤが前々任者（一九九二〜九六年）であった[ʻAlība 2004: 30]。これらに続いてライシーが登場し、現職の県知事としての権限から、また自身も所属していたブハイラ県議会与党の「国民民主党」〔National Democratic Party, NDP / ḥizb al-waṭanī al-dīmqurāṭī〕を動かし、県議会の承認を得た上で、内閣総理大臣に相談し、決定の公布にこぎつけたようである[ʻAmmār 2003: 37]。

この筋書きには注目すべき点が二つある。第一に、法律上、県知事は確かにこの種の働きかけを行う権限を有していた。「一九五二年革命」後の地方行政体制は、地方行政法に関する一九六〇法律第一二四号によって定められ、後に一九七九年法律第五二号に取って代わられた。同法は、県の下位に位置づけられる郡や市などの区分

図5　総合庁舎入口

を新設し、これら地方行政単位の設置に関わる県知事の権限を強化した［cf. Fahmy 2002］。同法第一条によれば、県は大統領令により新たに設置でき、郡、市および区は、当該県議会の承認を得た後に内閣総理大臣令により設置することができる［N.A. 2011: 6］。この点で現職の県知事であったライシーが、非常に重要な立場にあったことが確認できる。

第二に、この筋書きには地方行政と国民民主党との深い関わりが見られる。国民民主党は、「二〇一一年革命」によって瓦解するまで国家権力の中枢を握る存在であった。その組織構造を記した非公開の『党基本綱領』によれば、党は中央組織と地方組織に二分され、中央事務局は地方組織を監督する権限を持ち、地方組織のトップである県幹事長は郡や区の活動を監督することになっていた［鈴木　二〇〇五：一二八―一二九］。この『党基本綱領』においても、公的政治の場で地方行政機構を代表する県知事と、党の県幹事長の関係は明らかではないが、県知事には伝統的に「超法規的な性質」が与えられており［鈴木　二〇〇五：一三四］、実際の党活動においても大きな力を持っていた可能性が高い。『タフリール県』では、ライシーが国民民主党のブハイラ県支部指導部にあったことが示唆されている。以下の一文もその文脈から理解されるだろう。

> 私たちは、政治分野において、バドル市に国民〔民主〕党事務局を設置した、アフマド・アブドゥルムヌイム・ライシー県知事・大臣閣下の恩顧を忘れない。［ʻAmmār 2003: 39］

ちなみに、ライシーの経歴は県知事で終わりではなかった。二〇〇四年に長年農業大臣や副総理を務め、国民民主党幹事長としてもムバーラク体制を支えたユースフ・ワーリーが大臣の座から退くと、ライシーはその後任を襲い、農業大臣に就任した。ライシーの農業大臣在任期間は一年半と長くはなかったが、カイロ大学農学部卒の農業技師（muhandis zirāʿī）として経歴を始め、国民民主党を通じて政治の舞台に上がり、農業公社である南タフリール農業社の理事長、ブハイラ県知事を経て、ついには大臣にまで成り上がったことになる。このライシーの経歴は、現代エジプトのナイル・デルタ諸県に特徴的な、文民・技術官僚出身の政治家が辿る「出世ルート」［伊能 二〇〇一：七五］を体現していた[22]。

バドル郡の設置は、地方行政体制の中における職位や政党、権力関係を基盤としていたという意味において、きわめて「政治的」な問題であった。タフリール県として始まったこの地域は、古来の農業県であるブハイラ県の内部で周縁的な場所と立場にあった。その中で「開発計画地」の状態から脱し、地方行政体制の中で確固たる足場を得るためには、「政治的」な後押しを必要としていた。ライシーは求められたものを提供したことにより、『タフリール県』というバドル郡の「歴史書」の中で、最も手厚い称讃の言葉を浴びることになった。当のライシーは、『タフリール県』巻末に収録された著名人の言葉の中で、こう述べている。

> 真の〔一九五二年〕七月革命を記すことを望む者は、タフリール県に来るべし。［ʿAmmār 2003: 67］

タフリール県からバドル郡に至る長い道のりは、まさに「革命」後の現代エジプトの政治体制の構成と変動に深く関わるものであった。

五　おわりに

本章では、一九五〇年代初頭に設置された「タフリール県」が半世紀後の二〇〇〇年代初頭に「バドル郡」に変容した経緯を、二〇一〇年代初頭のバドル郡地域に一部流通する行政刊行物『タフリール県は革命の申し子』から明らかにした。第二節では、『タフリール県』の入手と再発見に至る「民族誌的出会い」を描き、第三節では『タフリール県』の執筆者の性格と執筆過程を明らかにした。第四節では、タフリール県からバドル郡に至る道筋を、『タフリール県』の記述の中心に据えられたライシー・ブハイラ県知事の役割から読み解き、その政治史的意義を論じた。

現代エジプトの沙漠開発において、開発計画に関する考察は、もっぱら耕作地面積の規模や人口移動の数から論じられてきた。しかしどのような「地方」であっても、社会基盤が整備され、そこに人が移動し、長く住み続けることにより、住民の側には自らの生活を成り立たせるための基本的サービスや社会基盤が必要となり、行政の側はこれらを提供するとともに、社会を管理する必要が生じる。本章で明らかにされたように、国家と社会、行政と住民の間のこうした双方向的な関わり合いは、南タフリール農業社や地方単位といった公的機関や地方行政機構を通じて、交渉され、成立してきたものであった。現代エジプトの沙漠開発とそれによって生まれた「新しい土地」の地域社会もまた地方行政体制の一部で「あり得る」ものとして理解されなければならない。バドル郡地域に関する行政刊行物である『タフリール県』は——執筆者たちが意図するところではなかったかもしれないが——同地域の歴史的過程を理解するために基本的かつ重要な、地方行政体制との関わりの状況を生々しく示している。

開発計画により創出され、国家権力の浸透が著しい「新しい土地」のバドル郡地域に、『タフリール県』のような歴史に関する行政刊行物が存在することは、様々な意味で示唆的である。一方で、バドル郡地域が開発事業の進捗状況が語られるだけの「開発計画地」ではなく、内部に複雑な政治的・社会的構造を抱えた「地域社会」になったことを意味する。他方で、ライシーのみを称讃する単調な内容は、当のバドル郡地域社会が、古くからの家族・親族の相互交流の深い歴史が刻まれ、決して一人の人間の功績として語ることができない多層性を持つナイル川流域の「古い土地」と比べて、まだまだ「新しい」ことを意味する。農業統計では、一九五〇年代から七〇年代の沙漠開拓地を「古い・新しい土地」（old new-lands）、一九八〇年代以降のものを「新しい・新しい土地」（new new-lands）と呼ぶが、バドル郡地域はまさに前者で、「新しい土地の中では古い」が「古い土地ではない」曖昧な状態にある。

そのバドル郡地域にも「歴史」はある。ただし、その書かれた歴史は、政治的意図を強く感じさせ、政治家への美辞麗句にまみれたものである。それは部外者に尋ねられた時に参照する表向きの歴史であり、貴重な情報ではあるが、バドル郡地域の社会史のごく一部でしかない。そのような記述の中で語られない、この地域を生きてきた人々の人生経験や思い出、日常のありふれた出来事を、どのように引き出し、再構成することができるのか。それは、本章で扱った『タフリール県』の歴史記述とどのような点で異なるものなのか。次章では、人々の経験や記憶に焦点を当てて、バドル郡地域の歴史のもう一つの姿を描き出してみたい。

註

（1）序章で述べたように、本書は沙漠開発を扱うが、特定の開発計画の検証や開発援助体制の批判検討を行う狭義の「開発計画の民族誌」とはならない。むしろ、現代エジプトの農村や地方に生きる人々が置かれる環境や制度的条件を明らかにし、その中での人々の対応や実践を見ることを主眼とし、そうした条件を規定するものとして「開発」を読み替えている。

（2）一九五二年革命以後の流れについて、エジプト社会経済史研究の長沢栄治は、ナセル大統領による社会主義的福祉国家体制、サダト大統領による門戸開放政策による転換、ムバーラク大統領が引き継いだ「長すぎる移行期」として整理する［長沢　二〇〇八、二〇一二b］。そこには様々な歴史的転換点があったが、国家と社会の関係は基本的にナセル期に作り出された強権と福祉の合成としての開発主義を基調としたことが指摘される［長沢　一九九八］。この点において沙漠開発は土地分配を通じて、公共の福祉の問題とも関わる。

（3）この立場は、人類学者石井洋子の「開発フロンティアの人類学」に触発されているが、同一ではない。石井は国際的な開発援助体系を背景に、開発計画を通じて広域的な政治経済が直接日常に影響を与える地域社会を「開発フロンティア」と呼び、これを研究対象に掲げた［石井　二〇〇七：一六―一七］。他方、私が重視するのは国内的な地方統治の文脈であり、「近代化」や「農村改良」の名で呼ばれた、地方住民への社会変革の働きかけ、かつ地方統治の手段としての「開発」である［竹村　二〇〇八ａ］。

（4）二〇世紀末のエジプト農村研究の論集において「新規開拓地」（newly reclaimed lands）を扱った論考が地理学者による統計的研究［Meyer 1998］のみであったことは示唆的である。

（5）どの程度「民族誌的出会い」を開示するかのバランスがまさに問題とされる［Eickelman 2002: 345–346］。フランス人類学［竹沢　二〇〇七、オジェ　二〇〇二］は全般に距離をとるが、『文化を書く』［Clifford and Marcus 1986］を生んだアメリカにはこれを人類学の主要課題とみなす流れもある［太田　二〇〇九］。

（6）ナセル期に大学卒業者の政府機関での完全雇用を約束したことに由来する。ただし、公務員数が増えすぎ、財政に悪影響を及ぼすようになったため、完全雇用を維持できなくなった。近年では、卒業後何年待っても採用に至らない状態が続いている。

（7）エジプトでは、携帯電話は民間三社によってサービスが提供される。通信公社による固定電話と異なり、本体とＳＩＭカードを購入し、プリペイド方式で料金を支払う簡便さから広く流通している。従って、新品・中古品の携帯電話本体の売買や修理、周辺機器の売買は需要が多く、現金収入に繋がるため、特に若者世代に人気の商売になっている。

（8）同機構公式ウェブサイト（http://www.gocp.gov.eg/gocp/ar/History.aspx、最終アクセス二〇一二年一〇月一五日）によれば、文化普及に関する公的機関の一つで、一九四五年に「民衆大学」（al-jāmi‘a al-sha‘bīya）の名で設置され、一九六五年に「人民文化」（al-thaqāfa al-jamāhīrīya）に、一九八九年に「文化宮殿公機構」に改称改組された。

（9）しかし、大学農場での彼の上司である農場長に『タフリール県』のことを教えると、同じくこの冊子を持っていなかった農場長は、強引に彼からこれを取り上げてしまった。そのため彼には長らく恨み言を言われた。この両者の関係にも、権力と情報の密接な繋がりが見て取れるようだ。

(10) フィールドワーク中に「誰のため、何のためにそれを訊くのか」と質問されることがしばしばあり、情報の政治性を意識させられることが多い。情報のやりとりは互酬的なものとして重要視される。

(11) 情報局の公式ウェブサイト（http://www.idsc.gov.eg/Default.aspx, 二〇一二年一〇月一五日最終アクセス）によれば、情報局は、経済発展や社会問題、政策策定に関わる情報を内閣に集約し、関連諸省庁と横断的に情報交換して、連携をとり、政策決定を促進することを目的とする。

(12) アラビア語の hukūma は「内閣」や「行政府」とほぼ同義で用いられる。口語では日本でいう「お上」を含意する。一部の中年男性は、冗談交じりに自分の妻のことを「うちのフクーマが」と呼んでいた。

(13) その一つに、現代エジプト農政のキーワード「農業の水平的拡大」（al-tawassuʻ al-zirāʻī）が挙げられる。これは、農業生産拡大の方法を、新規耕地獲得による「水平的」と既存のナイル川流域農地の耕地改良による「垂直的」の二つに分類したうちの前者にあたる［cf. Marʻī 1970］。

(14) 肖像の下には彼の言葉「力を持たない者は決断する自由を持たない」（man lā yamliku quwwat-hu lā yamliku hurrīya qarār-hi）が付される。農業省の公式ウェブサイト（http://www.agr-egypt.gov.eg/AllMinisters2.aspx?mid=68、二〇一二年一〇月一五日最終アクセス）の「歴代大臣」の項によれば、この文言は前期ムバーラク政権を支えたユースフ・ワーリー農相によって、「食糧を持たない者は自由を持たない」と本歌取りされ、食糧自給率向上を求める政治スローガンに用いられていたようである。政治史的には、ワーリーは一九九〇年代にエジプト農業の市場経済化を推進した政治家として知られている［鈴木　二〇〇五：一一四―一一六］。

(15) 私にはアラブ詩の芸術性を評価する技量はないが、形式上判ぜられる韻律は、「歩調」（bahr al-mutaqārib）である［ライト　一九八七：六七〇―六七二］。第三、四、一二対句には、韻律に合わない個所が見られるが、そのままの形で記してある。第三、一〇対句の人名 ahmad は、正則アラビア語の読み方であれば、それぞれ ahmadu、ahmada（詩的破格語法で ahmadun、ahmadin）であるが、語末母音を切断するエジプト口語アラビア語の読み方の方が韻律に近いため、この表記とした。第四対句の qalba-k も、正則語であれば qalba-ka であるが、より韻律に近い口語の読み方で表記した。第一二対句の本来であれば、satunʻamu と fa-hādhihi となるが、韻律に即した形に読めば、satunʻam と fa-hādhih となるため、そのように表記してある。

(16) 開発人類学のモデルでは、開発計画地の初期の数年間を、「移住前」「定住と組織化」「退出」「編入と移譲」などの段階に分け、開発地域が入植者の新しい地域社会へと変容していく様子を理論化してきた［Cernea 2000; Chambers 1969; Scudder and Colson

1982; Scudder 1991］。ここでは約五〇年にわたる変容を扱うため、これら理論モデルを当てはめることはしない。

(17) 一九五〇～六〇年代、沙漠開拓地は小規模保有を望む農業改革省と国営農場を望む軍との間で争われたが、タフリール県はその舞台の一つであった［Springborg 1979］。

(18) 同機関については、序章第三節の第三項「沙漠開拓地の行政管轄」、註一一を参照のこと。

(19) エジプト人人類学者ハナーン・サバーイーが論じた入植者の生活［Sabea 1987］、およびエジプト近代史研究者オムニア・エルシャクリーの「農村改善運動」の思想史を参照のこと［El Shakry 2007］。無論、開発地域には非公式的な動きや人口流入もあり、すべてが計画の青写真通りに進んだわけではない［cf. 竹村　二〇〇八b］。

(20) 「地方単位」の前身として、一九五四～六〇年に存在した「総合単位」（al-waḥda al-mujammaʻa）の四つの主要部門（社会福祉、保健衛生、初等教育、農業）が思い起こされる［ʻAllām and Mursī 1973: 33–37］。伝統的に「村長」（ʻumda）に任されていた治安分野を含めて、これら五つが農村統治の枢要であった。

(21) 協同組合は、企業と並んで、サダト政権末期に制定された一九八一年法律第一四三号において優遇され、沙漠開拓地の大規模所有への道が開かれた。同法第一一条によれば、協同組合は最大一万フェッダーンの沙漠開拓地を所有でき、その成員は一人当り最大三〇フェッダーンまで保有できる［Abū Dunyā and Zaghlūl 2009: 7］。詳しくは、本書第三章を参照のこと。

(22) 「二〇一一年革命」革命後、大物政治家が次々と「不正」（ẓulm）と「腐敗」（fasād）を問われる中［長沢　二〇一二a］、ユースフ・ワーリーも農相時代の土地不正贈与を問われ、ムバーラクの「政商」と呼ばれたフセイン・サーリムと連座して取調べを受けている。ライシーも同様の政治腐敗問題を問われているようだが、これも彼が旧政権の「大物」であった証かもしれない。

第二章　個人の声——町の住民Gの語りから

一　はじめに

バドル郡地域の姿は、これまで各種統計や公的報告書によって述べられてきた。その中でも最も詳しい資料は情報局バドル郡支部による『バドル郡要覧』［'Ammār n.d.］で、序章の第四節に示したように、各村人口や耕地面積、農業協同組合の数や種類、保健所や学校などの公的施設の分布状況を示している。ただしこれらの資料は、その性質上、公的機関や開発事業の諸側面をよく伝えるが、社会状況や個々人の生活の様子、日常風景を伝えるものではない。前章で論じた『タフリール県は革命の申し子』［'Ammār 2003］も同様に、「政治的」行政刊行物として、政治家ライシーと南タフリール農業社の様子を伝えるものであった。同書の巻末付録には、タフリール県各部局指導者の五〇人の顔写真と名前が掲載されている［'Ammār 2003: 69–74］。「書かれた歴史」は、政治指導者や公務員、地方の有力者について多くを述べるが、それ以外の、社会を構成する大多数の市井の人々については、ほとんど何も伝えない。他方、そうした人々もまた、自らの過去や人生経験——社会学者アルヴァックス［一九八九：六六］のいう「生きている歴史」——を伝えるために、わざわざ大声で語ることも、筆をとることもないようである。

それでは、どのようにすれば、「書かれない」ことを見聞きすることができるのだろうか。「書かれない」ことは、いつ、どのような状況で誰に対して「語られる」のか。複数の人々の間から収集された、それぞれ異なる「語り」は、どれに代表性があり、どれを優先するべきなのか。

これらの問い――これは人類学の方法論的な問いでもある［cf. Dwyer 1982］――に対する答えの一つとして、本章では、バドル郡地域の町マルカズ・バドルについて住民Gが様々な機会に私に「語った」話から、町の歴史的変遷の構成と検討を試みる。制度上、郡の中心地は「市」なので、マルカズ・バドルは本来「バドル市」（madīna badr）であるが、地域の住民はこの町が「バドル村」であった時代から、これをマルカズ・バドルと呼び習わしてきた（一九八〇年代のホプキンスらの共同調査でも、この名称が聞かれたことと、行政上の地位と異なる紛らわしさが言及されている［Hopkins *et al.* 1988: 17］）。本章で描き出したいのは、まさに人々によってこのように呼ばれ、「生きている場」として想起されるマルカズ・バドルの姿である。

そのようなものを捉えるためには、人々の「記憶」を頼りにするしかないが、その扱いには十分注意する必要がある。アルヴァックス［一九八九］が指摘するように、「記憶」は「書かれたもの」と異なり、人間の頭の中にふわふわとしてある思いや心情が、「語り」を求める要請と文脈、向けられる相手に応じて、再構成され、その時々の状況に応じた言葉からなる「語り」となって表出するものだからである。この「語り」の状況依存性を重視して、本章では、フィールドワークの中に最も多くの「語り」を聞かせてくれたアパート大家(1)のGの話を中心としてこれを丁寧に文脈化し、語り手であるG本人の姿も含めて、Gがマルカズ・バドルのモスクについて伝える「記憶」から、前章とは異なるこの町の「生きられた経験」を描き出していく。

先にマルカズ・バドルの住宅地のおおよその配置を示しておこう。図６「マルカズ・バドル市街地」に描かれたように、市街地は、そのまわりを取り囲む農地との直線的境界によって区別される。このことは、マルカズ・

図6　マルカズ・バドル市街地

出典：バドル市議会「バドル市住宅地図」（5000分の1）より筆者作成

バドルが「新しい土地」に作られた「新しい町」であることを如実に示している。図6の中央部にはいくつかの大通りがあるが、これらに沿って建物が密集している部分（中央〜中央右）が最も古い住宅地で、一九五〇年代のタフリール県計画時代に建てられた入植者用公営住宅が並んでいる。その北側（中央上）には、バドル市議会が入っている総合庁舎やバドル・スポーツクラブ（nādī badr）、浄水場などが並ぶ。その左側（中央左）には、建物がまばらに描かれた「ガマイーヤ地区」があり（この地区については、本書第四章で取り上げる）。その左下に「サハリーグ地区」、さらにその下に「ガラージュ地区」「マイイト地区」がある。これら三地区は、開発機関により用意された公営住宅の街区と異なり、非公式的な移住者によって「無計画」に住宅が建てられた街区で、非公式的な住宅地を指す「イズバ」（*'izba*）の語で呼ばれる。町の南側には、タフリール県計画時代の工場跡地が広がり、その一部は近年（二〇一〇年代以降）になって再開発され始めている。地域交通の結節点であるマイクロバスの発着所は、かつては市場近くにあったが、住宅が密集したためか、二〇〇〇年代後半に町の南側に新設された。

私が借りていたGのアパートは、町の中央部の南側に位置していた。建物は公営住宅ではなく、その土地は、かつて市街地に多くあった「空き地」を利用したものである（土地の入手方法については、本書第四章を参照）。それでも、Gの認識によれば、Gの家は「町の内部」にあり、大通りから外側の「イズバ」諸地区のような「町の外部」よりはるかに「場所がよい」という。

場所のよしあしについては、人それぞれ意見があるようである。本書第四章に登場する、父親が南タフリール農業社の職員であった農業技師Tによれば、タフリール県計画時代の公営住宅にはいくつかのランクがあり、中央北の住宅が「やや上流」（*shwayya raqiya*）、中央部が「中流」（*mutawassat*）、南側は「下流」（*tahtiya*）であったという。これは、公営住宅が職種や職位に応じて貸与され、住宅の大きさや造り、土地の広さが違うことに由来する。総じて、町の南側には労働者向けの集合住宅が多くあり、中央部に小さめの一戸建て、中央北には大きめの一戸建て、さらに北には広い庭と門が付いた邸宅（*filla*）が立ち並ぶ。「イズバ」諸地区は、全体に一つずつの土地区画が小さく、家の大きさが異なり、路地も狭く入り組んでいる。他方、町の北西部にあるガマイーヤ地区では、一区画ごとの最低規模が設定されているため大きな建物が多く、建物と建物の間にスペースが設けられ、道幅も広く設計されているが、路面は舗装されていない。

二　Gとの出会い

本節では、まず語り手Gと私の間の「民族誌的出会い」、すなわち私たちがどのように出会い、付き合いを深め、「語り」を聞くような関係性になっていったのかという「語り」の文脈について述べたい。

序章第四節に記したように二〇一一年五月頃から、私はそれまで滞在していた大学農場を離れ、地域の中心部の町マルカズ・バドルに拠点を移す必要を感じ、アパートを探し始めた。YやZなど町に詳しい友人（本書第五章参照）の助けを借りつつ探したが、なかなか条件にあうものが見つからなかった。私の希望条件は、「家具付きアパート」[2]「できるだけ早い入居可」「契約は最長翌年三月まで」[3]「家賃は一〇〇〇ポンド程度」[4]である。

最初に連絡があった物件は、家具付きアパートの触れ込みだったが、実際には家具が入っていなかった。次の物件は、Zが知人に尋ねて情報が得られたもので、六階建てのビルの二階と六階に「家具付きアパート」が一つずつあり[5]、条件には合っていたが、ビルにエレベータがないため六階は日常生活に不便であり、裏手に小学校があることから二階は日中の騒音が懸念された。その後Zが知人の不動産仲介屋[6]に電話で尋ねると、一つ物件があるという。仲介屋に会い、大家に電話すると、「いまは人が住んでいるが、三週間後に出る。大家が住んでいる家なので状態はとてもよい」とのことであった。この日は場所だけ確認し、中を見ることができなかった。

アパートが見つからないまま三週間経ったある日の夕方、私がYの車に乗り仲介屋の店の前を横切ったところ、彼が私を見つけ大声で呼び止め、こう言った。「ほんの一〇分前に例のアパートの大家から連絡があって、前の住人が出て行って鍵が戻ってきたと言っていたから見に行ってみろ」。私とYがすぐに向かい、物件のある家の下に着くと二階のベランダに人がいて、鍵の束を落とし、中に入るように言ってきた。鍵を拾って入口の鉄扉を開け、階段を上がっていくと二階の部屋の扉が開いており、ベランダにいた人が出迎えた。それがGであった。私たちは互いに簡単な自己紹介をし、部屋の中を見せてもらった。家具は質素であったが揃っており、窓や電気回線、寝具や台所道具も実用的であった。Gは「まだ人が出て行ったばかりなので散らかっているが、これがありのままだ（*el-wad' el-hālī*）」と言い、掃除や修繕をする箇所を細かく説明した。この建物はGの持ち物で、各階が独立したアパートになっていること、三階にG夫妻が住み、一階に長男のAの家族が住んでいること、二階は次男のBが結婚するまで貸すつもりとの説明であった。私たちはベランダに置かれたベンチに腰掛け、話を続けた。このときGはもっぱらYと話した。Yを外国人である私の代理人のように思ったようである。

家賃（*īgār*）は九〇〇ポンドで、保証金[7]（*ta'mīn*）も九〇〇。これは「返してくれ」とは言わずに一ヶ月前に「出る」と言えばいい。賃貸期間も何ヶ月とか決めず自由でいい。何かあれば、電話してくれれば、すぐに直す。家賃以外には水と電気がある。水道代は三つのアパートで均等に割る。ガスはボンベ（*anbūba*）がなくなれば電話してくれ。契約は明日で、パスポートのコピーと一八〇〇ポンド用意してほしい。

これまではエジプト人が住んでいた〔と言い、その賃貸契約書を見せた〕。彼らにも九〇〇で貸していた。昔、キリスト教徒（*mesīḥī*）一人とムスリムが五人で住んでいたことがあったが、キリスト教徒は電気会社のシェフだった。これが人がよくて（*ṭayyib*）、仲良くなって、彼の奥さんが来たときには迎えに行ったりした。最後はわざわざ鍵を届けてくれた。本当に仲がよかった（*isharī*）。〔Yに対して〕お前はこの人の友達（*sadīq*）か。彼はお前にお金を払っているのか？〔Yが「おれたちは二〇〇四年から友達だ」と答えると〕それはいいことだ。おれも昔は運転手をしていて、〔Yが住むX村の近くの〕〇〇や△△といった会社で仕事をしていた。あそこでX村の人をよく見かけたよ。あるところに五年勤めて、その金でこの家を建てた。これも人付き合いのおかげだ。いまは朝六時から昼の一時までアレクサンドリアまでマイクロバス(8)を走らせている。その後二時から六時までは昼寝をするから携帯電話も切ってあるが、夜はいつでも大丈夫だ。

図7　Gの家での最初の食事

互いに初対面であり、YとGの間には共通の知人もほとんど見つからず、辛うじてGがかつてX村近くで仕事をしていた経験を持ち出して接点が見つかった程度であった(9)。私自身は実用性や場所の点で気に入り、大家のGも熱心にアパート経営を行っているように感じられたため、ここに決め、翌日再びYに同席してもらい賃貸契約書を交わした。掃除と修繕のため、入居日は一週間後となった。

入居後、私はGに相談しつつインターネット回線の開通(10)や日用品の買い出しに忙しくしていた。二、三日経ったある夕方、大学農場から町に戻ってきて通りを歩いていると、Gから電話があり、「昼ごはん（*ghadā*）を食べよう(11)」と誘いがあった。私は入居祝いのようなものと思い、アパート探しや契約で手伝ってもらったYに電話し、誘うとYは「すぐに行く」と答えたので、自室で待っていた。少しするとGが再度電話して早く来るように促してきたので、私がYを誘い待っていることを伝えると「おれは糖尿病（*marīḍ es-sukkar*）だから食事を待てないんだ。先に食べているぞ」と不機嫌そうな物言いで伝え、電話を切った。少しして五時頃にYが到着した。Yは入居後初めて中を見て、「よいね」と頷いた。Yが来たことをGに伝えると、Gは私のアパートに食事を乗せたお盆を持ってきて、私はYと二人でそれを食べた。食後の紅茶を飲んでいると、Yの携帯電話が鳴り、Yは仕事場に戻って行った。後から考えれば、この時私はYを呼ぶ必要はなく、またGに尋ねずにYを呼ぶべきではなかった。それはGの困惑と、食べ終わるとすぐに去ったYの様子からも窺い知れた。Yが帰った後、Gは自分の住居に場所を変えることを提案し、そこで再び紅茶を飲んでいると、Gは問わず語りにアパート賃貸業の経験について話し始めた。

　おれがどうやってアパート業を始めたかと知ってるか？　おれはもともと〔一九〕七六年から九四年まで公務員（*mowazzaf*）としてカイロに住んでいたんだ。その頃、妻子はこっちに残していた。あっちで自分もアパートを借りてこの仕事を見た。

　最初、おれたちは一階（*arḍī*）に住んでいて、〔二階より〕上はレンガ（*ṭōb*）を積んで建てただけだった。息子〔のA〕が結婚することになったから、上の階に壁を塗り仕上げた。四年ほど一階に住んでいたんだが、息子がずぼら（*ihmāl*）でね。階段にタバコを投げ捨てたり、魚の骨を捨てたりする。夫もひどけりゃ、妻はもっとひどくて。とにかくそれで嫌になって、おれたちが二階に上がって、あいつらは一階にして、壁に別の出入り口（*bāb*）を造った[12]。

　その頃毎年一一月から五月まで電気会社の社員（*mowazzaf*）がマルカズ・バドルに来るようになっていた。ここには水力や火力、ガスの発電所があってリビアにも送電している。彼らはコーム・ハマーダを嫌がって、マルカズ・バドルに来ていた。向こうは農民（*fallāḥ*）が住んでいて家畜（*bahā'im*）も多いし、ごみごみしているからな。それでバドルに来た。発電所は〔バドルとコーム・ハマーダの〕真ん中にあった。それでアパートを商売にする（*istismārī*）ことを考えた。内装を仕上げて〔中略〕、それが九年前くらい。

いまは自分たちが三階にいる。次男のBがもう二、三ヶ月で結婚したら四階に住むようになる。今年も彼らが来たら、三階に住まわせて、おれたちは「階段の下」（*taht es-sallim*）で寝るしかない。いまじゃ彼らの上司は「住むならGの家」と言っている。

図8　私のアパートのリビング

実は、この語りは、一〇日前にGと初対面の際に聞いた話といくつかの点で異なる。GがYに話した時には、Gは自らの職業を「マイクロバスの運転手」と述べていたのに対し、二度目に私に話をしたときには、「公務員」と述べた。後にわかったが、Gは確かに「公務員」であり、「マイクロバスの運転手」は長男のAであった。GがYに公務員であることを明かさなかった理由も後ほど判明するが、いずれにせよこのことは、一定の関係性が結ばれない限り、「本当の」個人情報が開示されないことを示している。これは人類学的フィールドワークで「ラポール（信頼関係）」と呼ばれるものに似ているが、この時の私たちの関係性は、「信頼」と呼べるほどのものではなかった。入居から一〇日ほどの短期間に、私とGの間にそのような信頼関係が生じたとも思えない。二つの語りの違いにもし何か論理的な理由があるとすれば、新たに「家の住人」となった私に自分自身に関する重要な事実や人間関係を明かすことで、私を共通の利害を持つ「関係者」

に引き入れようとしていたのかもしれない。

こうしたＧの考え方や性格に関する理解は、その後Ｇと過ごす時間が増えていくにつれ、より一層明確になっていった。次節では、Ｇが自らの半生について語った内容からその人物像に迫ってみよう。

三　Ｇの人生譚

私がＧから打ち明け話や親しい言葉を聞くようになったのは、入居から数ヶ月が経った二〇一一年一〇月頃からであった。たとえば、一一月二四日の夜、私はＧの住居で食事をとり、その後紅茶を飲みながら雑談していたが、折からのカイロでのデモ騒動[13]と議会選挙直前の治安状況の不安定から、翌日の金曜についてＧは「お前は用事がない限り外に出ないほうがいい」と警告してきた。

おれはお前のことが心配なんだ（*khā'if 'alē-k*）。〔マルカズ・バドルの〕警察署から武器やコンピュータが持ち出されて、人員も引き揚げられたと聞いている。今日、カマール・ガンズーリー[14]が首相に任命された。彼は愛されている（*mahbūb*）。公務員はみな彼の命令に従う（*taht īd-o*）。それでも〔カイロの〕タフリール広場にはガンズーリーを拒否するやつらがいる。つまり明日は元帥[15]支持派と反対派の二つに分かれて衝突するかもしれない。明日はマルカズ・バドルでもデモ（*muzāharāt*）があるらしい。〔一一月二五日〕革命の時には、警察署が襲われて焼き討ちに遭い、中のものが盗られた。今回もよそから誰が来て、何をするかわからない。おれは大丈夫だが、お前が心配だ。お前はおれたちにとって息子のようなものだから（*enta ya'tabar l-nā ibn*）。

Gは続けて「世の中には悪い人もいる」と述べた。その具体例として挙げられたのが、その日の夕方私とGが連れだって帰る途中で挨拶を交わした近くの雑貨屋の店主であった。Gは店主に「やあ、村長さん（*yā 'omda!*）」と親しげな挨拶をして、彼もそれに答えていたため、Gが彼に対してそのような否定的な感情を抱いていることを知り、驚いた。Gは、この店主のことを「やつは心根がよくない（*'alb-o mish kuwayyes*）」と断定した。それは自身に対する妬みを原因とするものだとGは考えていた。

彼のような小さな店（*dokkān*）がいくら儲かると思う？　一五〇〇ポンドくらいだ。しかし電気や水、税金を引くともっと少なくなる。それに一日中ずっと店にいなければならない。それに比べて、おれはアパートを二つも持っていて、一つが九〇〇、もう一つが八五〇、合わせて一七五〇ポンド稼いでいる。彼はそれを知っている。何もしないで自分よりも稼いでいる、と。それを見て、彼のような人は妬ましく思う。おれは、たとえばお前が博士号をとったり、宝くじに当たったりしたら嬉しいよ。新しいジャケットの一つも買ってもらえたらなおさらよい。しかし、中には他人の幸せを快く思わない人もいる。彼はそういう人。こういう人は「なぜ公務員にこんな家が建てられるのか」と思うんだ。

Gが言及した「二つのアパート」とは、一つは私が住む二階で、もう一つはG夫婦が当初住んでいた三階のことであった。二階部分には冬の数ヶ月だけイチゴの収穫のために滞在する仲買人――前に語られた電力会社の社員ではなかった――が来ていたが、彼らが例年通りやって来た際、私がすでに二階を借りていたため、Gは自身の三階を貸し出し、自分たちは屋根裏にしていた四階に壁を建て、屋根をつけて、寝室と台所のみを造り移っていた。Gには人知れぬ苦労があり言い分があるが、外から見れば、給料の低いことで知られる「公務員」であるのに、「不当に」恵まれていると思われるおそれを感じていたようである。続けて、Gはどのようにして自分がアパート賃貸業を始めたのか詳細に話し始めた。それは、Gが他人からさらなる妬みを買わないよう、私に、周囲の人々に対して秘匿すべき情報を教えるためであったようである。

おれは高校を卒業した後、一九七七年に公務員の採用（*ta‘yīn*）を受けて、カイロ（*maṣr*）に行った。採用の条件がそうだったから。研修（*tadrīb*）期間とあわせて四年間、七七、七八、七九年とカイロにいた。カイロ出身でなかったので最初は〔地理や事情が〕よくわからなかったが、次第にわかってきた。〔中略〕

ところで、おれには心臓の持病がある。かかりつけの医者が若い医師だったが、病気のために公務員の仕事も休めるようにしてくれた。それで仕事に行くのも、初めは二日に一回だったのが、次第に三日に一回、一週間に一回、二週間に一回、一ヶ月に一回と少なくなった。そこで他の仕事を始めた。それが運転手（*sawwā’*）で、カイロとマルカズ・バドルを往復する仕事をした。商品（*biḍā‘a*）があれば運ぶ、なければ公務員の仕事に行くといった具合だった。ピックアップ・トラック（*noṣṣ na’l*）を使って知り合いと一緒にやっていた。

ところが八七年の一月に心臓の調子が悪くなって、近くの医者に行ったら、「お前は終わりだ（*da ākhir-ak*）」と言われて、手術することになった。人口心肺をつけた大手術で一一時間も手術室に入っていた。それから一年間休みをもらって、初めはずっと寝ていたが次第に歩けるようになった。一年後、仕事に戻った。月に一度の公務員の仕事と運転手をして、体調は前よりよくなってどんどん仕事した。仕事ばかりしていた。それで太っていって、最後には糖尿病にかかった。それが九七年から二〇〇〇年。九五年からはカイロを離れて、マルカズ・バドルに戻ってきた。

大病を患ったので、死ぬことを考えて、今後の保証を考えるようになった。ちょうど一九八七年は、〔次男の〕

Bが生まれたばかりだった。まだ一ヶ月だった。〔「彼の顔は白い！」[16]（*wishsh-o abyaḍ!*）と隣で話を聞いていたGの妻が叫んだ。〕運転手をして貯めた四、五〇〇〇ポンドと公務員ローン（*qarḍ*）で一万二〇〇〇ポンド借りて、家を建てた。ちょうど親父が死んで〔相続で〕土地を分けたから。一〇〇平方メートルもらったところに家を建てたが、それでもお金は足りず、内装を簡単に整えただけだった。

その後、九七年頃に〔バドル郡内の〕××村の方で発電所（*mahaṭṭet el-kahrabā*）を建てることになり、それに関係する人がマルカズ・バドルにアパートを探すようになった。不動産仲介屋が来て貸さないかと言ったので、自分たちの住居を貸して、アヒルやニワトリを飼っていた天井裏（*fōʾ*）に赤レンガの壁だけ建てて移り住んだ。家賃は当時で六五〇ポンド、三年間の契約だった。

その間、下の階（*taḥt*）の家賃から少しずつ上の階を建て増して、いまお前が住んでいるところ〔二階〕ができた。それから少しして〔長男の〕Aが結婚することになった。親として結婚を手伝う中で一階を渡し、二階を賃貸しして、自分たちは三階に移ることにした。また赤レンガの壁の生活が始まった。それで少しずつ整えていけばいいと思っていたら、お前が来てさらに上へ。〔Gの妻は「これは最後の我慢（*ākhir ṣabr*）。いままでと比べて、赤レンガだけでないだけマシ」とも言って笑った。〕〔中略〕

さっきも言ったが、こういうことを〔公務員の〕職場の同僚に知られたくない。これは秘密（*asrār*）で、いままで同僚の誰とも話したこともない。彼らはイチゴの仲買人にアパートを貸していることは知っているが、お前のことは知らない。職場の八人の同僚のうち、上司（*raʾīs*）が自分と同じように〔南タフリール農業社から土地を得ていない〕「土地なし」で、他の仕事をしながら勉強して農業技師になった人だから、他の人に与えることもできる特別手当の四〇ポンドを自分にくれている。だからお前のことが知られたら……。

この時の語りによれば、Gの人生には、仕事の変化があり、人生の転機となった大病経験があった。一九七七年に高校を卒業し、公務員採用を受けているので、生年は一九六〇年頃であろう。つまり、心臓手術を受けた頃はまだ二〇代後半の若者であり、仕事もし、子どもが生まれたばかりの若き父親であった。病気の前後には運転業に従事しながら、公務員の仕事もしていたようである。前述した語りでも示されたように、一九九四〜九五年頃にはカイロからマルカズ・バドルに戻り、現在の場所に自宅の一階部分を建てたようである。そして一九九七年の発電所建設を契機として、一階を賃貸するようになった。つまり、二〇〇〇年前後にはアパート業を始めたと考えられる。二〇〇〇年代後半に（私が話を聞いた二〇一一年時点からすれば二、三年前に）、長男Aが結婚する際に一階を長男に譲り、二階をアパートとして賃貸し、新たに三階を建て増して自分たちが住む場所としたようである。確かに、一階と二階は、床がタイル張り（*balāṭ*）で、壁は丁寧な仕上げ塗装（*na'sh*）が施されているのに対し、三階の床はコンクリートの土台が剝き出しで、壁や天井もレンガの表面に薄く塗料が塗られているだけで仕上げ塗装がなされていなかった。

アパート賃貸業の最初の頃は、前出の電気会社など大企業を顧客にしていたようである。先に引用した一一月二四日の語りの三週間前にあたる一〇月一五日にGと話をしていると、ほとんど何の脈略もなく「八年前からアパートを貸している」と話し出したことがあった。このときに契約相手として言及されたのは、大手携帯電話会社として有名なオラスコムであった。

オラスコムの人たちが二年間、三、四〇人でここ〔マルカズ・バドル〕に来て、一〇軒くらいのアパートに住んでいたことがある。その中で上位の技師（*mohandisīn*）三人と会計士（*mohāsib*）がうちに泊まっていた。彼らの上司（*ra'īs*）から話があって、彼らのアパートを見てまわっていて、シャワー問題を解決したこともある。

携帯電話をもらって、毎月二五ポンド分のプリペイド（*raṣīd*）をもらって、彼らの面倒を見ていた。家賃は八五〇ポンドで領収書（*fatūra*）も出した。

しかし私が滞在した二〇一一年以降によく見かけた借り手は、イチゴやブドウの仲買人である。イチゴは一〇月から二月頃、ブドウは四月から七月の収穫期にあわせて、仲介人がこれら作物の生産地であるバドル郡に来て、耕作者から買い取り、収穫と選別、梱包を監督し、輸出手続きを行うが、そのために数ヶ月間の拠点を必要としていた。私が直接会ったイチゴの仲買人は、ナイル・デルタの北部のカフル・シェイフ県を本拠地にする人たちで、イチゴの輸出を手がけていた。二〇一一年は私が二階を借りていたため、仲買人たちは三階に滞在することになったが、Gは彼らのために他にも適当なアパートがないか探していた。その見まわりを終えた一一月一日の夜、Gは以下のように述べた。

今日、イチゴの人たち（*nās el-farawla*）のためにアパートを見てきた。人数が多くてアパートがもう一つ必要だから。しかしどれもゴミだ（*zibāla*）。トイレ[17]も汚い（*mi'affin*）。どれもこれもひどいが、彼らは明日イチゴ農家にお金や箱を渡すために来るから、何か見せないといけない。

イチゴの人たちはいつもこの時期に来る。一一月から三月まで。ヨーロッパ、アラブ[18]、両方、いろいろあるが、彼らは輸出業者。エジプト[19]（*maṣr*）にイチゴが出回るのは四月頃だが、あれは残りもの。ヨーロッパは一月まで。「クリスマス」だから。その後アラブ。値段は行き先で違う。ヨーロッパは一箱四〇ポンド。箱も決まっていて、粒も色も、一箱に何粒入れるかも決まっている。その上、イチゴの粒にさわってはいけない。指紋がついているのは空港[20]ではねられる。アラブは箱も適当、包みも普通でいい。一箱一八ポンドくらい。残りがエジプトで、ここやオブール〔カイロ東近郊のオブール市にある青果卸売市場〕に運ばれる。うちには計量道具やステッカー貼りの器具が下に置いたままだ。〔中略〕

イチゴは一一月から四月、その後五月半ばから七月末までがブドウ（*'inab*）。同じ会社の人たちが来ていたが、最近サダト市に行くようになった。代わりに別の会社の人たちが来たが、こっちはおれの好み（*habīb-ī*）ではない。なぜか？　彼らの契約は七月二〇日までだったが、一〇日に〔早く〕仕事が終わって、一旦カフル・シェイフに戻った時にアパートの鍵を持って行ってしまった。鍵を持って来てくれと頼んで、ようやく七月一四日に届けた。それを見送ったところで電話があって、お前が見に来たと言うわけさ。

Gは顧客との繋がりを大切にしながら商売を続けてきたが、その背景には心臓手術の経験があったようである。一二月二六日には、Gは公務員の同僚の心臓発作について話をするうちに、自身の手術について詳しく語り始めた。

同僚が体調を崩していたが、ようやく治ったようだ。今日会ったら元気そうだった。彼は犠牲祭（*'īd el-adhā*）に雄牛を屠った（*dabah*）。相続で四フェッダーンの土地をもらって、奥さんも三フェッダーン持っていて畑をしている。犠牲祭で肉を食べ、一〇日後に娘の結婚のファラハ〔祝宴〕をした。ミヌーフィーヤ県の出身だが、あそこの農民たちはファラハの三、四日前に来て、ファラハの三、四日後に去っていく。それでまた雄牛を屠って、毎日肉、肉、肉……。おれにはわかっていた。あるとき彼が胸に痛みがあると言ったので、肉の食べすぎで血管に脂が詰まっているんだと。しかし彼は医学の知識（*tibbīya*）がない。おれほどではない。高校は農業で、畑を耕すこと（*filāha*）は知っているが医学はてんでだめ。〔中略〕

おれはもともと医者（*doktūr*）になりたかったが、お金がなくてだめだった。貧しい家の出だから（*min*

taba'a fa'īra）。でも小さい頃、中学生から六年間、昔のアブー・リーシュ・レストランのところにあった診療所で手伝いをして、注射の打ち方を教えてもらった。それで同僚には「もしまた心臓が痛んだら、これを舌の下に置け。一粒で効かなければ二粒」と言い、薬の名前を教えて持っていかせた。あいつはすっかり忘れていたようだが、おれが予想したように、その日の夜、テレビを観ていて急な痛みに襲われた。しかも前よりもひどくて起きていられない。奥さんが焦ってあたふたしているところに、おれが「薬を持ってこい」と言ってやって、一粒飲ませたら、すぐに楽になった。あいつは驚いただろうね。医者でもないのになんで知っているんだって。だがもしそれがなかったら、死んでいたかもしれない。八〇％の確率で手遅れになる。病院に行ってそれを飲めば、持ち直すこともある。

　おれがなぜその薬を知っているかと言うと、自分でも使っているから。血をサラサラにする薬で、子供用、大人用、業務用とあり、分量も決まっている。一〇ミリグラムが一番強く、おれはこれを飲んでいる。いまは一日一八錠。でも一九八七年には一〇〇錠飲んでいた。寝る前にベッドの上に錠剤を並べて、寝ては飲み、飲んでは寝た。それほど悪かった。その頃、おれは大きなトラックを運転していて、家畜の飼料をワーディー・ナトルーン[21]の修道院に運んだ。あそこはすごくて、牛が何千頭といて自給自足している。パン、油、牛乳なんでもある。そこにどこから持っていったか……。そうだ、お前はおれに思い出させてくれた、X村の近くの〇〇社だ。あそこだ。六年は働いたな。

　しかしその頃は苦しかった。普通の人は横になっていると〔一分間の〕心拍数は七〇くらい。動くと八〇、寝ていて五〇。しかし当時のおれは寝ていても一二〇あった。その振動でベッドが揺れていた。心臓の弁に隙間があって血がうまく送れないので、それを補うために早くなる。トラックのタイヤを替える時なんて、疲れて五〇錠分くらい飲んだ。さすがにつらくて隣の医者に行った。すると医者は診てから言った。「手術

（*ʿamalīya*）をするつもりらしいが、手術は成功しない。お前は終わりだ。カイロに行って疲れることはない。残された時間をゆっくりすごしなさい。お前なんて何だ、お前の価値なんて何だ（*enta ēh? ʾimet-ak ēh?*）。アブドゥルハリーム・ハーフェズ[22]は死んだ。ウンム・クルスームも死んだ。ナセルも死んだ。お前も同じように死ぬんだ（*enta keda keda mayyit*）」と。それでもおれは手術を受けることにした。公務員だったから手術代は保険で出せた。手術は〔カイロの〕インバーバ[23]のキットカットにある研究所でやった。行く前に、いつも錠が付いた鞄を持っていくが、それを用意する母さん〔妻〕に、当時〔次男の〕Bは生後一ヶ月だったが、「おれはもう戻らない。そう思って準備しておけ」と言った。〔隣で聞いていたGの妻は、「私は信じなかった。心の中で戻ってくる気がしていた。そしてそれは本当だった」と笑った。〕

カイロに向かう時、おれはもう死ぬと思っていたが、二つだけ嬉しいことがあった。一つは、死ぬ時は手術中なら麻酔があるから、魂が抜ける苦しみを感じなくてすむ。悪人は苦しみ、善人は安らかに死ぬと言うから。もう一つはカイロで死ぬから埋葬はマルカズ・バドル。そしたら遺体の搬送や埋葬場所、モスクはどこにするかとみんながおれのことを心配してくれる。それが楽しみだった。しかし七二時間後、おれは目覚めた。医者がおれの左手の甲を叩いて目覚めさせた。おれはまっ裸で、股間には布が置いてあって、手足や体はベッドに縛りつけられていた。足や腿の付け根、手にチューブがささり、口の奥までチューブ、鼻には肺まで酸素チューブがささっていた。それを一つひとつ抜いていった。神かけて、医者はおれを拷問にかけたね（*wa-llāhi ed-doktūr tuʿadhdhib-nī*）。口のチューブはさっと抜くのではなく、中をかき回して、抜いて挿してを繰り返す。看護婦（*hakīma*）がいて、面倒をみてくれた。

それでプジョー[24]に乗って戻ってきた。隣の医者は、大きい体でふんぞりかえって待っていたが、おれを見て驚いて言った。「お前は新しい命を得た！」。それから二四年。おれはまだ生きている。いまでも毎月〔カイロに〕検査に行っているけどな。

そうして「生き返った」後のGの人生は、先に述べた通りである。なお、この経験があるかどうかはわからないが、Gは熱心なイスラーム教徒であり、毎日の礼拝もきちんと行っていた。ただモスクに行くことは少なく、礼拝は自宅で一人行うのが常であった。Gはまた、「他人の宗教には口出ししない」という信念を持っており、私に対してもイスラームの教義や儀礼について話をすることはなく、他人が私に対して宗教に関する質問や説明を勝手に始めたときにはそれを遮り、止めさせるなど、「リベラルさ」を有していた。[25]

このようにGは自らの過去について話すことが多かったが、彼が長年住んでいるバドル郡地域の歴史や社会について語ることは少なかった。これらに関するGの考えを知ることができたのが、私が町に点在するモスク[26]の建設年を調べようとしたことを発端とする。次節ではここから得られたGの見解を紹介しよう。

四　町のモスクに関するGの見解

二〇一一年末から一二年初めにかけて、私はマルカズ・バドルにおける不動産や土地所有について調査を進めながら、なかなか目にすることができない土地登記簿などの公的記録や、証明の難しい人々の記憶を辿ること以外に、何か町や村の歴史的展開を辿る方法はないか模索していた。

そうした最中のある日（二〇一二年二月三日）、私がいつものように町中を歩いていると、雑貨屋を営む知り合いの店主が「自宅で生誕祭の集まりがあるから来ないか」と誘ってきた（その日はイスラーム教の「預言者生誕祭」（*mōlid en-nabī*）に当たっていた）。その店主とはYから紹介されて知り合い、時々店に寄り雑談をするくらいには親しかったので、気軽な気持ちで誘いに応じた。夕方六時頃になると彼は店を妻に任せ、幼い息子と私を伴ってトゥクトゥク（自動三輪車）に乗り、集まりのある建物へと向かった。その場所は「集会所」（*mandara*）と呼ばれ、部屋の奥には長いソファーに囲まれた広い部屋があった。中に入っていくと、大学農場で働く顔見知りの若者がいた。少し待つと七時半頃から食事の支度がなされ、集まった二〇人くらいの男性たちが配られた食事を一斉に食べ始めた。私も座らされ、食事をもらうことになり、食べ終わった後は紅茶が出された。その後、数人は片づけをし、また数人は夜の礼拝を始めた。私がそれらを眺めていると、礼拝を終えた男性二人が話しかけてきたのに答え、雑談していた。この頃になり、この集まりがいわゆる「スーフィー」（ṭarīqa ṣūfīya）であるらしいことがわかってきた。八時頃から人々は床やソファーに座り、以下の文言を挿んだズィクル[27]を始めた。

礼拝を、ああ主よ、平安を　　預言者は、人類最良の人
ṣallā yā rabb-ī wa-sallim　　*en-nabī khēr l-barīya*

床に着座する人々に対し、二人の中年男性が先導して、小冊子を見ながら、二句ずつ文言を読み、それを人々が繰り返し、上の文言を挟んでからまた新しい二句を読む行為を繰り返した。終わったのは一時間後で、再び紅茶が出された。私は店主にトゥクトゥクに乗せてもらい、帰途に着いた。

アパートに戻った後、私はいつものように上階のGを訪ね、「スーフィー」を初めて見たこと、その中にGを知っている人がいたことを少し興奮気味に話した。するとGは明らかに不快な表情を見せた。私がGのアパートに住んでいる「秘密」を他人に知られたことが気に入らなかったのか、「お前には関係ないことだ（*enta ma-la-k-sh da'wa*）」と繰り返し述べた。理由を尋ねても同じ言葉を繰り返したが、少しして理由を明かした。

〔Gを知っていると言った〕□□はおれのことを好きだと言うかもしれないが、おれは……。彼のところでは二〇人くらいが集まってズィクルをしただろう。あれは残りものの中の残りもの（*baqīyet el-bāqiya*）だ。昔はおれの親父もやっていて、一〇〇人以上は集まった。しかも毎日のように人を呼び、夜の一二時頃まで続けていた。いまはもうすっかり小さく、少なくなった。おれたちも親父が亡くなってからはやらない。□□はトゥクトゥクに乗っていて、眼鏡をかけていて白い帽子（*ṭāʿīya*）を被っているだろ？　▽▽のモスクで説教師（*khaṭīb*）をしている。彼の父親は立派な人で皆に好かれていたが、息子はな……。ああいうところはYやZ、おれみたいに親しい人間なしに行ってはいけない。この先は深追いしないほうがよい。

図9　町のモスクの一つ

私はもともとイスラームの宗教実践を調査するつもりはなかったが、バドル郡地域のような「新しい土地」にもスーフィー的集まりや組織があることに驚いた。そこからの連想で、マルカズ・バドルの宅地開発の歴史的展開を辿るために、町の各地にあるモスクの建設年が手がかりになるのではないかと思いついた。それまで町の中を歩きまわっていて、すでにモスクの位置はわかっていたため、建設年だけであればそのあたりの人に尋ねればすぐにわかるのではないか。私はこの思いつきをGに相談してみた。するとGは珍しくすぐに返答せず、少し考え込んでから、おもむろに「マイケル」[28]の話を始めた。

エジプト人のキリスト教徒で「マイケル」と呼ばれる人がいて、〔アメリカの〕ホワイトハウスで相談役をやっている。この人が二年前ほどに、エジプトのキリスト教徒にムスリムと同じくらいの教会を建てる自由を与えなければ、援助（*musāʿid*）を止めたらどうかと提言した。おれはあるときこの人がテレビの討論番組に出て話をしているのを観ていたが、言うことに納得した。一つには、モスクはいくらでも建てられるのに、教会は修復（*tarmīm*）であっても大統領の許可がいる。二つには、エジプトではテレビでアザーン[29]も聞くことができるが、キリスト教徒はそれもない。三つには、ムスリムは自由にモスクに出入りできるが、教会にはなぜか必ず守衛がいる。

　ただし人口差もあって、〔エジプトの人口〕八千万人のうち、六千万人はムスリム。二千万人はキリスト教徒だから、教会は一つの村に一つ、彼らの費用で建てればよいとも言っていた。マイケルの話はわかりやすかった。「私の家族はショブラ[30]に住んでいるが、友達や親戚は一〇月六日市やサダト市など新都市に住んでいる。彼らは祝日の礼拝のためにどこに行くか。カイロに行く。町に教会が一つでもあればそこに行くのに」と。

私はモスク調査と「マイケル」の話がどのような関係にあるのかわからず困惑したまま、Gの話を聞き続けた。

G：マルカズ・バドルに教会がいくつあるかわかるか？

私：二つ？

G：どこにある？

私：マルカズ・バドルとオマル・シャーヒーン村。

G：ふむ、マルカズにあるものは教会ではない。これは昔、会社[31]が司教（*ʿassīs*）を住まわせていた邸宅で、
　そこの庭に日曜学校（*madraset el-ahad*）を作り、椅子を並べて、勉強を教えたり、遊ばせたりしていた。で

もこれは、ドーム（*'obba*）もないし、ミナレット（*midana*）もない。

Gの妻：キリスト教徒もアザーンがあるの？

G：彼らは鐘をガランガラン鳴らすだけだ。そういうのがセグヌ村にもある。公式には教会はシャーヒーンだけ。墓地（*ma'āber*）もマクラムとシャーヒーンに一つずつある。実は△△モスクは、昔、教会だったんだ。

Gの妻と私：えーっ？！

G：あのあたりには何もなかったから、キリスト教徒が建てた。しかしある時、騒動が起きた（*thawra 'āmet*）。〔ムスリムの〕若い連中が教会を壊して喧嘩になった。結局教会は撤去されて、モスクになった。□□モスクも同じ。だから、「マイケル」の話はまだ記憶に新しくて、よく知られている。

私：スパイ（*gasūs*）だと言われる？

G：その通りだ。だからお前はやらない方がいい。おれが調べてきてやる。おれは金曜〔礼拝〕ごとに行けばいいだけだから。看板を見れば大体わかるだろう。

Gの認識によれば、アメリカの対エジプト援助とキリスト教徒の処遇改善を結びつける「マイケル」の存在を背景に、モスクの調査は政治的な問題を引き起こす可能性がある。マルカズ・バドルにおいてもすでに教会がモスクに変えられた「語られない歴史」があるため、私のような部外者が立ち入ることが難しいとの判断であった。Gが代わりに調べることは願ってもない展開であったので、私は喜び、重ねて「知りたいのは建設された年で、後は建設した個人や団体の名前も確認できれば」と頼むと、Gはすぐに以下のように述べた。

バドル・モスクだけが、会社〔南タフリール農業社〕つまり政府（*hukūma*）が建てた。それ以外はすべて自助努力（*guhūd dhātīya*）と寄付（*tabarruʿāt*）から。▽▽モスクはコンクリートの親方連中が金を出して、三人雇っている。その内の一人が〔先に名前が出たズィクルをやっている〕□□だ。サファー・モスクは、〔大手〕新聞の特派員（*murāsil*）だった人が建てた。その人は用水路に車でつっこんだが、死ななかったから。ウラマー・モスクは、広場だったところをある人が一人で努力して建てた。スンニー[32]は二つだけ。サハリーグとそこにある◎◎モスク。マイイトに新しいのが一つあるかな。名簿を作ってやるから待ってろ。これは奉仕（*khidmet en-nās*）で、その報いは主がしてくれる（*hisāb ʿand rabb-nā*）。おれは構わない。

この語りには、モスクの建設年こそ出てこないが、重要な「民俗的」認識枠組みが含まれていた。それは、建設主体が「政府」か「個人」かで分ける二元的思考様式であり、また各モスクをその建設に関わった「個人のもの」とみなす思考である。

約三週間後、私はGから結果を聞くことができた。その中で情報量が多く面白かったのは、モスクの建設年や建設主体に関する単純な「事実」ではなく、誰がどのようにしてモスクを建てたかという逸話であった。これらの話は、Gがモスクを調べて得たものというよりも、調査をすることで当該モスクにまつわる記憶が喚起された、「再構成された記憶」〔アルヴァックス　一九八九：七二―七三〕であろう。たとえば、町の南の外れには古いモスクが一つあるが、Gは、その近くの道路沿いに「ハッグ・ファードのザーウィヤ」があると指摘した。ザーウィヤ（*zāwiya*）とは、文語では「修道場」を指すが、Gはモスクよりも小規模で個人的な礼拝施設をこう呼んでいた。「ハッグ・ファードのザーウィヤ」の場合、自宅の一部を礼拝所に立て直したもので、Gはこれを「非公式（*ghēr rasmī*）」のものと呼び、持ち主のハッグ・ファードの人物像について話し始めた。

ハッグ・ファードは、少し頑固[33]（*'aṣabī shwayya*）……いや、ものすごく頑固（*'aṣabī 'awwī*）な人で、よく公安（*amn ed-dawla*）に捕まっていた。彼には兄弟がいるが、タバコを吸うとか、テレビを持っているとかだけで、兄弟を絶縁したくらいだ。とても厳格な人で、今日のおれみたいにキリスト教徒と一緒に〔ムスリムの断食明けの食事の〕イフタールを食べたなんて知ったら大問題。彼はもともとマルカズ・バドルで一番の板金工（*komsarī ḥadīd*）の二人のうちの一人で、職人（*ṣunnā'*）。もう一人はスークで店を出していたがもう亡くなった。ハッグ・ファードもスークに店を持っていたが、後にいまの場所に工場（*warsha*）を構えた。息子が三人いて、初めは一緒に仕事をしていたが、彼が時間に厳しく、外出もうるさく尋ねてきて、アパートと水、電気は払うが、給料（*murattab*）を払わなかったので、嫌になり三人とも独立した。息子たちはそれぞれ鉄（*ḥadīd*）やタイル（*balāṭ*）、鍵の加工職人をしている。その一人がWの店の並びにある。

息子たちがいなくなると、ファードは工場を閉めて、残っていた機具を売りに出したが、息子たちには売らなかった。妻がいたが、一年前くらいから糖尿病で目が見えなくなった。それで新たに妻を娶り、さらに〔一人目の〕妻の死後もう一人娶った。下のモスクで自らアザーンをし、一人で礼拝する。それに、昔の学校（*kuttāb*）のように、子どもたちにクルアーンの読誦を教えている。時々スンニーの連中がハタートゥバやガルビーヤに来る。バスを雇って、アゴヒゲ連中やムナッカバ[34]（*munaqqaba*）を連れて行っているようだ。

そんなことをしているからよく公安に捕まっていたんだが、ある時彼がここの警察署に勾留された。おれは友人の警察関係者（*mukhbir*）から話を聞いて、周囲の人に知らせて、毛布や食事などを差し入れた。それでマルカズ内では居場所が知られるので、今度は知らない間にどこかに連れて行かれた。ファードの絶縁された兄弟の一人が、〔カイロ郊外の〕トゥラ刑務所に勤めていたが、そこでファードを見つけて連絡してきた。おれと彼の家族は車を用意して、おれが運転してトゥラに行った。おれは昔彼に車を直してもらい、仕事をもらったおかげで知り合いになった。その頃、ファードは友だちと一緒に機械工の仕事をしていて、修理は二〇日間かかったが、その間朝昼のごはんを持っていったのでそれで知り合った。

これがハッグ・ファード。彼はモスクを公式（*rasmī*）にはせず、一人で気ままに暮らしている。

ここでGは、モスクの「公式」と「非公式」の区別を繰り返しているが、これは現代エジプトにおけるモスクの管理行政に関係している。Gが述べたように、マルカズ・バドルのモスクには、「政府のもの」と「個人のもの」の二種類がある。前者は、モスクのような宗教寄進財（ワクフ）を管理するワクフ省[35]の下に置かれる。他方、後者は個人の私有財産のままにされるものと、ワクフにされ、個人からワクフ省に移されるものに分けられる。近現代エジプトのワクフ史をまとめたエジプト人研究者イブラーヒーム・ガーニムによれば、ワクフはもともと「独立した民間運営」（idāra ahlīya mustaqilla）を主としていたが、統治者が交代する度にワクフを見直して「適正」でないものを召し上げる「歴史モデル[36]」が繰り返されてきた［Ghānim 1998: 386–387］。とりわけ一九六〇年代以降、国家は個人の自助努力によるモスクを次々とワクフ省の管轄下に収めてきた［Ghānim 2007: 70–72］。その際――法令上では確認されなかったが[37]――、モスクの所有権をワクフ省に譲る代わりに、ワクフ設定者の家族などをワクフ省の「公務員」として雇い入れ、当該モスクの管理者に任命する慣行が知られている。ハッグ・ファードの場合、おそらく「頑固」な宗教的傾向や性格と相まって、モスクを「公式」にすること、すなわち自宅のモスクをワクフ省に登録し、公務員になることを選ばなかったのだろう。

一方、個人的寄付から建てられた多くのモスクは、ワクフ省に登録することを選ぶようである。たとえば、壁塗り工（*duhhān*）のハッグ・アブー・アリーは、町の墓地の入口にあるモスクの建設に関わっていた。

墓地の入口には、守衛〔*ghafir*〕と家族のための小屋があり、事故や遠方から送られてきた人〔の遺体〕を受け入れる場所があった。ある時、サーミー・アブー・リーシュ〔後述〕などの大金持ち〔*mabsūt giddan*〕が集まって寄付をして、倉庫〔*makhzan*〕を建てて、トイレと部屋を作り、守衛用の住居にした。元の小屋は、ハッグ・アブー・アリーが自前で壁を塗り、窓を付けて、ミナレットを建てた。それで人々はワクフ省に申請して、彼〔ハッグ・アブー・アリー〕を公務員にした。

Gはこの話を、自分のアパートの壁塗りをハッグ・アブー・アリーに頼んだときに本人から聞いたようである。ハッグ・アブー・アリーはGに一平方メートルあたり一四ポンドのところを一〇に値引きし、さらに全体で五〇ポンドを割引し、壁掛けの装飾を無料で付けてくれたことから、Gはしきりに「彼はよい人だ」と誉めていた。マルカズ・バドルで「慈善家」と知られる人々の間でも著名な存在として、市場に「卸売市場のモスク」〔*masgid el-wakā'il*〕と呼ばれるモスクを建てたハッグ・ムハンマド・フセインの名が挙げられる。

ハッグ・ムハンマド・フセインは「市場の王様」〔*malik es-sū'*〕と呼ばれる人で、大金持ち。ものすごい数のトラックと顧客を抱えているが、それだけでなく、彼は慈善家〔*khayyir*〕。アッラーを敬う。モスクも建てたが、救急病院〔*mustas'af*〕の寄付の七〇％をハッグ・ムハンマド・フセインが出した。いまも病院の理事長〔*ra'īs maglis el-idāra*〕をしていて、病院経営は収入だけで成り立っているが、不足があれば彼が資金を出す。人によっては手術のためにお金が足りないと陳情に行くと、「いくらなら出せるのか？」と訊かれ、安くしてもらえる。彼と同じくらいの金持ちはいるが、彼と同じくらいの慈善家はいない。

Gによれば、「卸売市場のモスク」は、一九九九年に建設を始め、二〇〇三年に開かれたが、ワクフ省には届け出ず、いまも「個人のモスク」であり続けている。当然、公務員として採用もされていない。他方、それほど裕福でない人はワクフ省を頼りにする傾向があるようである。あるモスクについて、Gは以下のように述べた。

そのモスクは、シェイフ・アフマドの自宅兼モスクで、息子二人を公務員に採用させるために建てたものだ。シェイフ・アフマドはいま七五歳くらいで太っている。元は香料商（'aṭṭār）で、その場所と市場にそれぞれ店がある。息子の一人は、サダト市に工場を建てて、〔灌漑用の〕チューブを作っている。もう一人は香料屋を手伝っていたが、心臓の病気で手術を受けた後、あまり話を聞かない。シェイフ・アフマドの持ち物はその家とモスクだけで、それほど金持ちでない。

こうした語りに示された人物評は、基本的にすべてGの主観的な理解にもとづき、Gの感情にも大きく影響されていた。このことは、町でレストランを経営するサーミー・アブー・リーシュに対するGの評価に如実に表れている。Gのサーミー評価はきわめて低い。

サーミー・アブー・リーシュは金持ちだが、慈善家としてはハッグ・ムハンマド・フセインと比べられない。サーミーにできるのは、死人が出たときにダンボール箱に油や砂糖を詰めて贈るくらい。〔彼の家や店がある〕「兵隊通り」を〔一月二五日〕革命後に改装して木を植え、道路を整備して、その費用の八〇％を担った。でもそれは全部〔その通り沿いにある〕自分の家のため、そして〔自分の父親が兵隊の一人であった〕暗い過去を消したいためだ。だけどみんなそのことをよく覚えていて、誰も「一月二五日革命通り」なんて呼ばない。昔の兵隊は横暴で、この辺は拷問の声で夜眠れなかった。通りに植えられた木は、釘で指して〔罪〕人を止めておく場所だった。肉や野菜の店に行っては代金を負けさせたり、金を払わずに物を取っていったり、やりたい放題だった。

Gはサーミーと過去に個人的なやり取りがあり、それを引きずっているようでもあった。

おれはサーミーのところで運転手として働いていたことがある。そこで一日三回の仕事をしないかと誘われたが、別の人からサーミーがおれのことを「あいつは道路の舗装のかけら（*muballāṭ min esh-shāriʿ*）」と言ったと聞いた。それを聞いてからおれはあいつとは付き合わない。

上記の話を聞く一、二ヶ月前、私はGにサーミー・アブー・リーシュのレストランがなぜ成功したのかを尋ねたことがあった。そのときGはこのように述べていた。

サーミーの父は交番の警察官で最下級（*ʿaskarī*）の少し上の位の調書（*mahdar*）係だった。当時、警察官は住民からとても恐れられていたので、袖の下（*ikrāmīya*）をたくさんとってお金を貯めた。息子のサーミーは、おれの四、五歳上で、農業の高校卒業資格をとったが、作業労働者（*ʿāmil*）をしていた。その頃ここ〔マルカズ・バドル〕にはレストランがなかった。売っているのはフールとターメイヤ[38]くらいで、それも〔昼の〕一二時には終わる。七〇年代の経済開放が始まると、外国人やカイロ、アレクサンドリアの人たちが来るようになり、需要が出てきた。そこでサーミーが親の金でレストランを始めた。まずは、西洋チーズ（*gibna rūmī*）とレバー

（*kebda*）のサンドイッチから。いま、△△〔という別のレストラン〕がある場所で始めた。商売は少しずつ軌道に乗り、レバーの次は焼き物道具（*shawwāya*）を買って、焼き鳥（*firākh*）を始めた。これで夜まで営業できるようになった。その頃、おれはその店で働いていて、夜に米を彼の自宅から店に運んだり、週に一回はカイロに行っていたので、そのときにガラスや焼き物道具、配給物（*tamwīn*）などを仕入れてきた。さらにサダト市にアフマド・イッズ[39]の鉄鋼工場が開かれると、仕出しを始めた。料理人を派遣してランチボックス（*wagba*）を出した。これが当たって店が大きくなったんだ。

興味深いことに、Ｇはモスク建設者について私に語る中で自らの見解を補強するために、モスク建設や貧者への施しなどの「慈善」（*khayr / khēr*）事業を持ち出した。Ｇはある金持ち（サーミー）は別の金持ち（ムハンマド・フセイン）と「慈善」の点で比べられないと述べ、後者を高く評価した。この論理は一見もっともらしいが、実際には、前者は父親の職業や本人の人間性、Ｇ個人との関係性などから主観的に低い評価が下されているのに対し、後者は「慈善」の一点から高く評価されるなど、決して公平中立な評価とは言えない。また、モスクが国家との関わりを持つ点も十分に意識されていて、ワクフ省に登録して公務員に採用されることは、特定の個人を資する行為とみなされ、妬みを含めた否定的評価の材料になる。この点で、国家権力に媚びず、警察に屈せず、公然と自らの宗教的信条を貫く「頑固者」のハッグ・フアードの生き方は、息子を公務員にするためにワクフ省にモスクを差し出したシェイフ・アフマドよりも高く評価されている。

社会的・宗教的に重要なモスクが、市街地の歴史的展開を理解する手掛かりとなることは間違いない。ただし、Ｇの語りからはモスクを扱う難しさもまた見えてきた。一つのモスクには、それを建てた人、寄付した人がいて、ワクフ省などの行政機関とも関わりがある。その場合、モスクの管理を行うワクフ省職員という「公務員」や、そこでの宗教実践や宗教教育を左右する「説教師」がいる。職場や自宅から近いことを理由にあるモスクに通う者もいれば、特定の宗教的傾向を求めて特定のモスクに通う者もいるだろう。マイケルに象徴されるキリスト教とイスラーム教の対立の火種もあれば、ハッグ・ファアードのように政治体制と宗教的信条の対立もある。一つ（または複数）のモスクを定点観測し、関係者に直接話を聞くことができれば、より多くの、具体的な事情が判明する可能性はあるが、上記の制限からこの時にはこれ以上の調査はできなかった。

同様に、マルカズ・バドルの歴史的展開については、解明されていない部分も多く残っている。それは、個人の土地や家、店の発展が、個人の私的事情に関わり、誰にでも「語られる」ようなものではないからである。無計画・無秩序な地区とみなされる「イズバ」に、誰が住み着き、どのように家を建て始めたのか。昨今住宅建設が進み、豪奢な邸宅が見られるようになったガマイーヤ地区に、最初に住み始めたのは誰だったのか。最近町の外れに移転された野菜や果物の卸売市場は、場所を二転三転してきたが、そこにはどのような力が働いたのか。町の至る場所で建物の増築や改築が見られるが、どのように資金を集め、誰がそこに住んでいるのか。これらについて断片的な話は聞いたことはあるが、当事者からきちんと「語られた」話ではない。

仮にそれらが「語られた」場合にも、その情報はおそらく――本章で示したGの語りと同様に――「断片的」かつ「主観的」なものになり、聞き手や会話の文脈によって論調や開示される内容が異なるものとなるだろう。ここに、人々の「生きている歴史」を捉える難しさがあり、同時に、語り手と聞き手の組み合わせから生まれる無限の可能性があるようにも思われる。

五　おわりに

本章では、「書かれた歴史」とは異なる「生きている歴史」を捉えるため、マルカズ・バドルという町に生きてきた一人の男性住民Gの語りの様々な側面を考察してきた。第二節では、語り手のGと私との「民族誌的出会い」と語りの文脈を開示し、第三節ではGの人生譚から語り手の性格を明らかにした。第四節では、Gの視点から見られた町のモスク建設に関わる様々な人々の姿を描き出した。

Gは本章の語りの発話者であり、同時に、語りの主人公でもある。第三節に示された人生譚からは、一九六〇年前後に生まれ、少年期を地方の町で過ごし、一九七〇年代末から首都カイロと町を行き来しながら結婚して家庭を持ち、大病して一度死にかけ、「公務員」と「運転手」を掛け持ちし、一九九〇年代から「アパート大家」業にも乗り出した、一人の人間の波乱万丈の半生とそれに裏打ちされた経験が見えてきた。Gの人生の道筋には、一九七〇年代の経済開放政策によるエジプト社会・経済の転換が色濃く反映されている。同時に、政治や経済の変化に翻弄されながらも、変化の中で手に入れた資本をうまく利用しながら、巧みにアパート賃貸業を始めたところに、Gの主体性が見られる。

他方、後半の町のモスクに関する話からは、そのような個性と経験を備えたGが見た、町の富裕者の慈善事業の様子、モスク建設者の事情、G本人との関わりが描き出された。勿論、Gの視点から描かれた姿が、マルカズ・バドルやそこにいる人々を代表しているとは言えない。そもそも、本章で切り取られたGの言葉や姿が、Gという人間を「本当に」代表しているかどうかもわからない。むしろ本章の意義は、二〇一一～一二年という特定の時期に、Gという特定の人間を語り手とし、私という特定の人間を聞き手として構成された「記憶の再構成」にあり、語り手・聞き手の組み合わせを変えれば、異なる語りが生まれる可能性がある「マルカズ・バドル物語」の複数のバージョンの一つに過ぎない。真正性や権威が付与され、あるいは主張される「書かれた歴史」と異なり、「語られた物語」は多種多様に異なるバージョンが存在し、そこに単一の正当性は付与されず、主張され得ない。その複数性は、真正性や権威の欠如ではなく、立場や視点の違い、社会の厚みを表すものなのである。

Gの見方に立てば、地域社会は個人から構成され、その個人は、それぞれが背負う過去と責務、富と地位、それぞれが実際に行う行為と言葉、それらによって示される考えと見解によって評価される。バドル郡地域においても、すでにこうした評価の基盤となる言動が積み重ねられており、ライシーのような県・全国レベルの政治家のみならず、住民自身によって名前が記憶され、想起される「地方名士」が何人も生まれている。このことは、半世紀前に「新しい土地」として創出されたバドル郡地域の社会的成熟と発展の度合い、すなわちかつての「開発計画地」が、形式的・制度的に「郡」になっただけではなく、人間関係と社会集団の形成、富と格差を伴う、一個の「地域社会」に変貌しつつあることを示しているのである。

註

（1）住宅賃貸業はしばしば副業的に行われており、これを専業とし、職名とする者はいまだ少なかったが、ここではGを特徴づけるために「アパート大家」という呼称を用いる。

（2）家具付きアパートとは、アパートの大家や管理人が、部屋の内装から、家具調度品、家電製品、台所道具までを揃えておき、それらを含めて貸し出す方式である。反対に、家具付きでないアパートでは建物の内装すら完了していない場合もある。

（3）アパートを本格的に探し始めたのは二〇一一年の五月であったので、その時点で、すでに賃貸契約期間が一年に足りなかったため、解約の際に問題にならないか懸念していた。

（4）当時の為替レートはおよそ一ポンド＝一五円であったので、一〇〇〇ポンドは約一万五〇〇〇円に相当する。一〇〇〇ポンドは、二〇一一年時点で、この地域の農業労働者の月収とほぼ同程度であったので、大学農場の労働者やX村住民からは「高すぎる、お前は外国人だからだまされているのではないか」としきりに言われた。しかし後に情報を得ると、マルカズ・バドルの家具付きアパートは確かに七〇〇～一二〇〇ポンドが相場であり、場所や家具を考えると、決して「高すぎる」ことはないと思われる。当時私はカイロにも家具付きアパートを借りていたが、カイロでは住宅賃料が過去数年間で急騰しており、一〇〇〇ポンドでは郊外に行くか、住宅環境や建物に大きな問題のある物件の程度で、市街地中心部で探すには少なくとも三〇〇〇ポンドから四〇〇〇ポンド（約四万五〇〇〇円～約六万円）程度が必要であった。

（5）　エジプトではイギリス式の階数呼称を採用して、日本式の一階を「地階」（*dōr arḍī*）と呼び、日本式の二階を「一階」、日本式の三階を「二階」と呼ぶ。フィールドワーク中の会話でもエジプト式の呼称を用いていたが、混乱するので、本書の中ではすべて日本式の呼称に統一する。

（6）　不動産仲介業を営む者をスィムサール（*simsār*,「仲介者」）と呼ぶが、これを専業とする者は多くない。この人物の場合には本業は理容師であった。カイロでも理容師がスィムサールを兼ねていることが多い。

（7）　この **ta'mīn** は、「保証金」や「保険」と同じ語だが、不動産賃貸の文脈では日本の「敷金」を意味し、誠実な大家であれば、退去時に清掃・修繕費用が引かれた金額が戻される。

（8）　マイクロバスは、その名の通り、ワゴン車を用いた短距離（地域内の町や村を結ぶ）や中長距離（大きな町や村、都市を結ぶ）の乗り合いバスのこと。

（9）　YはZ農場や経営者のZの親、自分の父親の名前を出したが、Gはそのどれも知らなかった。Z農場のすぐ近くにあるコンクリート会社の社長とは付き合いがあり、ここでようやく一人共通の知人が見つかった。また、GはX村の住民の中で「青い目をした人」を知っていると言い、Yが挙げた名前から過去に知り合った人物であることを探りあてた。

（10）　序章の註四五に書いたように、この時期エジプトでは有線の高速インターネット回線、ＤＳＬが普及し始めており、マルカズ・バドルのような町では、こうしたサービスを提供する民間業者がいた。

（11）　一般に、エジプトでは他人を招待するような豪勢な食事は「昼食」で、昼の三～四時頃に設定されることが多い。反対に、「夕食」（*'ashā*）は夜の一〇時頃で、軽食に終わることが多い。

（12）　一階アパートの扉は、建物の入口から入った通路に面していた。この扉を取り外し、その部分の壁を埋め、通りに面した壁に穴を開けて、扉を建て付けた。これにより一階のアパートは直接外に出られるようになった。コンクリート製の柱を用いた建物のため、比較的自由に壁を工作することができるようである。

（13）　二〇一一年一一月一八日の金曜日に始まった軍隊最高評議会に早期民政移管を求めるデモのこと。翌日、タフリール広場に残るデモ隊を強制排除しようとした警察・治安部隊の間で衝突が起き、タフリール広場から内務省本部に続くムハンマド・

マフムード通りでの暴力的な衝突に発展した。これは二〇一一年二月のムバーラク大統領辞任以来もっとも激しい衝突と評された。この一〇日後の一一月二八日には、革命後初の議会選挙の第一回投票日が控えており、政治的緊張が高まっていた時期である。

(14)　カマール・ガンズーリー（Kamāl al-Janzūrī, 1933–）は著名な政治家で、経済学博士の学位を有し、計画大臣などの閣僚経験を経て、一九九六年から一九九九年まで内閣総理大臣を務めた。しかしその後は目立った政治的経歴がなく、二〇〇〇年代の後期ムバーラク政権から遠ざけられていたため、「二〇一一年革命」後の二〇一一年一一月から二〇一二年七月まで内閣総理大臣に再度就任した。

(15)　国権を掌握していた軍のトップであり、軍隊最高評議会議長のムハンマド・タンターウィー元帥（al-Mushīr Muḥammad al-Ṭanṭāwī）のこと。

(16)　白は吉兆を意味する。慣用表現の一種。

(17)　「トイレ」（*ḥammām*）はシャワーと同部屋であることが多い。

(18)　ここでのアラブは、UAEやカタルなどの湾岸産油国を指す。

(19)　口語のマスル（*maṣr*）は、エジプトとカイロ両方を指すが、ここでは文脈からエジプトと判断した。

(20)　「空港」（*maṭār*）と言っていたが、「税関」（*gomrok* / *jumruk*）のことを指していると考えられる。

(21)　バドル郡の南西部に位置する古くからのオアシスで、現代の沙漠開発事業により人口規模が拡大している。同じくブハイラ県に属し、選挙ではバドル郡とあわせて選挙区をなす。

(22)　アブドゥルハリーム・ハーフェズとウンム・クルスームは、ともに一九五〇〜六〇年代を飾った有名歌手。ナセルの時代の象徴でもある。

(23)　カイロ北西部、ナイル川西岸のギザ県の一地区の名称。インバーバはかつてナポレオン率いるフランス軍とマムルーク軍が戦った場所の一つでもある［ジャバルティー　一九八九：二〇八］。

(24)　長距離乗り合いタクシーのこと。本章註八のマイクロバスと同様の乗り合い制をとる。過去にはプジョー（Peugeot）社製の車が多かったため、こう呼ばれた。近年、マイクロバスは日本製が多くなったので「トヨッタ」、荷台付きトラックは「イスーズ」などと会社名で呼ばれる。

(25)　このことは、彼の親しい友人の一人が、マルカズ・バドルに材木屋を開くキリスト教徒のWである点からも確認される。Wについては第六章も参照のこと。

(26)　アラビア語で「モスク」に対応する言葉は二つあり、masjid（口語 *masgid*）は「礼拝（跪拝）する場所」、jāmiʻ（口語 *gāmiʻ*）は「（金曜日の）集団礼拝を行う場所」を意味する。ここではその両方を含む。

（27）ズィクル（dhikr）は「想い出すこと」で、特定の文言の暗誦と身体動作を伴った宗教儀礼を意味する。

（28）この語りの内容と適合する人物でマイケルの名を持つ者として、コプト・キリスト教徒の人権運動家マイケル・ムニールが思い当たる。一九六八年に上エジプトのミニヤーに生まれ、一九九〇年にアメリカに移住し、以後エジプトのキリスト教徒の自由や人権について活発な発言を行っている（http://www.arabwestreport.info/en/michael-meunier-munir、最終アクセス二〇一五年一二月一日）。近現代コプト研究者の三代川寛子氏からの示唆による。

（29）日に五回の礼拝のときを告げる声のこと。

（30）カイロ北部の古い郊外住宅地。キリスト教徒が多く住むことで知られる。

（31）かつてこの地域の土地を管理していた南タフリール農業社のこと（第一、四章を参照）。

（32）字義通りには「スンナ派」、すなわち「預言者ムハンマドの言行に従う者」（anṣār al-sunna al-muḥammadīya）のこと［cf. Al-Ahram Center for Political and Strategic Studies 2012: 81–83］。ただし、エジプトのイスラーム教徒の大半はスンナ派であるので、この文脈では、預言者時代を理想視する思想を実践する「サラフ主義者」（salafī）を指しているものと考えられる。

（33）ʻaṣabī は、名詞 ʻaṣab「神経」から派生した形容詞で「神経質、厳しい」ことを意味する。口語では特に「苛立っている」状態を指して用いられることが多い。ここでは、ハッグ・ファアードの個人的な性格だけでなく、信仰に対する「厳格な」姿勢をも含意しているように思われる。同じ語根から、「狂信、極度な党派主義、部族主義」（taʻaṣṣub）の語や、歴史学者イブン・ハルドゥーンが提唱した、王権を獲得する集団の行動基盤となる「連帯意識」（ʻaṣabīya）［イブン＝ハルドゥーン 二〇〇一］などの語が派生する。

（34）niqāb と呼ばれる面覆いを付けた女性。敬虔さを示唆する。ニカーブとヒジャーブの違いについては、第五章の註一一を参照のこと。

（35）ワクフは、ある個人が私有財産（多くの場合、家屋や土地などの不動産）について、一定の慈善目的のために、その所有権を放棄することを宣言し、その財産を管理する基金や運営組織を立てること、およびその基金や運営組織そのものを指す言葉である［林　二〇〇二：一〇七六、Peters 2002: 59］。同じく慈善行為であるザカートやサダカと異なり、ワクフは聖典クルアーンの中に言及がなく、いくつかのハディースを典拠としながら、分割相続の回避と善行目的の一致から、九世紀頃に制度化が進んだと考えられている［林　二〇〇二：一六七七］。ワクフ省は、ワクフを管轄する国家機関として一九世紀から制度化が進み、一九一三年に「省」（wizāra）に昇格した［Ghānim 2007: 9, 25–50］。

（36）「一九五二年革命」後の動きは、王家のワクフ（おもに農地）の接収と、「家族ワクフ」（waqf ahlī）の法的禁止が「歴史モデル」

として挙げられる［Ghānim 1998: 458–465］。家族ワクフとは、ワクフ受益者を設定者の家族や子孫に指定したものを総称する用語で、公益性が低いとして、「慈善ワクフ」（waqf khayrī）と分離し、一九五二年法律第一八〇号により慈善ワクフ以外のワクフ設定を禁止した。

（37）モスク職員について定めた法令は一九六二年法律第九七号である［al-Majmaʻ al-ʻArabī al-Qānūnī n.d.］。これによれば、モスク職員は以下の三種に分けられる。第一は金曜礼拝の説教を担当する「イマーム」（al-imām）で、第二はアザーンやクルアーン暗誦を司る「儀礼執行人」（muqīm al-shaʻā'ir）で、これら二種は国家公務員（muwaẓẓafīn al-dawla）に相当するが、第三種の「用務員」（al-khadam）は「政府労働者」（ʻummāl al-ḥukūma）として区別されている。これらはすべて一九五九年法律第二七三号のワクフ省組織法に従う。

（38）フールは乾燥ソラマメを煮込んだもの、ターメイヤは生ソラマメをつぶして固め、油で揚げたもの。エジプトの庶民料理の代表だが、現在では店舗で購入することが多い。

（39）アフマド・イッズ（Aḥmad ʻIzz）は鉄鋼業で成功したビジネスマンで、二〇〇〇年から二〇一一年までの間、ミヌーフィーヤ県選出の国会議員であり、後期ムバーラク政権を象徴するビジネスマン政治家の一人。「二〇一一年革命」後に資金洗浄の罪などで逮捕され、有罪判決を受けたが、控訴している。

●第二部　沙漠開拓地をめぐる法制展開

第三章　沙漠地の法――民法第八七四条を中心に

一　はじめに

本章では、沙漠開発における「法」に注目する。沙漠開発に関する従来の研究は、開発政策［Warriner 1962］や政策策定者の意図の分析［Springborg 1979］、計画実施状況の社会調査［El-Hamamsy and Garrison 1979; Tadros 1978］を中心とし、法的側面に注目したものは少なかった。しかし法――ここでは近代国家による制定法（qānūn）を意味する――は、社会生活の隅々に浸透する中で、より具体的・実際的な重要性を帯びるようになり、現代社会を論じる上で不可欠の参照枠となっている。そこで本章では、国家が開発対象とする沙漠地に関係する主要な法を取り上げ、その制定過程や文脈から内容を読み解き、その背後に潜む思想を考察していく(1)。言い換えれば、沙漠開拓地に関わる権利や範疇がどのように法的に整理されてきたかを明らかにする作業となる。

議論の出発点となるのは、エジプト民法――正確には、「民法典の公布に関する一九四八年法律第一三一号」（al-Qānūn Raqm 131 li-Sana 1948 bi-Iṣdār al-Qānūn al-Madanī）――の第八七四条である。現行民法は、一九世紀末以来の近代的司法改革の途上で制定された二つの「旧民法」（一八七五年混合裁判所民法典と一八八三年国民裁判所民法典）を代替し、統一するものとして考案された。起草者のエジプト人法学者サンフーリー(2)（ʻAbd al-Razzāq al-Sanhūrī）は、起草にあたってフランス法や各国法のみならず、エジプト国内裁判所の判例やイスラーム法学諸規定を法源とした［両角　二〇〇七：一五九］。従来、中東の法研究ではイスラーム法の影響が強調されてきたが、近年では不文法のイスラーム法を法典化する際の起草者の「選択」（takhayyur）などに着目する必要が指摘され、制定法とイスラーム法の間の関係を再検討する動きも見られる［大河原・堀井　二〇一四、堀井　二〇〇九］。

民法第八七四条は、「所有者のない不動産の先占」（al-istīlāʼ ʻalā ʻaqār laysa la-hu mālik）と題され、全一一七四条からなる民法の第二部「物権」（al-ḥuqūq al-ʻaynīya）の第三書「本源的物権」（al-ḥuqūq al-ʻaynīya al-aṣlīya）の第二編「所有権」（ḥaqq al-milkīya）の第二章「所有権取得の理由」（asbāb kasb al-milkīya）に含まれる。内容は以下の通りである。

第八七四条

所有者のない非耕作地（al-arāḍī ghayr al-mazrūʻa allatī lā mālik la-hā）は、国の所有物（milk li-l-dawla）とする。

これらの土地の所有（tamalluk）または占有（waḍʻ al-yad）は、法令に従い、国からの許可（tarkhīṣ）がない限り認めない。

ただしエジプト人がこれらの土地を耕作し、植樹し、またはその上に建物を建てた場合には、国からの許可がなくとも、耕作し、植樹し、またはその上に建物を建てた土地を所有する。ただし、その所有権の取得（tamlīk）に続く一五年間の内、連続して五年間使用しなかった場合には、その所有権を失う。［Buhayrī and Zaghlūl 2014: 176］

このように第八七四条では、沙漠地を「所有者のない非耕作地」と定義し、その所有権取得の禁止と例外規定が定められる。後者の例外規定は、従来イスラーム法における「死地蘇生」（iḥyā᾿ al-mawāt）の原理に等しいと論じられてきた［cf. Debs 2010: 136］。先述の法制定過程における起草者の「選択」への問題意識にもとづき、本章第二節では民法規定と「死地蘇生」の関係について、古典的定義および近代的解釈の両方から検討する。

民法起草過程においては、イスラーム法のみならず、「旧民法」の規定や国内の判例、慣習などを参照した上で草案が作られ、起草委員会内部や国会において議論がなされた。これらは、エジプト法務省による『民法――起草準備録』［al-Ḥukūma al-Miṣrīya n.d.］に記録されている。また、主要起草者であるサンフーリーが後に著した大部の『ワスィート（民法注釈全書）』には、各条項の詳細な解釈が載せられ、サンフーリーの意図をある程度読み取ることができる。本章第三節では、これらの資料にもとづいて民法第八七四条の形成過程を再構成しながら、サンフーリーがこの条項に込めた意図を考察する。

民法第八七四条は、一九五〇年代以降の特別法により例外規定が変更されてきた。その嚆矢となったのが、「沙漠地の所有の組織化に関する一九五八年法律第一二四号」（al-Qānūn Raqm 124 li-Sana 1958 bi-Tanẓīm Tamalluk al-Arāḍī al-Ṣaḥrāwīya）と「私的所有物としての国有不動産の賃貸および処分の組織化に関する一九六四年法律第一〇〇号」（al-Qānūn Raqm 100 li-Sana 1964 bi-Tanẓīm Ta᾿jīr al-ʻAqārāt al-Mamlūka li-l-Dawla Milkīya Khāṣṣa wa-al-Taṣarruf fī-hā）である。ナセル政権によるこれら二つの法は、沙漠地の国家的管理を目指したものであった。続くサダト政権は経済開放政策を行ったことで知られるが、沙漠地に関しても「沙漠地に関する一九八一年法律第一四三号」（al-Qānūn Raqm 143 li-Sana 1981 fī Sha᾿n al-Arāḍī al-Ṣaḥrāwīya）の公布により前体制からの方向転換を図った。同法は、その後のムバーラク政権によって継承され、同趣旨の新たな法令も加えられた。本章第四節では、これら一連の特別法の内容を精査し、現在に至る沙漠地の法のあり方を明らかにする。

二　死地蘇生について

1　イスラーム法における死地蘇生

死地蘇生とは、所有権および使用利益の存在しない土地を開墾することにより、その土地の所有権を得る法理である〔磯貝　二〇〇二：四三六〕。換言すれば、「使用利益がない」かつ「誰の権利もない」状態の土地に対して、人間が耕作・建設などを行い、これを「用益がある」状態にすることで新たな権利が生じさせ、当人にこの権利の取得を認める原則である。所有権取得の方法として一般的な「許された物の先占」（istīlā' 'alā mubāḥ）と似るが、別項を立てて論じられることも多い〔cf. 柳橋　二〇一二：七四―七五〕。

死地蘇生の根拠として、預言者ムハンマドの以下の言葉（ḥadīth）がしばしば挙げられる。

死んでいる土地を蘇生させた者は（man aḥyā arḍ mayyita）、その土地を彼のものとする（fa-hiya la-hu）。〔牧野　二〇〇一：六一六「種蒔とその契約」一五、al-Bukhārī 2001: 558 ("Kitāb al-Muzāra'a," no. 15)〕

「死んでいる」（mayyit）とは、「生命（ḥayā）のない」ことであるが〔Ḥamdī 2003: 988〕、法学用語では、「死んでいる土地」（arḍ mayyita）はしばしば同語根の名詞 mawāt に言い換えられ、「死地」と訳される。動詞 aḥyā は、「死者を蘇生した」を意味し〔Ḥamdī 2003: 278〕、iḥyā' はその動名詞「蘇生すること」である。無機物である土地が死んだり生き返ったりすることはないが、比喩表現として死から生に転換した状態、「蘇生」を意味する。

死地蘇生は、イスラーム法学上、どのように規定されてきたのだろうか。この問いに答えることは、一見するほど簡単ではない。なぜならイスラーム法は、聖典クルアーンや預言者ムハンマドの言行であるハディースなど共通して認められる法源にもとづきながら、その解釈から導き出される規定を幅広く含むものだからである。それゆえ、時代や地域、学派や法学者それぞれの見解に応じた柔軟な解釈を許容し、「不文法であること」と「規範的な多様性」を大きな特徴とする〔堀井　二〇〇四a：七―九〕。死地蘇生に関しても、イスラーム法学の古典的著作は、多様な定義や説明、強調点を示している。三つの法学派を代表する古典書は、「死地」と「蘇生」について、それぞれ以下のように論じる。

ハナフィー派の最も権威的な法学書の一つと言われる一二世紀の法学者カーサーニー（ʿAlāʾ al-Dīn Abū Bakr b. Masʿūd al-Kāsānī）による『技芸の驚嘆』（Badāʾiʿ al-Ṣanāʾiʿ fī Tartīb al-Sharāʾiʿ）では、死地は所有権や用益権の行使がない場所として定義される。

> 死地とは、集落の外部にある土地（arḍ khārij al-balda）で、誰の所有物でもなく（lam takun milk li-aḥd）、私的な権利が付着していないものである（wa-lā ḥaqq la-hu khāṣṣ）。集落の内部にある土地は、本来的に死地ではない。同様のことは、集落の外部にあるが、住民の薪集めのための公共地または牧草地である場所にもあてはまる。これらは死地ではなく、〔ムスリムの指導者である〕イマームでさえ分与（iqṭāʿ-hā）を行うことができない。なぜならそれは集落の住民の公共地であり、従って集落住民の権利であるからである。［al-Kāsānī 1997: 305］

次に、一三世紀シリアを生きたシャーフィイー派の法学者ナワウィー（Muḥyī al-Dīn Abī Zakarīyāʾ b. Sharaf al-Nawawī al-Dimashqī）による『学徒の庭園』（Rawḍa al-Ṭālibīn）では、イスラームの地と異教徒の地、ムスリムと非ムスリムの区別が強調され、特に耕作利用のないことが重視される。

第一科：イスラームの地の土地は、三つの分類に分けられる。

第一類：現状において耕作されず（lā takūnu maʿmūra）、過去にも耕作されていなかった土地は、蘇生により所有することが認められる。イマームの許可の有無は問わない。これはムスリムのみの権限とする。ズィンミー〔庇護される非ムスリム〕がイマームの許可なく蘇生させた場合には、所有することができない。許可を得て蘇生させた場合にも、適正に所有することができない。［Nawawī 2006: 344］

同じく一三世紀のエジプトを生きたマーリク派のイブン・シャース（Jalāl al-Dīn ʿAbd Allāh b. Najm b. Shās）による『マディーナの学者〔マーリク・イブン・アナス〕の学派における高価な宝石の頸飾り』（ʿIqd al-Jawāhir al-Thamīna fī Madhhab ʿĀlim al-Madīna）では、権利付着の有無や集落からの距離が基準とされる。

死地とは、権利の付着しない土地（al-arḍ al-munfakka ʿan al-ikhtiṣāṣ）である。［Ibn Shās 2003: 948］

近い場合：その土地の蘇生には、取り合いや衝突の起こらないよう、イマームの許可が必要とされる。〔中略〕遠い場合：イマームの許可を得る必要はない。それは、集落の住民が必要とする薪用地や牧草地の外部にあるからである。［Ibn Shās 2003: 951］

「蘇生」については、ハナフィー派のカーサーニーはこれを開墾と同義とみなしつつ、開墾前に「イマームの許可」（idhn al-imām）を得るべきか、許可を得た者はどのような優先権を得るのかを重点的に論じる。

死地の所有権は、〔ハナフィー派開祖〕アブー・ハニーファによれば、イマームの許可を得た上での蘇生により確証される。〔ハナフィー派高弟〕アブー・ユースフおよび〔預言者〕ムハンマド〔彼に至高のアッラーの慈悲あれ〕によれば、蘇生自体により確証され、イマームの許可を条件としない。［al-Kāsānī 1997: 306–309］

シャーフィイー派のナワウィーは、詳細は慣習に委ねるとしつつ、蘇生行為を細分化し、耕作や造園から家屋建設まで幅広く論じる。たとえば、耕作については、通常重視される灌漑を必ずしも不可欠ではないとし、状況に応じた規定を示す。

第三問：河川から用水路を通じて、井戸を掘ることで、または運河から取水して、土地に水を引き入れることは条件であるか？　すべての者がこれを条件と述べるが、最も正しいのは〔シャーフィイー派法学者〕イブン・カッジュらが述べたことである。「土地は、その耕作のために天水で足りるならば、水を引き入れ、灌漑することを条件としない。水が必要な土地である場合には、泉や井戸から水を引き入れることを条件とする。」［Nawawī 2006: 354–355］

マーリク派のイブン・シャースは、ナワウィー同様、慣習に依拠しつつ耕作から家屋まで幅広い内容を含める。

土地で働くことは、慣習的に〔土地の〕蘇生と判断される。〔マーリクは『集成』において、またイブン・サフヌーンの書においてこう述べた。「土地の蘇生とは、井戸を掘ること、または泉〔の水〕を流すことである。また、蘇生には、植樹、

家屋〔の建設〕、〔土を〕鋤くことが含まれる。」）［Ibn Shās 2003: 952］

このようにイスラーム法学の古典書においては、死地蘇生は――他の法学的問題の定理と同様――、法学派ごとに多様な解釈がなされていた。この解釈の多様性を前近代世界におけるイスラーム法の特徴の一つとすれば、近代期の制定法は、こうした解釈の幅をなくし、文言と規定が統一された「条文化」「法典化」を特徴とする。それが、エジプトの民法において、とりわけ「死地蘇生」に関わる部分においてどのように行われたのか。その試みを次項で見てみよう。

２　イスラーム法の法典化の試み

「死地蘇生」と関わる民法第八七四条の起草においてイスラーム法として参照されたのは、オスマン朝の民法典『メジェッレ』と、エジプトの法務官僚カドリー・パシャ（Muḥammad Qadrī Bāshā）による『ムルシド・ハイラーン（悩める者への導き）』であった［al-Ḥukūma al-Miṣrīya n.d.: 197］。『メジェッレ』は、一八七七年から一九二六年までオスマン朝の民法として用いられ、「実定イスラーム法を法典化する最初の試み」［Bakr 2001: vi］と評される。ただし近年では、『メジェッレ』は「イスラーム法そのもの」ではなく、本来不文法であり多様な解釈を有するイスラーム法を条文化したもので、起草者の意図や選択が色濃く反映されていると論じられる［堀井 二〇一一：三七―三八］。他方、『ムルシド・ハイラーン』は、カドリー・パシャがハナフィー派学説にもとづき条文化した私家版法案であり、正式な法律とはならなかったが、二〇世紀前半までのエジプト司法で幅広く参照された。『メジェッレ』と『ムルシド・ハイラーン』が、前掲の古典法とどのような異同を示すか、確認しておこう。

『メジェッレ』は、全一八五一条からなり、序篇と一六の篇（kitāb）から構成される。この中で死地蘇生は、共同所有や共有財産の分割、組合契約などを定める第一〇篇『組合の書』に含まれ、第四章「人類共通の物の所有権の取得について[3]」の第五節「死地蘇生の権利」の第一二七〇条から一二八一条にわたり規定される。第一二七〇条では、同じハナフィー派のカーサーニー同様、所有権や用益の有無、集落からの距離から死地が定義される[4]。

第一二七〇条

死地（al-arāḍī al-mawāt）とは、誰の所有物（milk li-aḥd）でもない土地である。それは、牧草地（mur'ā）でも、町または村の薪用地（muḥtaṭab）でもなく、集落の最も外れた場所から離れており、その町または村の境界にある家から叫ぶ声が聞こえない距離にある。［N.A. 2008: 173; cf. Tyser, Demetriades, and Effendi 2001: 207］

カーサーニーが、蘇生に際して「イマームの許可」を必ずしも必要としないとしたのに対し、『メジェッレ』の第一二七二条では「スルタンの許可」の事前取得が求められ、許可を得ずに蘇生した場合の規定は見られない。

第一二七二条

もしある者が、スルタンの許可を得て、死地である土地を蘇生させた場合には、その者はその土地の所有者（mālik la-hā）となる。〔後略〕［N.A. 2008: 173; cf. Tyser, Demetriades, and Effendi 2001: 207-208］

続く第一二七五条から七六条では「蘇生」に相当する行為が、第一二七七条から七八条では「蘇生」とみなされない行為が規定される。たとえば、実質的な灌漑機能を持たないただの「囲い」は、蘇生とはみなさない。ここでは、植樹や造園、建物の建設など「耕作」以外の行為は言及されない。

『ムルシド・ハイラーン』は、カドリー・パシャの没後、一八九一年前後に刊行された。いくつか異なる版があるが、現在流通する版は全一〇四九条からなる。[5] フランス民法を意識した構成をとり〔堀井　二〇一一：三八〕、「死地蘇生」にあたる第一四七条は、「先買権の書」[6]の「許された財の占有による所有権取得についての編」[7]の冒頭に位置する〔Qadrī Bāshā 2012: 50–51〕。

第一四七条
それにより利益がもたらされず、誰の所有物でもない死地——許された物（mubāḥ）と同じ——は、世俗支配者の許可（bi-idhn walī al-amr）を得て、これを占有し蘇生した者の所有物（milk）とする。ムスリムまたはズィンミーを問わないが、ムスタアミンは認めない。
死地の蘇生を許された者が、前述の二者のいずれかであり、その土地を耕作し、植樹し、またはその上に建物を建てて蘇生させた場合には、その土地を所有し、収用されることがない。近くにウシュル地[8]があり、かつ蘇生者がムスリムであった場合には、ウシュル税が課せられ、その他の場合には、ハラージュ税が課せられる。〔Qadrī Bāshā 2012: 50–51〕

ここでも、所有権と使用利益がないことが死地の条件とされ、支配者から許可を得ることを前提に、蘇生者による所有が認められる。ムスリムとズィンミー（非ムスリムの庇護民）には蘇生の権利において差がないが、一九世紀後半の文脈で「ヨーロッパ人」を指したムスタアミン〔山内　二〇〇二：九六七〕は、「イスラームの地」（イスラーム法の支配領域）における土地所有が禁止されていたため、死地蘇生の対象からも除外されていた。『ムルシド・ハイラーン』でも、支配者からの許可を得ない蘇生については規定がない。『メジェッレ』と異なり、『ムルシド・

ハイラーン』では、耕作だけでなく、植樹や建設などの行為も「蘇生」に含まれていた。

ここまで民法第八七四条の背景として、イスラーム法学の古典的著作と近代的解釈の『メジェッレ』と『ムルシド・ハイラーン』における「死地蘇生」の規定を検討してきた。「イスラーム法」と一括りにされがちであるが、本来的に「不文法」かつ「規定の多様性」が許容されるイスラーム法の規定を明文化することは、文脈や時代に応じて展開されてきた法学上の論点の一方的な簡略化を引き起こすものであった。この問題は、本章で扱う民法第八七四条にも当てはまる。これら「イスラーム法」の規定を前提としながら、エジプト民法第八七四条は、実際にどのような意図から、どのような資料にもとづき、どのような内容のものとして「条文化」されたのだろうか。次節では、民法第八七四条の起草過程と内容を、その前段となる旧民法の規定を含めて検討する。

三　民法第八七四条の形成

1　旧民法の規定

民法第八七四条の起草作業の中で、「イスラーム法」と同様に参照されたのが、「旧民法」である混合裁判所民法典と国民裁判所民法典であった。混合裁判所（al-maḥākim al-mukhtaliṭa）は領事裁判権を有するヨーロッパ人が関わる係争を審理するために一八七五年に、国民裁判所（al-maḥākim al-ahlīya）はエジプト人同士の係争を審理するために一八八三年に設立された［Hoyle 1991: 6–9］。前者の設立にあたり、フランス人法律家のモーヌリー（Maunoury）により近代的な各種法典が準備され、後に後者が設立された時にはその短縮版が適用された［両角　二〇〇七：一五二―一五八］。このため二つはほぼ同内容だが、言語（フランス語／アラビア語）や文脈（国際／国内）により、表現や強調点に細かな違いも見られる。以下に混合裁判所民法典第八〇条の条文を示し、国民裁判所民法典第五七条との違いは当該表現に注記する。

第八〇条

非耕作地および法定国有地[9]（les terres non cultivées, et qui sont de plein droit la propriété de l'État）について、占有による取得[10]（la prise de possession）は、国からの承認[11]（autorisation）がない限り認められない。その土地は、現地の法令[12]（réglements locaux）に則り、「アバディエ地[13]」（la constitution d'une *abadie*）として扱われる。ただし、これらの土地を耕作し、植樹し、建物を建てた者は、耕作し、植樹し、建物を建てた部分の完全な所有者[14]（plein propriétaire de la partie）となる。ただし、最初の一五年間[15]の内、五年間使用しなかった場合には、その所有権を失う。［Wathelet and Brunton 1922: 14–15］

第八〇条およびアラビア語で国内向けに書かれた第五七条のいずれにおいても「死地」の語は用いられず、「非耕作地」「法定国有地」と表現される。これらの土地は、占有により権利が得られた後、「アバディエ地」、すなわち「アブアーディーヤ地」として扱われる。これは、一八一三～一四年の全国検地において「耕作地」（aṭyān al-ma'mūr）とみなされず、土地台帳に登録されなかった「外れた土地」（ab'ād）を示す範疇として作り出された［加藤　一九九三：七–九］。当時の文脈では、ナイル川流域の内部に点在する、あるいはその周辺部に広がる荒蕪地（何らかの理由で耕作されていない非耕作地）を指していた[16]。アブアーディーヤ地は、一八二〇年代頃から一種の免税特権地として、遊牧民や高級官僚、支配者一族に授与されたことが知られる［Rivlin 1961: 61–62］。また、国家を理論的な所有者とするナイル川流域の農地と異なり、早くから、所有者の権利、たとえば相続権（一八三六年勅令）や処分権（一八四二年勅令）が認められた［加藤　一九九三：九］。

一八五〇年代頃から灌漑の普及により耕作され生産性が高いアブアーディィーヤ地が増えると、ウシュル税——「一〇分の一」税のことで、ナイル川流域の農地など国家を所有者とする土地の耕作者に対するハラージュ税（kharāj）に比べ軽い税率であった——が課された。この頃から、アブアーディィーヤ地の語には、未耕作の「荒蕪地」、耕作地として登録されていない「非登録地」、特定層に授与された「免税特権地」、新たに耕作されるようになった「開墾地」、開墾後新たに課税された「ウシュル税地」など複数の意味が含まれるようになった。一八五八年の土地法、「サイード法」の第一三条では、アブアーディィーヤ地は「村落内の増加地」、つまりナイル川の流れの変化により新たに得られた未耕作地と同列に扱われ、競売落札者が開墾し、土地税を払うべきものと定められた[加藤　一九九三：六三三―六三四]。同法第一五条では、「耕作に不適当な、開墾を必要とするアブアーディィーヤ地」は、開墾を条件に三年の免税期間により希望者に与えるとされた[加藤　一九九三：六三六―六三七]。

アブアーディィーヤ地を取り巻く錯綜した状況は、一八七〇年代から八〇年代の法整備の中で次第に解消されていった。先述の通り、一八七五年の混合裁判所民法典においては、占有・開墾の対象となる土地は、「アブアーディィーヤ地」ではなく、「非耕作地および法定国有地」と表現された。反対に「アブアーディィーヤ地」は、占有・開墾され、登録された後の耕作地という土地範疇として扱われた。それでは、旧民法において「アブアーディィーヤ地」になる前の、占有・開墾の対象とみなされた「非耕作地および法定国有地」とは何だったのか。これらを、「非耕作地」と「法定国有地」の二つに分けて考えてみたい。

第一に、「非耕作地」は、一八五八年サイード法の第一五条で、「耕作に適さない荒蕪地は開墾を条件に取得希望者に与えられる」と定められたものに相当する。荒蕪地を非耕作地と読み替える思考は、一八六七年の勅令を経て、土地法制上の画期とされる一八八四年九月九日付の勅令で確認された。その前文において、同勅令の対象範囲は、「〔一八八〇年のエジプトの財政破綻に伴い設置された、英仏を代表とする〕負債清算委員会が管轄する土地以外の、エジプト国土に存在する広大な空の非耕作地（arāḍin muttasi'a khāliya ghayr mazrū'a）」と定められた［Jallād n.d.: 248］。第一条では、そうした非耕作地は次の三等級に分けて定義される。

第一条

これらの土地は、三つの等級に分けられる。

（１）その利用に困難がなく、大きな費用もかからない非耕作地（al-arāḍī al-ghayr mazrū'a）。

（２）その耕作準備に重大な費用が費やされる塩害地および沼沢地。

（３）その利用において包括的な費用がかかり、その他水路や堤の建設費用を要する、荒地として知られる土地（al-arāḍī al-ma'rūfa bi-al-barārī）［Jallād n.d.: 248］。

こうして一八八四年九月九日付の勅令により、エジプトの国土の大半を占める広大な沙漠地が、開墾にかかる費用を基準に三つに分類・定義された。ここに沙漠地を「非耕作地」と置き換える思考の原型を見出すことができる。

第二に、「法定国有地」は、一八四八年サイード法の第一三条に関わる。第一三条では、アブアーディーヤ地や村落内に新たに生じた増加地の競売による売却が定められたが、競売の対象にされた土地はすでに検地がなされた土地であり、特定の所有者がいない点で「放棄地」（耕作者がいなくなった耕作地）や「新生地」（ナイルの流れの変化などにより新たに生じた川辺の耕作可能地）に近いものであった。これらの土地は当時の慣行で「国有地」（aṭyān mīrī）とみなされ、競売または入札により処分された［加藤　一九九三：二四、注五二］。これを再確認したのが、一八八〇年一〇月一四日付『国有地売却法』（Lā'iḥa Bay' al-Māl al-Mīrī）の第一条である。(17)

第一条

様々な土地（amlāk wa-arāḍin wa-aṭyān）からなるあらゆる国有不動産（jamīʻ al-ʻaqārāt al-mīrī）は、都市、市街地または地方県のいずれに存在するものであれ、公共施設のために割り当てられたものでない限り、その通知に定められた通り、競売または入札により売却される。［Jallād n.d.: 231］

このように「法定国有地」とは、既存の行政区画内部に位置する耕作可能地であり、かつ特定の所有者が見つからないために、法や慣習またはその他の制度を通じて、国を所有者とする土地範疇を意味していた。

以上、一八八〇年代に制定された二つの勅令を検討した限り、旧民法（混合裁判所民法典第八〇条と国民裁判所民法典第五七条）の中で占有による取得の対象とされた「非耕作地および法定国有地」とは、前者が国土の大半を占める「広大な空の非耕作地」、すなわちいまだ耕作されていない沙漠地、後者が行政区画の範囲内に存在し、かつ明確な所有者がいないために国の所有物とみなされた耕作可能地という、二種類の異なる土地範疇であったと考えられる。そしてこれらの土地が、占有され、開墾されると「アブアーディーヤ地」として登録されるようになったのである。

この旧民法の規定が、その後新民法の第八七四条の中でどのように修正され、表現されるようになったかは、新民法の起草過程から明らかになる。

2　民法草案第一三〇五条における「弱い所有権」

新民法制定のきっかけは、一九三七年のモントルー条約締結による一九四九年の混合裁判所の廃止であった。

これにより、外国人とエジプト人を一括審理する統一的司法制度とそれに見合う新民法（およびその他法典）が必要とされることになった。新民法の実質的な起草作業は、一九三八年に結成された起草委員会（エジプト人法学者サンフーリーとフランス人法学者ランベールの二名構成）により始められ、全一六〇〇条の草案は、ほとんどサンフーリーの独力で作られた［両角　二〇〇七：一五九］。この草案は、サンフーリーを長とする検討委員会を経て、一九四五年に国会に法案として提出された。三年にわたる審議の後、一九四八年法律第一三一号として公布され、翌一九四九年に施行を開始した［両角　二〇〇七：一五九］。

エジプト法務省による『民法――起草準備録』によれば、民法第八七四条の草案は、第一三〇五条と第一三〇六条の二条に分かれていた。第一三〇六条は、先に検討した旧民法第八〇条とほぼ同じで[18]、これが後に第八七四条の第二、三項となった。これに対して、第一三〇五条は新たに追加された条文で、これが第八七四条の第一項となった。草案の二条の内容は以下の通りである。

第一三〇五条
所有者のない非耕作地は、国の所有物とする。［al-Ḥukūma al-Miṣrīya n.d.: 195］

第一三〇六条
これらの土地の所有または占有は、法令に従い、国からの許可がない限り認めない。
ただし、エジプト人がこれらの土地を耕作し、植樹し、その上に建物を建てた場合には、国からの許可がなくとも、耕作し、植樹し、またはその上に建物を建てた土地を所有する。ただし、所有に続く一五年間の内、連続して五年間使用しなかった場合には、その所有権を失う。［al-Ḥukūma al-Miṣrīya n.d.: 195］

『民法』の草案覚書によれば、第一三〇五条で導入された「国の所有物」（milk li-l-dawla）という用語は、既存の「公的所有物」（milk ʻāmm）と「私的所有物」（milk khāṣṣ）のいずれとも異なるもので、イスラーム法における「許された財」（al-māl al-mubāḥ）と同じく「沙漠や山岳、放棄地」を指すものとされた［al-Ḥukūma al-Miṣrīya n.d.: 197］。これらの土地は、一旦国のものとなるが、その所有関係は「弱い所有権」（milkīya ḍaʻīfa）にもとづくため、第三者による事前許可のない占有が認められた［al-Ḥukūma al-Miṣrīya n.d.: 196］。占有に際しては、国が法令に従って発行する「許可」（al-tarkhīṣ）を得るか、または実際の「耕作／建設」（al-taʻmīr）を条件とした（許可のない）占有のいずれかによるものとされた。つまり草案第一三〇五条は、「所有者のない非耕作地」を国家の所有物と仮定しつつ、同時にその土地に対する占有（とその結果としての所有権の取得）を認める曖昧な立場をとっていた。この「国の所有物」という新しい概念を、起草者のサンフーリーは「真の所有権よりも主権に近いもの」（milkīya aqrab ilā al-siyāda min-hā ilā al-mikīya al-ḥaqīqīya）と表現していた［al-Sanhūrī 1986: 54］。

この草案第一三〇五、一三〇六条は、検討委員会により一条にまとめられた上で最終案第九四五条として国会に提出された。国会下院の審議を通過した際に第九四三条として承認され、上院に送付された。そこで再び第一項の「国の所有物」に対する質問が出された。『民法』に収録された当該議事録（第三八回会議）によれば、サンフーリー他二名が答弁に臨み、「私的国有地および公的国有地との違い」について、前者は国有地機関（maṣlaḥa al-amlāk al-amīrīya）に登記されている「国有財産」であり、後者は経過取得や処分が認められない「公共財産」であると説明した［al-Ḥukūma al-Miṣrīya n.d.: 199］。この時サンフーリーは、「所有者のない非耕作地」とは「すなわち死地である」（hiya al-arāḍī al-mawāt）と回答した［al-Ḥukūma al-Miṣrīya n.d.: 196］。この答弁の後、上院は修正を施すことなくこれを承認した。

国会審議で民法の一条項の意味が尋ねられた際、イスラーム法の原理が理由に挙げられ、これが説得的に受け止められた点は大変興味深い。しかし、サンフーリーの「弱い所有権」の考えや語彙は、イスラーム法における死地蘇生と完全に合致するものではなかった。本章第二節で見てきたように、古典的著作においては死地蘇生による土地所有権の取得と宗教指導者の「許可」の関係は必ずしも明瞭ではなく、それぞれ機微のある言葉で表現されていた。他方、『メジェッレ』や『ムルシド・ハイラーン』などの近代的解釈では、より単純かつ明確に支配者の許可が前提とされた。これらに対し、サンフーリーは「許可を必要とする」ことを受け入れつつ、同時に、「耕作が行われた場合には許可を必要としない」とする条件を創出した。それは、イスラーム法との連続性を想起させる論法にもとづくものであり、サンフーリーが生み出した「選択」なのだと言えよう。

第二に、サンフーリーは「真の所有権」と「弱い所有権」を区別した。その意図を考察するために、堀井〔二〇〇四ｂ〕が示す近代エジプトの「所有権の再統合」の議論が参考になる。伝統的なイスラーム法では、土地所有権は、国家が保有する土地そのもの――「ラカバ」（raqaba）――に対する権利と、個人が保有する土地の使用利益の権利――「マンファア」（manfaʿa）――とに分けられていた。一九世紀エジプトで進行した私的土地所有の確立〔加藤 一九九三、Baer 1962〕とは、ラカバの名による伝統的土地国有制の「擬制」を解消し、より実態的に存在するマンファアを「所有権」と言い換え、公的に認めていく過程であった〔堀井 二〇〇四ｂ：四五〕。しかし、沙漠地はそもそもマンファアが存在しない例外的な場所であったため、近代的所有権を前提とする新民法では、「所有者のない」（lā malik la-hā）「国の所有物」（milk li-l-dawla）という二重性から定義された。言わば、ナイル川流域の耕作地が既存のマンファアにもとづき「私的所有物」になったのに対し、沙漠地は理論上でしか存在しないラカバにもとづき「国の所有物」となった。従って、沙漠地を開墾してマンファアが生じれば、その権利は、ラカバにもとづく「弱い所有権」よりも優先され、当然認められなければならない。このようにサンフーリーは、イスラーム法と近代西洋法の発想を混合して、「沙漠地の所有権」の新規則を新たに作り出したのである。

サンフーリーによって定式化された「沙漠地の曖昧な所有権」は、一種の折衷案であり、国家にも個人にも、近代法の私的所有権にもイスラーム法の死地蘇生にも配慮したものであった。一方において国家に大幅な権利を認めたが、他方では国家がその権利を一手に掌握することを妨げ、個人に占有を行う余地を残した。この曖昧な二面性ゆえに、この条項は一九五〇年代以降、個別の特別法によって徐々に修正され、改変されていくことになる。エジプトの国土の大半を占める沙漠地を所有するのは誰なのか。この論議において重要な位置を占めたのが、「一九五二年革命」から現在に至る「将校たちの共和国」〔鈴木 二〇一三〕を築いた軍であった。その変化を次節に見てみよう。

四　一九五〇年代以降の特別法

1　一九五八年法律第一二四号による軍の優越

ナセルら軍将校による「一九五二年革命」から六年後の一九五八年、全一四条の「沙漠地の所有の組織化に関する一九五八年法律第一二四号」が公布された[19]。同法に付随する解説覚書によれば、民法第八七四条と、一九四五年法律第一一一号の間の矛盾を解消するために制定されたものである。すでに見た通り、民法第八七四条では、「所有者のない非耕作地」、すなわち沙漠地に関して、国家からの事前許可なしに個人が占有し、利用することを認めていた。他方、一九四八年の民法制定に先立ち、一九四五年法律第一一一号という別の法律が公布されており、これにより沙漠地における無許可の占有行為は明確に禁止されていた。先に制定された法律が優越するのか、それとも後の法律が先の法律を取り消す効果を有するのか、法学者の間でも激しく論議が戦わされていた［'Uthmān 2007: 522］。

一九四五年法律第一一一号は、さらに一九四〇年軍事令第六二号に遡るものである。この軍事令は、第二次世界大戦の戒厳令下で発せられた命令の一つで、正確には「国境地方における不動産所有に関する命令第六二号」（al-Amr Raqm 62 fī Sha'n Tamalluk al-'Aqārāt fī Aqsām al-Ḥudūd）と呼ばれる。当時の「国境局」（maṣlaḥa al-ḥudūd）の管轄下には、西部沙漠から地中海沿岸、東部沙漠からシナイ半島に至る、ナイル川流域以外の沙漠のほぼ全域が置かれていた［Ramzī 1994b: 37］。一九四五年法律第一一一号の公布日は同年一〇月四日であるので、戦時下の軍事令が戦後もそのまま維持されたことを意味する。

この軍事令は全一一条からなり、第一条で外国人による当該国境地域内の不動産所有が原則的に禁止され(20)、第二条でエジプト人による所有についても国防大臣(21)からの事前の許可（idhn）の取得が課された。

第二条

第一条に述べられた禁止が適用される諸地域において、エジプト国籍の自然人または法人が、相続を除くあらゆる方法において、不動産を所有し、ワクフおよび物権を設定するためには、国防大臣から事前の許可を取得しなければならない。

この許可は、購入者が外国機関の監督下にある法人である、または第三者のために働くと信じるに足る理由が見つかった場合には、拒否することができる。［al-Ḥukūma al-Miṣrīya 1941: 421］

続く第三条では、国防大臣にこれらの原則規定に対する例外設定の権限を認め、第四条では、同令に反するすべての所有権移転は無効とすることが定められた。戦時下の特殊状況にあることを考慮すれば、国境地域という軍事的に重要な沙漠地の所有が原則的に禁じられることに不自然さはない。しかし、この法律の数年後に新民法が公布され、エジプト人であればこれら「所有者のない非耕作地」を国家からの許可なしに占有し、利用することができると定めたことで、法規定上の著しい矛盾が生じた。

一九五八年法律第一二四号は、この矛盾を認識し、解決するために作られた。全一四条からなるその内容は、一九四〇年軍事令第六二号をほぼ踏襲していた。とりわけ第一条では、明確に沙漠地の所有が禁止され、許可のない占有はおろか、すでに許可を受けた開墾・利用による沙漠地の所有権の取得までが禁止の対象とされた。

第一条

あらゆる自然人および法人は、本法律の公布時において村落所属耕地（al-zimām）の外部にあるとみなされる地域にある不動産を、相続を除き、いかなる方法によっても、所有することを禁じる。同様に、これらの不動産に対するあらゆる物権の設定を禁じる。この禁止は、賃貸期間が九年を超える賃貸にも等しく適用される。

戦争大臣は、命令により、本法律第一二条に示される委員会からの許可（taṣrīḥ）を得ない限り、九年より短い賃貸が禁止される特定地域を設定することができる。

戦争大臣は、命令により、本条第一項に示された禁止の及ばない特定地域を決定することができる。

[al-Majmaʻ al-ʻArabī al-Qānūnī n.d.]

第二条では、購入の申し出に対する戦争大臣の権限と、理由を明かすことなくそれを拒否する権限が定められる。戦争大臣の決定は最終決定とされ、他のいかなる司法機関における上訴も認められない。第三条では、同法規定に違反するすべての処分、物権設定・賃貸借契約を無効とすることが定められる。第一三条では名指しこそされないものの、同法に反するすべての条文は廃止とされ、事実上、民法第八七四条第三項の規定は無効化された。同法により、少なくとも法令上は、沙漠地に関わるすべての取引が停止された。同法の中で占有は、「土地の利用者たち」（shāghilī al-arḍ）と表現され、第六条で以下のように定められた。

第六条

住宅または耕作用の〔沙漠の〕土地の利用者たちの内、本法の規則により所有者とみなされない者は、九年を超えない期間に限り、その土地を購入し、賃貸借することを請求することができる。戦争大臣は、この請求に対し、理由を明かすことなく受諾し、または拒否することができる。土地の利用者たちが本法の施行日から一年以内に土地の購入もしくは賃貸借を請求しなかった場合には、または定められた日付までに請求したが当局により拒否された場合には、行政機構は自らの費用により、その〔土地にある〕建築物または作物を撤去する権利を有する。これらの土地は以後、国の所有物とみなされ、利用者たちは補償を得られない。［al-Majmaʿ al-ʿArabī al-Qānūnī n.d.］

ここから以下の二点が指摘できるだろう。第一に、沙漠地の所有は厳しく統制され、国家、とりわけ軍の許可がなければ、沙漠地の取得はできず、占有も認められない。第二に、沙漠地に関する既存の権利は――占有に由来しようとしまいと――、当局に対して権利請求を行う正当な理由をなし、申請や交渉の端緒を開くものとなった。ただし戦争大臣は「理由を明かすことなく」そうした請求の許諾を定めることができ、仮に請求が却下された場合には、「これらの土地は、以後国の所有物とみなされ、利用者たちは補償を得られない」。この点は、民法

第八七四条の第一項の「国有化」の方向性を強化したものだと言えるだろう。
権利請求者の要件と申し立ての方法については、同法第五条で以下のように定められる。

第五条
登記された契約書、本法の施行前に下された最終決定、または政府により発行され、その要件がすでに満たされているが、いまだ登記されていない契約書により証明された所有権および権利は、有効である。
所有権、権利、契約書または決定に関わるあらゆる係争は、本法の第一二条により任命される委員会により審理される。同委員会の決定は、戦争大臣の承認を経た後最終決定とされ、他のいかなる〔司法〕機構への上訴も認めない。［al-Majmaʻ al-ʻArabī al-Qānūnī n.d.］

どのような形式であれ、一旦行政機関に認められた契約書やその他公文書は、「証拠書類」として認められる。ただし、不服申し立ては、同法が定める行政委員会と戦争大臣によって内部的に処理され、通常司法を通じた上訴が認められないという閉鎖的な性格をもっていた。この一九五八年法律第一二四号の規定は、後の沙漠地中央管理体制の先鞭を付けたが、その源流は戦時下の軍事統制にあったのである。

2　一九六四年法律第一〇〇号による管理体制の構築

一九五八年法律第一二四号は、国家、とりわけ軍の沙漠地の管理権を優先させ、個人が沙漠地を取得する方途を閉ざすものでもあった。他方、この時期のエジプトでは、アスワーン・ハイダムの建設を背景に「農業の水平的拡大」、すなわち沙漠地の開拓・耕作に強い関心が寄せられていた。一九五〇年代には、ナイル・デルタ北西部における実験的な開発計画が実施され（その一つが本書第一章で扱ったタフリール県計画）、一九六〇年代からは国家五ヵ年計画による毎年一〇万フェッダーン以上の沙漠開拓地の創出が目指された［Waterbury 1979: 137］。公式には、一九五〇年代に約八万フェッダーン、一九六〇年代には約八〇万フェッダーンの沙漠開拓地が生み出された［Voll 1980: 128; Kishk 1999: 108］。結果、行政機関には大量の沙漠開拓地が蓄えられ、これを国民に再分配する仕組みが必要とされていた。それは、沙漠や農業だけに関わる問題ではなく、農地改革や国有化により集められた財産の再分配、急増した公的機関の民営化、国家主義的な開発思想の修正が問われていたのである。

この文脈の中で制定されたのが、「私的所有物としての国有不動産の賃貸および処分の組織化に関する一九六四年法律第一〇〇号」である。覚書が付属しないため制定の経緯や理由は不明だが、憲法を含む四〇以上の法令が検討対象であったことから、国有地処分の新たな方向性を示す包括的な法律が模索されていたと考えられる。題名に含まれる「私的所有物」（milkīya khāṣṣa）とは、民法第八七四条の起草過程でサンフーリーが答弁したように、国が法人として所有する国有財産から、公共利用のために供され、あらゆる処分が禁じられる「公的所有物」（milkīya ʿāmma）に属する財産を除いたもので、いわゆる「国の普通財産」を指す[22]。

同法第二条では、「私的所有物としての国有地」が三つの範疇に分けられる。村落所属耕地とその周辺二キロメートルまでの範囲の耕作地は「農地」（al-arāḍī al-zirāʿīya）、同範囲内にある非耕作地は「荒蕪地」（al-arāḍī al-būr）、同範囲の外にあるあらゆる土地は、耕作の有無を問わず、「沙漠地」（al-arāḍī al-ṣaḥrāwīya）と定義された。同法の全六編の内、「農地」は第一編で、「荒蕪地」と「沙漠地」は第三編で扱われる[23]。同法の規定は、農地改革公機構などの独立権限を有する公的機関の管轄下にある「国の所有物」（amlāk al-dawla）とは別物とみなされるため（第一条）、「農地」に関わる第一編は全七条と多くない。他方、第三編は全二一条からなり、三章に分けて構成される。

第三編第一章「荒蕪地および沙漠地の処分」では、これらの土地の競売・入札による売却が定められ（第二三条）、

第二章「沙漠地の賃貸」では、小規模耕作者（sighār al-zurrā‘）に対する一〇フェッダーン以下かつ九年以内の賃貸基準が定められる（第二七条）。第三章「沙漠開拓地の処分」では、四・五～七・五フェッダーンの小規模な沙漠開拓地の分配が規定される（第三〇条）。優先順位として、第一に「開拓地に居住し、開拓事業により生計を得る者」、第二に「人口過密地域」――ナイル川流域、特にナイル・デルタ中央部のミヌーフィーヤ県やガルビーヤ県が想定されていた――からの大学卒業者や季節労働者、退役軍人、第三にその他の地域からの移住者が続く（第三一条）。先述の一九五八年法律第一二四号と異なり、一九六四年法律第一〇〇号では沙漠地の個人利用や所有権移転が原則認められている。

同法において、沙漠地を管轄する権限の所在は、戦争大臣から農地改革・土地改良大臣（wazīr al-iṣlāḥ al-zirā‘ī wa-iṣlāḥ al-arāḍī、現在の農業・土地開拓大臣）に移された。同大臣は、荒蕪地および沙漠地の売却が認められる地域を設定し（第二二条）、戦争大臣の意見を聴いた後、九年以内の賃貸も認められない特定沙漠地域を設定し（第二九条）、沙漠地の処分を決定することができる（第三〇条）。また同大臣は、沙漠地に関する係争を管轄し、最終決定を下す司法委員会の結成においても権限を有する（第三九条）。ただし、土地所有を禁止する軍事特定地域の設定（第三五条）や沙漠地所有権の収用（第三六条）などの権限は戦争大臣の下に残されている。同法においても沙漠地の占有は、以下の第四七条により明確に禁止された（第四七条）。

第四七条
　あらゆる構成の自然人または法人は、本規定に従わない場合には、本法が適用される国の私的所有物に含まれる不動産を保有し、または占有する（an yaḥūza aw yaḍa‘a al-yad）ことを認めない。〔後略〕［Buḥayrī and al-‘Arabāwī 2013: 18］

しかし同法の施行日より前に成立した土地の権利については、たとえそれが占有に由来するものであっても、公的機関における登記書類や契約書などの公的文書で証明される場合には、その権利が認められた（第七五条）。その規定は複雑だが、全般に、占有が追認される可能性はかなり広げられている。

第七五条

本法の規則の適用により、すでに存在する不動産の所有権およびその他の物権は、それらが一九五八年法律第一二四号の施行の日に村落所属耕地の外部にあるとみなされる地域に位置し、その日より前に登録され、もしくは最終決定された契約書、または政府により発行され、その要件をすでに満たしているが、いまだ登記されていない契約書によって証明される場合には、〔有効と〕認められる（yuʻtamadu）。

一九五八年法律第一二四号により下された最終決定、および保有不動産についてすでに承認された所有物は、同様に〔有効と〕みなされる（yuʻtaddu）。

本法の規定により、以下の者は所有者とみなされる（yuʻaddu mālik）。

（1）一九五八年法律第一二四号の施行日に先立ち、満一年以上前に自らの費用により沙漠地に実際に植物を植えた、または耕したすべての者（kull ghāris aw zāriʻ fiʻlī）。同様に、本法の施行の日において、すでにこれらの土地を耕し始めていた者。ただし、これらの土地所有権は、不動産所有に関わる法的上限を超えないものとする。

この規則は、一年の一部を、天水のみにより耕作する土地には適用されない。

これらの土地が一九五八年法律第一二四号の施行日以後、故意または過失ではなく機能しない井戸により灌漑されていた場合には、その土地の所有者は、国によって新たな井戸が設置された地域における相当規模の土地を補償されることが認められる。

（2）一九五八年法律第一二四号の施行日より前に土地に付属する常設の建物の建築を完了したすべての者。これには、建物が建てられた部分の土地および建物に隣接する区画を含む。ただし、建物は土地の範囲を超えてはならず、かつ本法の施行日まで存在していなければならない。［Buḥayrī and al-ʻArabāwī 2013: 28–29］

第一、二項では、一九五八年法律第一二四号の第六条と同様に、契約書や公的機関の承認を提示することで権利を証明できた場合には、それが追認されることが述べられる。加えて、第三節では、「占有者」（wāḍiʻ al-yad）は一九五八年法律第一二四号の施行以前に完了した耕作や建築を、作物や建築物の形で実証できれば、新たに「所有者」（mālik）として認められることになった。

同法以降に土地を占有し、耕作や建設を行った者たちは、一九六九年一二月末日までに購入契約または九年以内の賃貸契約を結ぶことが求められた（同法交付は一九六四年三月二一日、施行は公布の三ヶ月後なので、約五年間の猶予期間が与えられたことになる）。この期限までに契約しなかった場合には、彼らの土地は、「国の所有物」（mamlūka li-l-dawla）とみなされ、その占有は行政撤去の対象となる（第八〇条）。同法第八六条では、個人による事前許可のない占有を認めた民法第八七四条第三項が正式に廃止され、沙漠地の法はこれ以降、一九六四年法律第一〇〇号に一本化されることになった[24]。

一九六四年法律第一〇〇号の特徴は、以下の二点にまとめられる。第一に、沙漠地はすべて「国有地」になり、その所有や利用に関して民法第八七四条第三項に示されていた、国家からの事前許可のない占有は認められなくなった。サンフーリーは、自著『ワスィート』の中でこの点に触れ、「沙漠地に対する国家の所有権は、もはや弱い所有権とはみなされない。むしろ国家のあらゆる私的資産と同じく真の所有権と呼ばれるものになった」と評している［al-Sanhūrī 1986: 55–56］。第二に、沙漠開拓地は、国家五ヵ年計画や開発事業により急増し、公的機関に大量に蓄えられたことを背景として、売却・賃貸・分配の三種の方法を通じて、広く国民に引き渡されることになった。これは、当時のエジプトにおいて重要な問題であった国有財産の分配、「民営化」の一部であり、その管轄は国防を担う戦争大臣から、農地・農業を担う農地改革・土地改良大臣へと移された。

こうして民法第八七四条第三項に示された「沙漠地の曖昧な所有権」は、一九六四年法律第一〇〇号の公布を通じて、国家中心主義的な土地所有権とその分配の法へと大きく様変わりした。新たな法規定は、沙漠の開発における個人の役割を縮小し、代わりに国家、とりわけ農地改革・土地改良省に連なる公的機関を開発の主役に据えるものであった。しかし一九六〇年代のナセル政権が構築したこの体制は、続く一九七〇年代のサダト政権による開放経済への政策転換の中で再度修正を迫られ、一九八一年法律第一四三号という別の法律に結実していくことになる。

3　一九八一年法律第一四三号による資本主義的転回

先に紹介した一九六四年法律第一〇〇号と異なり、一九八一年法律第一四三号には、法案を議論した国会上院における「農業・灌漑委員会および憲法・立法問題委員会事務局による合同委員会報告書」と、上院議長の署名がなされた「一九八一年法律第一四三号法案解説覚書」が付属し、起草過程の議論を知ることができる。これらによれば、当時の急激な人口増加に対する農地不足が重大な社会問題とみなされ、本来は農地拡大に資するべき一九六四年法律第一〇〇号が、却ってその阻害要因となっていると論じられた。「委員会報告書」では、一九六四年法律第一〇〇号による組織化の不備とさらなる投資の必要性が説かれている。

一九六四年法律第一〇〇号は、沙漠地を小規模耕作者に賃貸することを認め、土地を占有し、耕作した者への賃貸優先権を含んでいた。同法はまた、個人および公的法人に対し、非組織的な、即興的方法による大規模区画の占有および開拓を認め、これらの人々・団体にこれらの土地を分割し、売却した。同法の規定に従って所有が認められた土地区画は、特に沙漠地について、個人、事業、企業および組合に、土地開拓分野における投資を促さなかった。つまり同法の規定は、国民の食糧自給の達成のため、国が進める社会的充足の実現、沙漠の進撃、そして耕作に適した土地の開拓を目指す現代的運動と一致しない。

政府は、沙漠地に関する既存の法の不足を補うため、沙漠地の所有権取得の理由、基準および限界に関する以下の法案を提示する。それは沙漠地を活用し、沙漠地の開拓と広大な沙漠における生産的社会の建設に参加する投資目的の事業、企業、個人および組合を促進するためである。［Abū Dunyā and Zaghlūl 2009: 20–21］

3　沙漠地の法

こうした問題意識は、一九七四年にサダト大統領が発表した「一〇月文書」以来、同政権が進めてきた経済開放政策と軌を一にするものであった。この時期「開発は生死に関わる問題」とみなされ、開発水準のすみやかな上昇を目指された。その基軸には工業化が据えられ、工業製品を輸出し、必要な食料を輸入する輸出志向経済が構想された[25]［al-Ittiḥād al-Ishtirākī al-ʿArabī 1974: 35–42］。そのため農業への関心が下がり、商業や仲介業が重視され、国内総生産に占める農業の割合は五％以上減少し、食糧自給率も低下した［Kishk 1999: 109–110］。開拓事業も低調で、一九七〇年代初頭には新規事業が停止し、一九七〇年代の沙漠開拓地合計は五～七万フェッダーン程度にすぎない［Kishk 1999: 111］。こうした状況下で制定された一九八一年法律第一四三号の真の目的は、耕作地の拡大と、むしろそれ以上に沙漠開拓地の売買・利用の促進を通じた「投資」（istithmār）の拡大、すなわち民間資本にもとづく経済活動の活性化にあった。

この意味において一九八一年法律第一四三号の最も画期的な点は、沙漠地の所有上限の大幅増を認めた第一一条にある。そもそも農地の所有上限は「一九五二年革命」の看板である農地改革法によって定められた。その第一弾の一九五二年法律第一七八号の第一条では、二〇〇フェッダーンに設定された。

第一条
いかなる人（shakhṣ）も二〇〇フェッダーンより多くの農地を所有することは認めない。本規定に反するあらゆる契約は無効とし、その登録は認めない。［al-Majmaʿ al-ʿArabī al-Qānūnī n.d.］

この規定は、「農地改革法の一部規定の修正に関する一九六一年法律第一二七号」の第一条により、一〇〇フェッダーンに下げられた。さらにこの時、「農地」の所有上限の範囲に、それまでなかった荒蕪地と沙漠地が含まれるようになった。

第一条
いかなる個人（fard）も一〇〇フェッダーンより多くの農地を所有することは認めない。個人が所有する農地について、荒蕪地および沙漠地は本規定に含まれるものとする。本規定に反する所有権移転の契約は無効とし、その登録は認めない。［al-Bayūmī and Zaghlūl 2007: 103］

その後、「農地および農地の規定に関する家族および個人の所有上限の設定に関する一九六九年法律第五〇号」の第一条により、一人五〇フェッダーン、一家族（usra）合計一〇〇フェッダーンへとさらに下げられた。すでに一九六四年法律第一〇〇号が施行された後であったが、沙漠地は「農地」の所有上限の中に含まれていた。

第一条

いかなる個人も五〇フェッダーンより多くの農地、ならびに農地の規定に含まれる荒蕪地および沙漠地を所有することは認めない。

同様に、家族の合計で一〇〇フェッダーンより多くのこれらの土地を所有することは認めない。これは前項の規定に従うものとする。

本規定に反する所有権移転の契約は無効とし、その登記は認めない。[al-Bayūmī and Zaghlūl 2007: 56]

これらに対し、一九八一年法律第一四三号の第一一条では、灌漑方式による分類を設けつつ、農地改革法の上限をはるかに超える土地所有上限が設定された。

第一一条

本法律の規定に従う沙漠地の所有上限は、利用可能な水資源の使用における指導および経済性の点を実現する灌漑の方式および方法に則り、この分野における科学的発展と一致する限りにおいて、以下の通り定められる。

（a）灌漑が地下水による、スプリンクラーもしくは点滴など近代的方法を用いる、または水圧によるあらゆる灌漑方式を用いる場合には、所有上限は以下の通り定められる。
(1) 個人は二〇〇フェッダーン、家族〔の合計〕は三〇〇フェッダーンとする。家族は、妻および未婚の子を含む。
(2) 協同組合は一万フェッダーン、組合員一人につき三〇フェッダーンとする。
(3) 個人企業および有限会社は一万フェッダーンとする。ただし、その取り分は一人につき一五〇フェッダーンの所有権上限を超えないこと。
(4) 株式会社は五万フェッダーンとする。
(b) 開拓所轄大臣と灌漑大臣の間で合意された冠水灌漑方式による場合、または湖の干拓地に関わる場合には、所有上限は上記の半分を超えないものとする。〔後略〕[Abū Dunyā and Zaghlāl 2009: 7–8]

この第一一条の規定により、沙漠地は、農地の所有上限から外され、農地とは別に所有することが認められた[Bahjat 2005: 335]。所有上限の拡大に加え、同法では、国が沙漠地の開拓・耕地化に必要な社会基盤や公共サービスを設置する義務(第五条)、沙漠地の公定価格の設定が定められた(第一五条)。これらは、沙漠地の投資環境を整備し、資本の呼び込みを狙ったものであると言えるだろう(26)。

同法のもう一つの特徴が、沙漠地の行政分野ごとの管轄、すなわち「縦割り行政」の構築である。第二条では、沙漠地に権限を有する公的機関とその優先順位が示される。第一が防衛大臣で、土地所有を禁止する軍事戦略地域の設定権限が認められた。この点は、先に取り上げた一九五八年法律第一二四号における軍の優先的権限が思い起こされる。第二が土地開拓所轄大臣(al-wazīr al-mukhtaṣṣ bi-istiṣlāḥ al-arāḍī, 同法制定時には住宅大臣が兼任したが、歴史的には農業大臣が多い)で、土地開拓計画地域を設定し、傘下の「建設農業開発計画公機構」を通じて当該地域を管轄する権限が認められた。同機構の理事会には沙漠地の売却や行政措置の執行権限が与えられた（第三条）。第三が住宅省傘下の公的機構である「新都市共同体機構」で、沙漠地の宅地化に関する権限を有する。[27]最後に、内閣には沙漠地の収用権が認められたが、これは防衛大臣の求めを必要とするため、軍の権限の一つとみなすこともできる。一九六四年法律第一〇〇号では戦争大臣から農地改革・土地開拓大臣に権限の多くが移されたが、一九八一年法律第一四三号では、土地開拓所轄大臣の権限を認めつつも、沙漠地における軍の優先権が再び認められた形になる。[28]

こうして、軍の優先権を筆頭に、農業、住宅分野における公的機関が設置され、それらが当該分野において沙漠地の処分や管理を管轄する体制が作られた（後に「私的国有地に関する一部規定に関する一九九一年法律第七号」により、観光分野に関する観光開発公機構が加えられた）。同法第一六条では、売却された沙漠地を当初定められた目的以外のために用いることは禁じられた。この禁止規定は後の一九九一年法律第七号の第五条において再確認され、沙漠地の目的外利用には、「所轄大臣の提案にもとづき、内閣の承認を得た後、大統領令の公布により、その他の機関または目的への当該地の再許可が認められる」など、複数の高度な決定の取得が課された［Abū Dunyā and Zaghlūl 2009: 92–93］。分野ごとに管轄行政が分かれた縦割り体制は、沙漠地利用における国家主義的な許可制の極みといえるだろう。

同法では、個人による沙漠地の占有はより一層明確に禁止される（第一〇条）。

第一〇条

あらゆる自然人または法人は、本法律の規定に従う土地のあらゆる一部について、保有し（yaḥūzu）、占有し（yaḍaʻu al-yad）、または侵害する（yataʻaddā ʻalā）ことが禁じられる。軍隊が国防計画を実行する場合を除き、あらゆる形態におけるあらゆる活動、あらゆる施設の建設、栽培または事業は、本機構の許可がない限り、禁じられる。

これらの土地に対するあらゆる形の処分、本源的もしくは付随的物権の設定、賃貸または分与はすべて無効とし、本法の規定による処罰を受け、その登記を認めない。不服申し立てを行うすべての者は、無効または無効の判決を請求することができる。裁判所は当該案件を審理する。

違反者の占有は、所轄機構長の求めによる場合には所轄大臣の命令により、軍隊が軍事地域として関わる土地の場合には防衛大臣の命令により、行政措置により撤去される。占有者は、違反行為に相当する土地に存在する建物、作物または植栽の撤去の支出を負担する。本機構または軍隊は、状況に応じて、その場所に留まり、これを国の所有物とすることができる。[Abū Dunyā and Zaghlūl 2009: 6–7]

第一〇条の規定によれば、行政命令により、所轄の公的機関または軍隊が占有者の所有物を撤去し、その土地を国の所有物にすることができる。違反者に対する罰金や拘留刑もありうる（第二三条）。すでに一九六四年法律第一〇〇号で廃止されたとはいえ、民法第八七四条第三項がかつて認めた「事前許可のない沙漠地の占有」が入り込む余地はまったくない。ただし、同法施行以前に確認された既存の権利は認められ、これを持つ者は新たな「所有者」とみなされる（第一八条）。これは一九六四年法律第一〇〇号の第七五条と同様、占有の追認を幅広く確保したことを意味する。

第一八条

本法において先に挙げられた土地所有上限を遵守し、以下の要件を満たす土地を保有する者は、所有者とみなされる。

（1）本法の施行より前の有効な法に従い、所有権の要件を満たす者。

（2）本法諸規定の対象となる処分について、所轄機構から発行された登記証書（sanad mushahhar）により合法的に（qānūnan）土地を所有する者。

（3）本法の施行日までに、国家開拓計画地域の内部に位置し、公的施設に指定されていない土地を開拓・耕作した者。その土地には常設の灌漑設備が設置されていなければならず、実際的かつ継続的に耕作されていなければならない。開拓者が設置した灌漑用水源の不備が明らかになった場合でも、所轄機構による土地状況の維持または他の灌漑設備の設置の義務が求められない。

（4）〔沙漠地の〕土地が原資本を構成する、または原資本を構成していたが、本法の施行日までにその利用を定め、すでに運用している公的部門企業。

同様に、以下の者への処分の内、本法の施行日までに所轄機構に登記されていないものは、合法（qānūnan）とみなされる。

（a）小規模耕作者、殉教者[29]遺族、ならびに農業専門学校および大学の卒業生。

（b）農業協同組合および土地開拓協同組合。

（j）[30]競売による購入者。

（d）アラブ資本および外国資本に関する投資、ならびにフリー・ゾーン法〔一九七四年法律第四三号〕により設置された諸事業。本法施行令は、本条に記された状況について、本機構に通知する要件および規定、ならびに所有権の要件を満たす者を決定するための手続きを定める。［Abū Dunyā and Zaghlūl 2009: 11–13］

こうして一九八〇年代以降の法制展開は、国家が抱える沙漠開拓地の大規模処分を促進した一方で、国家および公的機関による土地管理体制を発達させ、事前許可のない占有を厳しく禁止していった。過去の占有の「追認」が意味するところは次章で再確認するが、それでもなお、占有者に明確に所有権を認めた民法第八七四条第三項とは比べようもない。民法起草者のサンフーリーが「国家の弱い所有権」と定義した沙漠地の所有権は、いまや「国家の強い所有権」に反転し、沙漠地を望む者は、否応なく国家と対峙しなければならなくなった。誰の権利も関わらないがゆえにそれを耕作した者に与えられた「死地」は、いまや、国家の権利が関わるがゆえに、国家から許可を得た者のみに所有権が認められる「国有地」になったのである。

五　おわりに

本章では、一九四八年制定の民法第八七四条の形成とその後の展開から、現代エジプトにおける沙漠地の法の変遷過程を辿ってきた。「所有者のない非耕作地」を定めた民法第八七四条は、従来イスラーム法の「死地蘇生」と同様の規定だと論じられてきた。第二節では、死地蘇生のイスラーム古典法の定義とそれに依拠した近代的解釈を整理し、近代的な制定法の起草過程における起草者の「選択」を指摘し、第三節では、より具体的に民法の起草過程の議論の検討から、民法第八七四条の規定が、「イスラーム法そのもの」というよりも、イスラーム法に由来する「死地」と、近代法的な「国有地」という由来の異なる概念を混ぜ合わせた折衷案であること、そしてそれによって複雑な背景を背負った、「所有者のない非耕作地は、国の所有物とする」という曖昧な所有権規定を形成したことを明らかにした。

しかしこの曖昧さは、「一九五二年革命」後に成立した政治体制によってすぐに修正されることになった。第四節では、一九五八年法律第一二四号から一九八一年法律第一四三号に至る二〇世紀後半の特別法を取り上げ、沙漠地がより実質的に「国の所有物」になり、個々の公的機関の管理下に置かれていく過程を辿った。かつて民法第八七四条に見られた曖昧さは一掃され、国家からの事前許可なしの占有はもはや許容されず、むしろ行政撤去や刑事罰の対象にさえされている。ここにはもはや、民法が示していた「沙漠地の曖昧な所有権」の論理が入る余地はないようである。

しかし、ここでいま一度、沙漠開発の全体に視点を戻してみれば、法は、沙漠地の所有や利用を統制する強力な枠組みの一つではあるが、それが条文の文言そのままに社会的現実に構成し、統制しているとは限らない。社会における個々の実践を見れば、個人はこうした法的枠組みを前提として、時にこれを利用し、時にこれを巧みにすり抜けながら、自らの身を処していくものではなかろうか。法は日常生活に入り込み、実に多様な影響を与えるが、人々もまた、そうした法の効果にさらされながら、法に対処する術を編み出すものである。こうした人々の日常生活において沙漠地の法が立ち現れる様、そして人々の対応と摺合せがなされる中で法制度が修正される様については、次章で詳しく見てみることとする。

註

（1）「沙漠」や「沙漠地」を指す言葉は、各法で少しずつ異なるが、以下の三つの語が用いられることが多い（用語の歴史的文脈は本文を参照のこと）。

①「沙漠地」（al-arāḍī al-ṣaḥrāwīya）：一九六四年法律第一〇〇号の第二条で、「私的所有物としての国有地」（al-arāḍī al-mamlūka li-l-dawla milkīya khāṣṣa）の三分類の一つとして、「村落所属耕地」（al-zimām）の境界より二キロメートル以上外側に位置する土地と規定された。同規定では土地の耕作・非耕作を問わない。先行する一九五八年法律第一二四号の第一条では、「村

落所属耕地の外部とみなされる地域」（al-manāṭiq al-muʻtabara khārij al-zimām）と呼ばれ、特に「沙漠」の語は用いられていなかった。

②「荒蕪地」（al-arāḍī al-būr）：一九六四年法律第一〇〇号の第二条では、村落所属耕地の内部にある「非耕作地」（al-arāḍī ghayr al-mazrūʻa）と規定されたが、歴史的には沙漠地を指す語彙の一つであった。たとえば、一八五六年六月一二日付の勅令では、「土地台帳の外にある荒蕪地」（al-aṭyān al-būr al-khārija ʻan al-zimām）［加藤　一九九三：一三］と呼ばれた。このbūrと同じく「不毛な土地」を意味するbarārīの語は、一八八四年九月九日付の勅令で用いられ、エジプト国土の「非耕作の広大な空の土地」（arāḍin muttasiʻa khāliya ghayr mazrūʻa）の三等級の一つとして、「まったくの荒蕪地として知られる土地」（al-arāḍī al-maʻrūfa bi-al-barārī）と呼ばれた。

③「非耕作地」（al-arāḍī ghayr al-mazrūʻa）：一八八四年九月九日付の勅令の三等級の一つに含まれ、barārīと反対に開墾に最も費用がかからない土地範疇として規定された。一九世紀後半の旧民法第八〇条／第五八条や現行民法第八七四条では、沙漠地に相当する土地が「所有者のない非耕作地」（al-arāḍī ghayr al-mazrūʻa allatī lā mālik la-hā）と表現される。

（2）サンフーリーは、一八九五年アレクサンドリアに生まれ、一九七一年に没する。一九二一年にフランス・リヨン大学に留学し、後にエジプト民法起草委員会をともに担ったランベールに師事した。帰国後、エジプト大学（現カイロ大学）法学部助教授に就任し、民法を教授した。一九三六年に大学を辞職、混合裁判所裁判官、教育大臣などを歴任した後、一九四九年に行政司法の頂点である国務院（majlis al-dawla）の長官に任命された。一九五二年革命後にはエジプトでの公職を退き、全一〇巻の民法典注釈書『ワスィート』を完成させた。シリアやリビア、ヨルダンなどアラブ諸国の民法典整備にも尽力したことで知られる［両角　二〇〇八、Hill 1987］。

（3）第一節「人類に共通する物の規定」では、冒頭の第一二三四条で「水、草および火は、すべての者により自由に用いられる」、第一二三五条「地下を流れる水は誰の所有物でもない」、第一二三六条「公衆により慣習的に用いられる井戸は［中略］人類の共有財であり、自由に用いられる」、第一二三七条「海および大きな湖は、自由に用いられる」などと規定される［N.A. 2008: 169; cf. Tyser, Demetriades, and Effendi 2001: 202］。

（4）これに先行する一八五八年「オスマン土地法」の第一〇三条では、以下のように規定される。

「草原（Otlak）、森林（Pernalik）、礫地（Kiraj）、石に覆われた土地（Tashlik）、丘（Kuhi）など、タプ法（Tapu）によりあらゆる者の所有でないと定められ、古代より町および村の住民のために割り当てられておらず、町および村から離れ、人の叫び声が居住地の外れから聞こえないような空き地（khali）は、死地（arazi mevat）である。この種の土地は、官公吏の許可により、それを必要とする者に無料で［与えられ］、新たに拓かれ、耕作地にすることができる。その地益権は国庫（Beit ul

Mal）に帰属し、その他の耕作地に関わる有効な法はすべてこの種の土地にも適用されるものとする。ただし、もしある者が、上記のために拓かれるものとして官公吏の許可により得て、移譲された土地を拓くことができず、その状態のまま有効な弁明がなく三年が経過した場合には、その土地は他の者に与えられる。もし許可なくこの種の土地を拓き、耕作地にした場合には、その土地のタプ規定分がその者より差し引かれ、タプ証書（Tapu Sened）が譲渡の際に与えられる。」［Ongley and Miller 1892: 54–55］

（5）公式版は全九四一条からなり、フサイン某により刊行された版は全一〇三五条からなる［両角　二〇〇七：一五七―一五八］。さらにもう一つ、サンフーリーが言及する別の版があるようだが、全何条かは不明［両角　二〇〇七：一五八］。本稿で参照したハラビー法出版社版は全一〇四九条で、これらとは異なる版であろう。堀井［二〇一一：三八］が同じく全一〇四九条と述べている。

（6）民法において、「先買権」（al-shufʻa）は、同じく「所有権取得の諸理由」に含められ、「相続」や「贈与」などに続く第六の理由として、第九三九条から九四七条で述べられる［Buḥayrī and Zaghlūl 2014: 190–193］。

（7）第一四七条から一五〇条まで。第一四八条は個人の所有地に鉱物資源が見つかった場合の所有者と政府の取り分について、第一四九条は山地など「許された土地」に財宝が見つかった場合の発見者と政府の取り分について、第一五〇条は狩猟と漁業が「許される」（mubāḥ）ことを定める［Qadrī Bāshā 2012: 51］。現行民法では、第八七二条にて「埋められた、または隠された財宝」の所有権を定め、第八七三条にて「鳥獣捕獲の権利」に触れるが、「鉱物資源」については特に言及されない［Buḥayrī and Zaghlūl 2014: 175］。鉱物資源の取得や所有は、「採石場および鉱山に関する一九五三年法律第六六号」以降、土地所有権とは異なる法制が敷かれている。

（8）一九世紀エジプトにおけるウシュル税やハラージュ税については、加藤［一九九三：一六―二九］に詳しい。

（9）フランス語の条文は［Gouvernement Egyptien 1946］を参照した。第八〇条では、「非耕作地」（les terres non cultivées）と「法定国有地」（, et qui sont de plein droit la propriété de l'État）がコンマで区切られ、両者が並置されているのに対し、第五七条では、「法定国有非耕作地」（al-arāḍī ghayr al-mazrūʻa al-mamlūka sharʻ li-l-mīrī）として一続きの表現にされる。

（10）第五七条では、「その占有」（waḍʻ al-yad ʻalay-hā）と簡潔に表現される。

（11）第五七条では、「政府の許可」（idhn al-ḥukūma）と表現される。死地蘇生における「イマームの許可」（idhn al-imām）に由来するのであろう。

（12）第五七条では、「現地の」が抜け、単に「法令」（al-lawāʼiḥ）と表現される。

（13）第五七条では、「アブアーディーヤ地」（bi-ṣifa abʻādīya）と表現された。固有の土地範疇を示すものとしてアラビア語の言葉（動詞 baʻuda「遠い」から派生した語）が取り入れられている。
(14) 第五七条では「～した者はすべて、その土地の完全な所有権を得た所有者となる」として、完全な所有権が強調される。
(15) 第五七条では、「最初の占有に続く一五年間」と表現され、期限の起点がやや異なる。
(16) 歴史学者リヴリンが整理した一八四四年の検地結果において、アブアーディーヤ地は、「耕作地」（maʻmūr）とともに「村落所属耕地」（al-zimām）を構成しており、各県でばらつきがあるが、各県の耕作地の一割程度の数字が計上されていた［Rivlin 1961: 256–257］。
(17) 同法は、後に「自由国有地の売却の条件および制限に関する一九〇二年通達第一〇〇号」の第一条で再確認される。「自由国有地の売却は、当該機関の知るところにより、競売または赤蠟で封じられた封筒による入札を通じて直接行われる。ただし次条に規定される状況下では、例外が認められる。」［Hayba 2007: 12］
(18) 旧民法規定との違いは、「エジプト人」の国籍規定が明確に差し挟まれたこと、死地蘇生以来の「許可」を指す idhn が、現代的な「認可」を含意する tarkhīṣ の語に代わり、主体の語が「政府」（al-ḥukūma）から「国家」（al-dawla）に変更されたことが挙げられる。
(19) 当時は、一九五八年三月にシリアとのアラブ連合共和国を成立させたばかりであったので、一九五八年暫定憲法の第五三条「大統領による緊急法令制定権」にもとづき、大統領令として同法が制定された。
(20) 民法第八七四条第三項においても、沙漠地の占有取得は「エジプト人」に限られており、「外国人」については、農地所有を禁じる一九五一年法律第三七号がすでに発布されていたため、外国人による農地所有は全面的に禁止され、ここでは問題とならなかった。
(21) 軍事を管轄する省や大臣の名称は時代により変化してきた。一九四〇年軍事令第六二号では、「国防大臣」（wazīr al-difāʻ al-waṭanī）と呼ばれたが、一九五八年法律第一二四号や一九六四年法律第一〇〇号では「戦争大臣」（wazīr al-ḥarbīya）、一九八一年法律第一四三号では「防衛大臣」（wazīr al-difāʻ）と呼ばれる。引用文ではそれぞれ原語に忠実に訳語をあてた。
(22) 「国の所有物に関する一九五九年法律第二五二号」の第一条において、以下のように定められる。「第一条　国の私的所有物（amlāk al-dawla al-khāṣṣa）とは、法令に則り、法人格としての国に割り当てられた、建物のある、および建物のない不動産、ならびに動産以外の物権のことである。それは、実際に国の処分下にあるか、他の者の処分下にあるかは問わない。」［al-Majmaʻ al-ʻArabī al-Qānūnī n.d.］
(23) 第二編は「河床地」、第四編は「空地および建物付き不動産」を定め、第五編「一般規定」と第六編「経過規定および結びの規定」が付く。なお、第三編に含まれる第二二～四二条は、後述する一九八一年法律第一四三号の第二七条により廃止された。

エジプト政府刊行の『一九六四年法律第一〇〇号』[Buḥayrī and al-ʿArabāwī 2013] には、第三編の条文が掲載されていないため、Hayba [2007: 164–170] に収録されたものを参考にした。

(24) 第八六条により、民法第八七四条第三項と一九五八年法律第一二四号を含む複数の法律が廃止された。

(25) 沙漠地のもう一つの利用として挙げられたのは、「狭いナイル河谷とデルタ」への人口過密の打開策としての沙漠への人口分散であった [al-Ittiḥād al-Ishtirākī al-ʿArabī 1974: 50–53; Sims 2010: 74]。

(26) ただし外国人による沙漠地所有の増加への警戒心は解かれておらず、第一一条の第二項では、「エジプト人の所有が企業資本の五一%を下回らないこと」が条件付けられている。

(27) 同機構は、新都市社会設立に関する一九七九年法律第五九号により設置され、一九七〇年代以降、開発計画や民間事業を通じて沙漠地に作られた衛星都市や郊外住宅地を管轄する権限が認められた [al-Bayūmī and Zaghlūl 2006]。序章註四も参照のこと。

(28) さらに後の一九九一年法律第七号の第二条第一項第a款では、「大統領は、防衛大臣の提案にもとづき、内閣の同意を得た後、沙漠地において軍事的に重要な戦略地域を設定する命令を公布する」と定められた。当時の大統領は軍出身のムバーラク大統領であり、その上、大統領が軍隊最高司令官であると憲法に規定されていたことを思い起こす必要がある。

(29) shuhadāʾ（単数形は shahīd）はイスラーム的含意では「殉教者」、すなわち、「アッラーのために」(fī sabīl allāh) その身を捧げた者を指すが、現代エジプトではより広く意味をとり、「公務中に殉職した者」として軍の兵士や将校、警察官、あるいは「正義や大義のために尽くす中で死んだ者」、たとえば政治家、政治運動家を、この語で呼ぶことが多い。

(30) A、B、CではなくA、B、Jであるのは、アラビア語の伝統的な数え順による。

第四章　売買契約書――国有地を私有する仕組み

一　はじめに

現代エジプトの沙漠地は、前章で見てきたように、一九四八年の民法第八七四条により「国の所有物」とされたが、同時に許可がなくても個人が「占有」（wad' al-yad）できるという緩やかな例外規定を持っていた。しかしこの例外規定は、その後制限されていき、沙漠地に関する現行法の一九八一年法律第一四三号では、文字通り「国有地」として扱われ、個人が許可なく利用することは禁止され、これに違反して占有した者には行政撤去や罰則を受ける可能性がある。いまや沙漠地の取得を望む個人は、管轄する国家や公的機関に申請し、登録しなければならない。前章で紹介した二〇世紀後半の展開は、沙漠地をめぐる国家と人々の関係を、「土地の所有者」と「土地の利用者」に分離し、前者を優位とする垂直的関係に組み替えてしまったかのようである。

しかしバドル郡地域でのフィールドワークからは、これら法が指し示す関係性とはやや異なる姿が見えてきた。全域が沙漠開拓地であるバドル郡地域において、住民は、地域の土地や建物をごく普通に「所有できるもの」と認識し、実際にそれらの売買や譲渡、相続を行っている。当初それは、「占有」にもとづく、非公式的な実践かと思われたが、住民の中には、Gのように自らの土地所有権を公式に証明する契約書を見せ、どのようにしてその土地を得たのかを語ってくれる人もいた。そうした公式的な土地取得の契機としては、一九六〇年代から進められた特定社会層への「土地分配」政策の効果や影響がしばしば聞かれた［cf. Hopkins *et al.* 1988］。他方で、この「土地分配」に与れなかった、より広範囲の人々から指摘されたのは、一九七〇年代頃から実施された、「占有の追認」（taqnīn waḍʻ al-yad）の手続きである。これは、地域一帯の土地を管理する「南タフリール農業社」――住民からは略して「シャリカ」（会社）と呼ばれる。以下、本章の会話部分ではシャリカと表記――によって実行され、「所有権」（milkīya）の取得・授与を意味する「タムリーク」（tamlīk）の語で呼ばれていた。バドル郡地域住民の多くがこのタムリーク手続きを経て、各自が占有し、または分配政策により受領した土地の所有権を得ることができたようである。このタムリーク手続きは、なぜ、どのように進められたのか。それは、先に述べた沙漠地の国家的管理体制や、沙漠地の国家的所有権と矛盾しないのだろうか。

これら疑問の答えを探るため、本章では、バドル郡でのフィールドワークとそこから得られた資料にもとづき、土地（沙漠開拓地）の所有に深く関わる「売買契約書」に注目し、その歴史的形成とバドル郡地域における実態を明らかにする。第二節では、バドル郡における土地売買契約書との「民族誌的出会い」と、地域住民のタムリーク経験を提示する。その中心的事例は、アパート大家Gが南タフリール農業社との間で作成した売買契約書である。第三節では、タムリークとその結果として生じた売買契約書がどのような背景から作られたのか、一九七〇年代半ば以降の関係省令の検討から跡づける。第四節では、再びバドル郡地域における売買契約書に話を戻し、G以外の地域住民の契約書の検討から、この地域における土地所有権の多層的な構造を示す。法的には「国有地」であるはずの沙漠開拓地を「私有」する仕組みとはどのようなものか、バドル郡地域の経験を手掛かりに考察していきたい。

二　バドル郡地域におけるタムリーク

バドル郡地域でのフィールドワークの中で最初に抱いた疑問の一つが、南タフリール農業社の役割であった。第一章で論じたように、同社は、沙漠開拓地の処分を促進するために一九七六年に設置された農業公社の一つで、一九九四年の清算により資産の大部分は処分され、二〇〇一年に設置された地方行政機構「バドル郡」の基礎となった。同社は現在でも町の総合庁舎の一角に事務所を構えているが、かつてタフリール県計画の本拠地であったこの建物は「バドル市議会」を新たな主人とし、これを頂点とした「バドル郡」の政治体制を代表するようになっている。一見したところ、南タフリール農業社は、単なる過去の遺物にすぎず、総合庁舎の中にかろうじて席を残しているだけの存在に思われた。

しかしその後、南タフリール農業社がこの地域社会に持つ根強い影響力に気づかされた。ある日、大学農場からアパートに帰る途中、農場仲間の男と通りを歩いていると、その彼が父親と一緒に町のある地区に土地を買ったため、「シャリカで登記しなければならない」とやや面倒そうに述べた。興味を抱いた私は、「シャリカで？〔バドル〕市議会ではなくて？」と尋ねた。すると、困ったような顔をして、「そういうものなんだ（*howa keda*）」とだけ答えた。彼はそれ以上説明することなく、私たちはそれぞれ帰路に着いたが、私には未解決の疑問が残った。

その日の夜、私はいつものようにGを訪ねた。夕食後、紅茶を飲む頃になって、私は先ほどの疑問を思い出し、Gの妻に質問してみた。ちょうど彼女は、件の男が土地を買うと言っていた同じ地区に住んでいる親戚を訪れた話をしていたので、その地区について何か事情を知っているのかもしれないと考えたためである。私の質問に対してGの妻が口を開いて答えようとしたその瞬間、台所から紅茶のグラスを持って戻ってきたGが話に割り込み、いつもの自信に溢れた調子で述べた。「土地はシャリカで登記し、建物は市議会で登記するんだ。」

その一言を聞いても、私が納得のいかない様子であるのを見て、Gは寝室のデスクから書類の束を取り出し、私に見せた。それは契約書で、「予備売買契約書」（ʻaqd bayʻ ibtidāʼī）と題されていた。土地の売り手（契約書の甲）は南タフリール農業社、買い手（乙）はGであった。その序文には、以下のように記されていた。

> 甲は、〔南タフリール農業〕社が所有する村落所属耕地の内部に位置する住宅用の空地を所有する。住民および労働者の一部がこれらの一部を占有し（yūḍaʻu yad-hum）、自らの費用により住宅を建てたことを考慮し……
>
> 全国民への住宅供給を目指す国家政策の実施のため、その目的達成に向けた甲の貢献、およびタフリール県の社会発展と労働者定着に向けた甲の努力にもとづき……
>
> 甲は、これら住宅所有者の占有を追認すること（taqnīn waḍʻ）、同社によって所有される村落内に住宅が建てられた土地を各住宅の所有者に各自の状況を考慮した金額により売却することに合意した。ただしこれらの土地が、商業目的に供されず、第三者に売却されず、第三者のために住宅建設がなされず、いかなる形においても処分されず、指定外の目的に用いられないことを条件とする。
>
> 甲は、一九七九年九月一九日、一九八二年四月一四日および一九八三年六月九日に開催された理事会で提示された事柄により、これらの土地の売却条件を定めた。
>
> 甲は、一九七九年九月一九日に開催された理事会で提示された事柄により、バドル村およびその他の村において庶民的住宅（al-manāzil al-shaʻbīya）が建てられた土地の売却に関する決定を下した。
>
> 南タフリール農業社の設立に関する一九七六年三月二五日付の省令第二四九号により、売却による土地の処分の権利はすでに同社に移譲されている。〔後略〕

ここに示されたように、契約書は、南タフリール農業社の管理下にある土地（沙漠開拓地）の占有を承認するものとして作成された。序文からはこの地域の土地所有権について、三つの特徴が読み取られる。第一に、南タフリール農業社は、地域一帯の土地の法的所有者であり管理者である。この権限は、先に引用した契約書序文の末尾に書かれているように、同社の設置法である一九七六年三月二五日付農業省令第二四九号により、原権利者である国家から農業公社である同社に移譲されたものと理解される。第二に、地域住民や同社職員の一部は、会社からの事前許可を得ずに土地を「占有」し、自らの費用により「庶民的住宅」――いわゆる「掘立小屋」や「簡易住居」――を建てた。第三に、国家的開発政策を背景に、南タフリール農業社は、これらの人々による土地占有を追認し、結果として契約書が作成された。つまりこの契約書は、「国有地」の占有の追認と、その権利の合法的移転という二つの行為を同時に表している。

契約書標題に記された「売買」（bayʻ）の語が示唆するように、占有者（買い手）の権利が認められるためには、所有者（売り手）に一定額の対価を支払わなければならない。実際、Gの契約書では、売買対象の土地の規模と住所、範囲が特定され（第二条）、その価格と支払い方法、期限などが示されていた（第三条）。契約書の記述によれば、Gはすでに一九九二年に支払いを終えており、その結果として（しかしなぜか三年後の）一九九五年にこの「予備売買契約書」を入手したことになる。

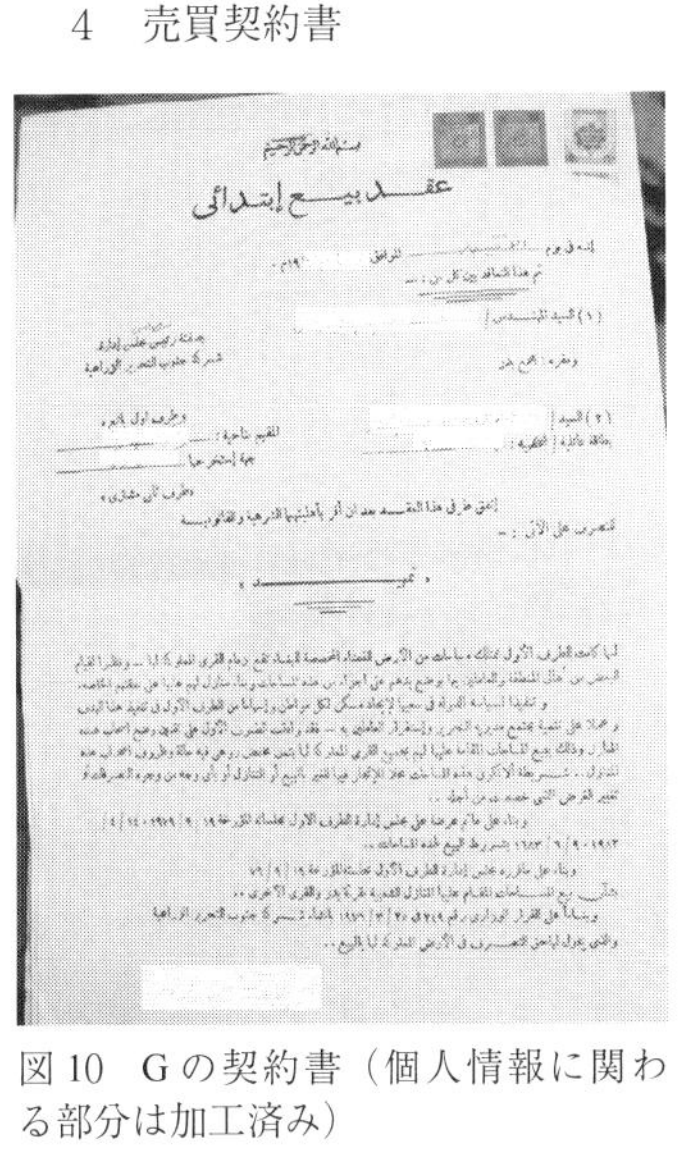
بسم الله الرحمن الرحيم

عقد بيع إبتدائي

図10　Gの契約書（個人情報に関わる部分は加工済み）

私はGにどのようにしてこの契約書を手に入れたのかと尋

ねた。すると、始まりはＧの父の死亡により発生した相続であった。

もともとおれたちは〔町の中に〕四〇〇平方メートルの土地を持っていた。そこには、親父が自分で家を建ててフェンスを張った。〔町の外れの〕ガラージュ地区にも三九〇平方メートルの土地があるが、それは親父が友達から買ったもので、その人が自分が家を建ててフェンスを張り、数ヶ月住んだが、すぐに売ったものだった。おれたちは四人兄弟で、親父が一九九二年に死んだとき、土地をみんなで分けて、残っていた割賦を支払い、それぞれ土地の所有権を手に入れた。

最初に「自分で家を建ててフェンスを張った」のはＧの父親であった。これは、契約書の序文に書かれていた占有行為に相当するだろう。Ｇの理解によれば、占有に由来する権利は、正式な売買契約書の作成前でも認識され、効力を有していた。売買契約書の作成過程は「タムリーク」と呼ばれる。Ｇは自らのタムリーク経験について、以下のように語った。

タムリークは一九七二年から七五年にかけて行われた。[1]〔シャリカの〕所有権係（*maktab milkīya*）の役人がやってきて、土地を測量し、所有者の名前を尋ね、台帳（*daftar*）に書き込んだ。全額を払えばすぐに所有権証書（*'a'd milkīya*）をもらえた。年賦にすると、支払いに遅れたら最大七％の利息が付くが、支払い後に証書を手に入れることができる。台帳に名前が登録されているだけで、土地を売ったり、あげたりすることもできた。一九九二年に〔兄弟間で〕親父の土地を分けたとき、それぞれ残っている割賦を払い、契約書を手に入れた。[2]契約書があると、一〇年間はその土地を売ることができない。

一九五〇年代初頭にこの地域に移ってきた「正規」の入植者や公務員には、開発事業の一環として、政府から低価格の賃貸住宅が与えられた。公営住宅にはランクがあり、最上位の役職を持つ公務員には庭付きの邸宅が、中間管理職や技師には小規模の一戸建て住居が、作業労働者には集合住宅の一戸が割り当てられた（町の地区については、本書第二章を参照）[ʻAbd al-Wahhāb 1959: 38–39]。これらの住宅は、建物の増改築や新築が進む現在でもその面影を残している。集合住宅は、三角屋根が架けられた横長のコンクリート製の建物で、長屋のように一戸ずつ分かれ、前後に敷地があり、通りに面した表側に入口と前庭、裏側に勝手口と庭が設けられていた。

図 11　集合住宅の三角屋根の跡

これらの「正規」の移住者と異なり、「非正規」の移住者は、政府各部局で現地雇用されたり、開発事業の末端で作業労働に従事したりしていたが、公的補助の対象からは外されていた[3]。Gの父親もまさにそうした一人であり、そのため当時まだ多く見られた空き地——契約書において「間地」(mutakhallilāt) と表現された住宅や道路によって用いられていない土地——を利用して、自らの手で簡素な住居を建てたようである。Gによれば、「昔は空き地だらけで、誰でも使うことができたし、許可も必要なかった」「公営住宅に住んでいた公務員も敷地に隣接する空き地を囲い込み、庭にしたり増築したりしていた」という状況であった。

Gの父のような「非正規」の立場から見れば、「正規」の公務員が受けた公的補助は大きく見えただろう。しかし「正規」の人々にとってみれば、これら公営住宅は「無料で与えられた」ものではなく、低額とはいえ「有料で貸し出された」だけであった。大学農場を通じて知り合った農業技師のTは、かつて南タフリール農業社の正規職員であった父親の家について、以下のように語った。

私：バドルでのタムリークについて知っているか？

Ｔ：ああ、知っている。タムリークは一九八〇年代初めからいくつかの段階に分けて始められた。八二年か八三年には、ファトフ〔バドル郡の西側地域〕の土地がシャリカの職員に五フェッダーンずつ分けられた。

私：それは農業用地だろう。マルカズ・バドルの住宅地はどうだったのか？

Ｔ：ああ、それは一九八〇年代半ばのことだな。おれの親父はバドル学校の近くに住んでいたんだ。場所はわかるだろう？　親父はその家を一九七四年に〔シャリカから〕受領した（*istalama*）。

私：家は持ち家だったのか？

Ｔ：いやいや、タムリークは八四年か八五年にされた。その家は、おれたちの前には他の一家に貸し出されていた。シャリカは職員に家を貸し出していたんだ。うちの親父はその一人で〔中略〕。政府住宅は六戸ずつ集まっていて、それぞれ庭と裏庭があった。うちは庭にはオレンジの木と生垣を植えて、野菜も育てていた。裏庭ではニワトリを飼っていた。〔Ｔは彼の父親の家の図を描いた。応接間、二つの寝室、バス・トイレからなる。〕家は六四平方メートルで八メートル四方。敷地は一七五平方メートルだった。〔その図を見て、Ｔの子どもたちが「ここに行ったことある！」と言う。〕実は、おれの両親は、おれたちが去年新しい家を建てるまで、この家に住んでいたんだ。そこはまだ昔のままにしてある。

Ｔによれば、町にあった公営住宅は、一九八〇年代半ば頃から南タフリール農業社職員に分配され、タムリークを通じて所有権の移転が行われたようである。これは、農業用の沙漠開拓地の分配がなされたのとほぼ同時期であった。Tは住宅用地のタムリークの社会的・経済的な効果について、この地域社会の発展の原動力になったと高く評価する。

土地の処分は一九八〇年代初めから活発になった。その頃からここの土地を買う人が増えてきた。大半は農業用地を求める人で、警察や税関職員とか。中には定着して、家を買い、商売を始める人もいた。社会はだんだんお金が動くよう（*istithmārī*）になってきた。それまでここにいた労働者や公務員は、昼間は外で働き、夜になると家に戻ってじっとしていただけ。ほしいものがあれば、近くの店で買う。それだけ。何の動きもなかった。だけど一九八〇年代、あるいはもしかしたら一九九〇年代初め頃からか、宅地開発が突然始まった。それは強制されたものではなくて、自発的なものだった。あのマダーリス通り〔現在では店舗やレストランが立ち並ぶ、マルカズ・バドル西側の学校が多い地区の大通り〕は、一九八〇年代まで何もなかったんだ。警察署の前に学校教師のための宿泊施設があった。いまでも覚えているが、一九八二年に〔中学生の頃〕あそこに個人授業を受けに行ったことがある。あの頃は、本当に何もなかった。

図12　現在のマダーリス通りの様子

もう一つ、別の事例を紹介しよう。マルカズ・バドルの「町の外れ」の地区に住む六〇代男性のSは、一九八〇年代初頭に自宅の土地をタムリークで手に入れた。Sはかつて灌漑省のバドル支部で公務員として雇用されていたが、同じ「公務員」でもSは南タフリール農業社が進めた土地分配の恩恵に与かることができなかった。現在のSの家が建っている土地は「占有」によるものであった。

S：シャリカのタムリークは、シャリカの職員（*mowazzaf*）に限られていた。おれは灌漑省の公務員（*mowazzaf*）だったから、申し込めなかった。それでおれたちのような公務員が集まって、ユースフ・ワーリー（当時の農業・土地開拓大臣）に陳情書を書いたんだ。

私：結果は？

S：何も起きなかった。しかしおれは十分満足している。アッラーのおかげだ。おれはこの土地を占有していて、一九八〇年かもう少し前に始まったタムリークで手に入れた。タムリーク委員会（*lagnet et-tamlīk*）がやってきて、土地を測量した。お金を払えば、すぐに所有権がもらえた。

ここで、Sは二種類のタムリークに言及している。一つは、南タフリール農業社により「分配」された土地のタムリークである。これは、Tが述べた事例と同じく、土地分配政策の一環として一九七〇年代末頃に始められた公的な手続きで、おそらく職員の早期退職と開拓地の有効利用の一挙両得を狙ったものであった。もう一つは、占有地のタムリークである。Gの父親の事例と同じく、Sも自ら占有した土地を、「タムリーク委員会」――おそらく南タフリール農業社の一部局で、Gが言う「所有権係」と同じものだろう――とのやり取りを経て、占有地の権利を手に入れることができた。

これら二種類のタムリークは、目的や対象者は異なるものの、土地の測量や土地保有者の名前の登録、支払い後の契約書の発行といった手続きでは共通する点が多い。この点からすれば、公式的な「分配」と、非公式的な「占有」の違いは、所有権に至る道の違いではなく、所有権を得る可能性の差でしかない。すなわち、何らかの公的プログラムを通じた「分配」の場合は、受益者が将来的な土地所有権を得る可能性が高い。ただしこの場合でも、何らかの代価を支払う必要がある。他方、「占有」はそうした期待度が低く、当局による行政撤去や処分の可能性すらある。バドル郡地域においては、沙漠開拓地の所有者兼管理者である南タフリール農業社が、地域への移住者を引き寄せるために「占有の追認」に乗り出した。人々もこの流れに乗り、対価と引き換えに土地を得ることを選んだのである。

南タフリール農業社は、「対価を支払った者が土地を得る」という単純な規則を導入して、分配の受益者にも、占有者にも、「土地を買う」[4]ことを促し、認めた。前章で確認したように、法的に沙漠開拓地の占有は禁止され、何らかの公的証明がなされない限り、過去の権利も認められないはずであったが、ここでは南タフリール農業社が率先してそうした書類を用意したようである。また、公的な土地分配政策の受益者にも土地を「買わせ」、占有者の場合と同じように、売買契約書を作成していた。この点から、南タフリール農業社が進めていたタムリークとは、分配にせよ、占有にせよ、何らかの方法により土地を手に入れた者に対し、その本来的な所有者である会社が、土地の測量・登記、そして一定の対価の引き換えに、相手に所有権を認め、これを「追認／合法化」(taqnīn)する過程であった。この仕組みを成立させる鍵となったのが、売買契約書である。

それでは、この売買契約書の内容は、いつ、どのようにできあがったのか。次節では、その形成過程を、一九七〇年代半ば以降の関係省令の中から探り出していく。

三　沙漠開拓地の売買契約書の形成

売買契約書のような「公文書」が、南タフリール農業社という一つの機関により独自に用意されたとは考えにくく、むしろ国家や行政官庁が発布する法律や命令によって形作られてきたと考える方が自然である。しかしすでに第三章で沙漠地に関わる法律を見てきたが、その中には該当する記述は見当たらなかった。そこで沙漠開拓地に関係する農業省や灌漑省、住宅省に関わる省令を調べたところ、一九七〇年代半ばから八〇年代初めにかけて発布された省令にいくつかの前例が見つかった。そこでは契約書の形式や内容が徐々に整えられていく過程が示され、時期もバドル郡地域でのタムリーク手続きの実施と矛盾はない。そこで本節では、これらの省令が沙漠開拓地の売買契約書のモデルであったとみなし、その形成過程と内容の変遷を以下に示す。

確認された限り、沙漠開拓地の所有権移転手続きに関する最初の省令は、一九七五年農業省令第三八九追加号である[5]。同令のおもな対象は、当時全国の沙漠開拓地を管轄していた「土地耕作開発エジプト公機関[6]」から土地を借りていた農民、すなわち沙漠開拓地の実質的耕作者だった[7]（第一条）。同令においてタムリークに応募するための要件は一三あり、それはエジプト国籍を持つこと、土地の賃借または占有の開始時までに満二一歳以上であること、刑事罰を受けたことがないこと、専業の耕作者であること、公務員として雇用されていないこと、家族合計で二フェッダーン以上の農地を所有していないこと、タムリークを求める土地を三年以上継続して耕作していること、などである（第二条）。賃借者に対するタムリークの適用規模は三〜五フェッダーンとされ、占有者には追加で一フェッダーン多く認められる（第三条）。応募者は、同令が定める特別委員会による身辺調査を受け（第四条）、これらにもとづき理事会が可否を決定し、承認された者に「タムリーク証書」（shahāda tamlīk）を授与する（第九条）。以下が同令に付属していた証書の見本書式である。

土地耕作開発エジプト公機関
エジプト・アラブ共和国

購入希望者番号

購入者氏名　　　　年齢　　国籍

住所

証書

国の私的所有物として所有される不動産の賃借および処分の組織化に関わる一九六四年法律第一〇〇号の施行により、

本機関に属する開拓地のタムリークに同意する一九七五年四月一七日付の内閣決定および関連決定にもとづき、

この証書は、すでに賃貸借された農地のタムリークに関して、（　　　　）氏に対し授与される。それは、本機関が定める予定に従い、起こり得る増減を認め、売買契約書に含まれる価格および条件に従い、本機関の決定と一致するものとする。このタムリークは、一九（　）年一一月第一日より適用される。

本機関は、購入者の情報が真正でない場合、または購入者がタムリークを組織する法令に規定される要件を侵害した場合には、本証書とともに与えられるタムリーク契約書を取り消す権利を有する。〔後略〕

4　売買契約書

証書の規定によれば、発行後であっても、管轄機関は、手続きの取消しを含めた強い権限を保持していた。証書保有者による不服申し立ては、土地を現場で監督する管理者または農業監察官によって受理され、管轄機関の理事長によって結成された特別委員会によって審査される（第八条）。土地の価格は農業省によって決定され、応募者に交渉の余地はなく、管轄機関にも決定権がない（第一一条）。この証書は、後の契約書の原型ということができるだろう。

翌年には、「建設農業開発計画公機構」[8]管轄下の沙漠開拓地のタムリークに関する一九七六年農業省令第七一追加号が発布された[9]。同令には「売買契約書見本」（namūdhaj ʻaqd bayʻ）が付随していた。二者間の契約の形式をとる点で、管轄機関が一方的に与えるだけの証書とは異なる。契約書見本において、売り手（甲）は建設農業開発計画公機構とその理事長、買い手（乙）は「エジプト国民」と表現された。「農民」に限定されていない点も証書とは異なる。第一条では、甲が当該地を乙に「売る」ことが明確に述べられる。

第一条

甲は、乙に以下の範囲の土地を売却する。それは、（　）フェッダーン、（　）キーラート、（　）サフムで、（　）県の（　）郡の（　）地区に位置し、その境界と範囲は以下に示される。

第二条では土地の価格、第三条では年賦による支払い、第四条では買い手の一般責任が定められる。第五条では、当該地の「処分」（taṣarruf, 当該地の売却、この文脈では「転売」を意味）について買い手に課される制限が示される。当該地は、この売買契約により買い手の「所有物」となるにもかかわらず、買い手が当該地を第三者に「処分」するためには、対価の支払いを済ませ、タムリークから一定期間[10]が経過した上で、さらに管轄機関から「書面による承認」を得ることが必要とされた。第七条では、契約締結後の五年間に限り、必要な場合に公共の利用のために国が当該地を収用する優先権を認める。これらの条件は、当該地が契約により売却され、その支払いが完済した後でさえ、契約書の題名「優先権の保持を伴う売買契約書」（ʻaqd bayʻ maʻ hifẓ haqq al-imtiyāz）の通り、管轄機関に優先権が認められることを意味する。

この翌々年の一九七八年には、国有の荒蕪地および沙漠地の占有者に対するタムリークの要件に関する一九七八年土地開拓省令第一六四号が発布された[11]。同令は、同年一一月に官報に掲載されたので、Gの予備売買契約書に記されていた南タフリール農業社による占有の承認に関する理事会決定の約一年前に出されたものであった[12]。一九六四年法律第一〇〇号を現行法として、第一条では占有者がタムリークを請求することができると定める。

> 第一条
>
> 一九六四年法律第一〇〇号の規定と反しない限り、国の私的所有物[13]の一部である荒蕪地および沙漠地を占有するすべての者は（kull wāḍiʻ yad ʻalā arḍ）、所轄の行政機構からの事前許可の有無にかかわらず、また土地周辺の囲いの設置の有無にかかわらず、その土地の所有権取得（tamlīk）を請求することができる。ただし、当人がその土地を実際に開拓していることを条件とする。これらは、本決定に含まれる条件および要件に従う。

第二条ではタムリーク申し込みの方法が定められる。それは、管轄機関（この場合は、土地開拓基金[14]）に名前や国籍、ＩＤ番号、土地の範囲や境界などの詳細を記した要望書を提出し、手続き費用と預託金を支払うというものである（第四条）。要望書は、関係省庁の公務員からなる特別委員会に送付され（第五条）、管轄機関から同委員会に与えられた権限により、土地測量や価格設定がなされ、要望の諾否が決定される（第六条）。要望が拒否された者は、土地開拓省内部に設置された委員会に上訴する権利を有する（第八条）。許可された場合には、通知の二年後から代価を年賦で支払い始める（第一一条）。先の売買契約書見本と同様に、本令第一一条にも購入地の「処分」の制限が見られる。本令では経過期間は最初の「五年間」とされ、その後も「処分」のためには管轄機関からの「書面による承認」（muwāfaqa kitābīya）を得る必要がある。

第一二条

本令の諸規定に従い売買された土地の処分は、売買契約の締結日から少なくとも五年が経過するまでは、行うことができない。その売買は、処分の日までにすべての割賦払いが完了していること、および土地開拓基金から処分に関する書面による承認が得られていることを条件とする。

最後に一九八二年建設・住宅・土地開拓省令第一二七号により、農業専門学校および大学の卒業生への分配地のタムリークが認められた[15]。同令には「予備売買契約書草案」（mashrū' 'aqd bay' ibtidā'ī）が添付される。草案は、前出の一九七八年省令第一二七号と同じく、売り手（甲、土地開拓基金の代表者）と買い手（乙）の氏名とID番号の記載から始まる。序文――第一条によれば、契約書の「分割されない一部」（juz' lā yatajazza'u）――では、沙漠開拓地を卒業生に分配する基礎となる法令が列挙され、第二条では契約書の概要が述べられる。

第二条

甲は、以下の農地を乙に売却する。

（　）フェッダーン、（　）キーラート、（　）サフム、（　）県の（　）郡の（　）地区、（　）社、

（　）農場、（　）部、（　）区、（　）単位。

この範囲は、一九七六年省令第五五四号第四条の規定に従い、各単位における一〇％を上限として（測量上の）増減を認め、不動産登記所での登記時の正式測量を最終決定とする。

本土地の範囲は以下の通り。

海側（北側）：　　東側：

上側（南側）：　　西側：

第三条では土地の価格が定められ、第四条で年賦払いの詳細が規定される。第八条では当該地の「処分」に関する制限が示され、その規定はより一層厳しいものとなっている。

第八条

乙は、本契約書への署名の日より一五年が経過するまで、あらゆる形により当該地、またはこれに付属する設備の全部もしくは一部を処分すること、その土地に関する物権もしくは付属する権利を設定すること、ならびに第三者にこれらの実行を許すことができない。ただし、定められた諸規則に従い、土地開拓基金理事会からの承認を得た場合には、この限りではない。

ここでも「処分」までの経過期間が設けられ、「一五年」とさらに長くなっており、機関承認も必須であった。加えて第九条では、「本契約書が、通達、警告または司法手続きがなくとも無効とみなされる」五つの不履行項目が含まれるようになった。それらは、支払い遅延、公務員採用、当該地の放棄、指定外目的のための当該地利用、当該地の賃貸である。過去の契約書見本では、支払い遅延のみが処罰を生じ得るものとして言及されていた（ex. 一九七八年省令第一六四号の第一一条）。この点は、売買契約書がより一層形式的に整えられ、「公式的」性格を得たことを意味する。また、本草案では、契約に由来するすべての係争は、従来のような内部委員会ではなく、「地方の裁判所」（mahkama mahalliya）によって扱われることになった（第一三条）。契約書の複製三部の用意と「その一部を乙が受領すること」とする第一四条の規定にも「公式的」性格が見られる。

以上を踏まえて、Ｇの売買契約書を見ると、二つは多くの共通点を持つ。Ｇの契約書の第二条では次のように述べられる（＊印は引用者による伏字、括弧内は契約当事者による書き込み）。

第二条

甲は、提示された情報にもとづき以下の土地を乙に売却する。その地番は、（タフリール県）地区の（バドル）村の（バドルの間地）である。その範囲は（＊＊＊）平方メートルとする。これには一定の増減が認められ、コーム・ハマーダ不動産登記所付属の測量局による最終決定で定められる。その境界は以下の通り。

上側（南側）：（隣家、＊＊＊メートル幅）　東側：（通り、＊＊＊メートル幅）
海側（北側）：（隣家、＊＊＊メートル幅）　西側：（隣家、＊＊＊メートル幅）

第三条では、土地の合計価格と支払いの日程が示され、第四条から第六条には関連する土地価格が示される。第七条は、乙が契約への不服申し立てまたは陳情を行う権利を放棄することを定める。第八条では、当該地の「処分」の制限について、次のように述べられる。

第八条

乙は、一親等の親族を除き、本契約の締結の日付より一〇年が経過するまで、あらゆる形により当該地を第三者に譲渡または売却し、契約の対象として処分することができない。

一〇年の経過後、買い手〔乙〕は、売却または譲渡による処分権を与えられる。ただし、それは以下を条件とする。

（1）買い手〔乙〕は甲から書面による承認を得ること。

（2）譲渡引受人は、譲渡の手続きに関わるすべての支出を負担し、その額は甲が定めること。

乙が前述の第八条第一項および第二項を侵害した場合には、その処分は無効となり、本契約は、通達、警告またはあらゆる追加手段なしに取り消される。この場合には、乙は、甲の求めがあれば、当該不動産、すなわち本契約の対象を甲に引き渡さなければならない。これには当該地に建てられたすべての建物が含まれ、当該不動産に費やされた支出に対する乙への補償なしに、甲に引き渡される。

Gの契約書では、買い手は購入した土地を第三者に売るために「一〇年」待たねばならず、その後も南タフリール農業社から「書面による承認」を得なければならない。買い手がこれらの条件を破った場合には、会社に、当該不動産すべてを補償なしで取り上げる強い権限が認められる[16]。契約に由来するあらゆる係争の審理は、当該不動産のある地域の裁判所に委ねられ（第一四条）、契約書の複製三部の用意とその内の一部の乙の受領が定められる（第一五条）。経過期間の長さや細かな表現に違いはあるものの、Gの「予備売買契約書」は、一九八二年建設・住宅・土地開拓省令題一二七号に添付された「予備売買契約書草案」とほぼ同内容と言えるだろう。

こうして一九八〇年代初頭には、沙漠開拓地を個人や民間企業に払い下げる仕組みとしての売買契約書が整えられた。この時期は、沙漠地に関する現行法である一九八一年法律第一四三号の成立と一致する。同法は、許可のない占有を厳しく禁止するが、すでに存在している占有を追認するという二重規定を持っている。売買契約書は、こうした一筋縄では行かない現状を法の枠組みの中に取り込み、沙漠地の所有権の秩序を保つ役割を持っていた。売買契約書は、国家と個人の両方から求められ、その結果、両者を結びつけるものとなっている。

四　沙漠開拓地の所有権の多層構造

Ｇの契約書の序文に記されたように、国家は南タフリール農業社に土地の権利を与え、同社は、占有者を含む地域住民に所有権を与えた。この所有権の構造は、「国家→南タフリール農業社→個人」という三層構造になっている。前節で取り上げた数々の契約書見本を見ても、この多層構造はおそらく他の沙漠開拓地に共通するが、中間項となる公的機関の種類や数は時代と地域によって異なるだろう。本節では、バドル郡内の他の土地売買契約書の内容から、売買契約書を通じて結ばれる国家と個人の間の多層的関係性について考察してみたい。

第二章で述べたように、バドル郡の中心の町、マルカズ・バドルには歴史的背景が異なる複数の地区があるが、中でも近年最も住宅建設が盛んな地区が、北西部の「ガマイーヤ地区」（*arḍ el-gamaʿīya* / arḍ al-jamʿīya「組合の土地」の意）である。私は、ガマイーヤ地区の土地の売買契約書をＧの親しい友人であるＷから見せてもらった。Ｗの契約書によれば、この組合の正式名称は、「タフリール県住民のための住宅建設協同組合」（al-jamʿīya al-taʿāwunīya li-bināʾ al-masākin li-l-muwāṭinīn mudīrīya al-taḥrīr）で一九七八年に設立されたようである。しかしフィールドワーク中に組合の事務所を探しても一向に見つからず、人々は口々に「組合は解散した」「ずっと昔につぶれた」と述べた。Ｗによれば、ガマイーヤ地区の土地売買に関する実務は、南タフリール農業社が担っているようである。Ｗの契約書の束の中に「協同売買契約書」（ʻaqd bayʻ taʻāwunī）がある。一九九七年に発行され、組合とその代表者を売り手（甲）、Wを買い手（乙）とする。序文——第一条によれば、契約書の「分割されない一部」——には、以下の内容が記される。

（1）（一九）七八年第六八四号として登録された、タフリール県住民のための住宅建設協同組合の理事会は、（一九＊＊）年に開かれた理事会において、乙に以下の土地を払い下げる（yukhaṣṣiṣu）ことに同意した。

《土地範囲》

場所：（三〇フェッダーン区画の＊番）の内（二二五平方メートル）。

《境界および近隣》

海側（北側）：（＊番地、一五メートル幅）　東側：（＊番地、一五メートル幅）

上側（南側）：（＊番地、一五メートル幅）　西側：（＊番地、一五メートル幅）

契約書の第二条では、代金の支払い額と方法が示され、第三条には、支払い方法の詳細が記される。これらによれば、Wはすでに支払いを終えていた。第四条には、Gの契約書では序文に含まれていた情報だが、同組合が南タフリール農業社から町の中の「一〇〇フェッダーンの土地を買った」こと、その予備売買契約書が「一九八〇年四月一日」に発行されたことが記される。すなわち、ガマイーヤ地区の土地所有権は、「国家→南タフリール農業社→住宅組合→個人」という四層構造となる。買い手の「処分」制限は、第五条で定められる。

第五条

すでに同意された通り、乙は、以下の条件に従い、本物件（al-'ayn）の処分権を有しない。

（a）乙は、払い下げられた物件を、四親等までの親族に譲渡することができる。ただしその親族が協同組合の成員で、家系を辿ることができることを条件とする。

（b）右の例外を除き、乙は、組合内規に記された方法により支払い分が戻される甲以外の者に対する本物件の処分が禁じられ、甲以外への処分はすべて無効とする。同様に、乙は、組合理事会の同意を得ない限り、本物件の物権を得られない。

（j）本物件の所有は、個人的な利用および払い下げに関わる理由を目的とする。

（d）乙は、建築住宅協同組合公機構が定め、適用する規則によらない限り、本物件を賃貸することができない。組合員には、組合が同意し、認める理由により、土地区画の相互交換が認められる。

（w）乙が死亡した場合には、その法定相続人があらゆる相続において被相続人に取って代わる。これは、死亡証明の法的証書、および当該相続人と残りの相続人との関係を表す合意文書が提出された後、組合において当該相続人の認定と組合員資格が受け入れられることを条件とする。これらの書類は組合に保管される。

（z）乙は、本契約に伴う組合内規の全規定に従わなければならない。本契約はその一部であり、分割されることがない。

興味深いことに、Ｗの契約書には「処分」制限に関わる経過期間と書面による同意の規定が含まれていない。

この点で「処分」の制限は比較的緩く、特に家族内――ここには四親等の親族（つまりイトコや祖父母のキョウダイなどまで）という広い範囲が含まれる――の譲渡や死亡時の相続が可能であることが明記されている。組合成員間の土地の交換も認められている。反対に、親族や組合以外の人間に対する売買や譲渡、賃貸は、厳しく制限されている。

当然のことながら、所有権の移転は、対価の支払いを要件とする（第九条）。実はWはこの土地を別の所有者Kから買っていた。このことを示す二通の契約書が、Wの契約書の束の中に含まれていた。一通は、同組合を売り手（甲）とし、元の所有者Kを買い手（乙）とする一九八三年発行の「協同売買契約書」である。これによれば、Kは一九八三年にガマイーヤ地区の当該地を買った（第三条）。先述の通り、この組合は一九七八年に設立されたので、おそらくKは組合からこの土地を買った最初の人間であった。WはKからこの土地を買ったのである。二人はまず当事者の間で、「私人間の契約」として、土地および組合成員権の「譲渡」（tanāzul）に関する手書きの契約書を交わした。これが土地売却の一九九七年七月のことである。この後にWはKに対価を支払い、Kは土地と組合に関する権利をWに引き渡した。次いで同年一一月に、Wは「協同売買契約書」を組合――実際には、事務を代行する南タフリール農業社――との間で作成し、この土地を正式に「買った」。譲渡契約書によれば、Kはすでにバドル郡地域を離れ、カイロに居所を移していたので、これが土地売却の理由となったことが推測される。なお、譲渡に際しては、先の第五条により、WとKが四親等内の親族であることが条件とされたはずである。この点についてはは確認することができなかったが、二人が

図13　ガマイーヤ地区の区画

図14　Yの家

ともにエジプトのマイノリティーであるキリスト教徒であったことから何らかの血縁関係がある可能性はある。あるいは、この規則がそれほど厳密には守られていなかった可能性も否定できない。

Wの契約書が示すガマイーヤ地区は、組合が活動を停止していたため、書類上は四層構造であるが、実務的には南タフリール農業社を中間項とする三層構造になっている。これに対して、バドル郡内の村の土地に関わる次の事例では、南タフリール農業社から土地を「買った」ある農業協同組合が第三層となる、明確な四層構造を示している。それは、本書の「はじめに」で述べたYの土地の売買契約書である。

Yは、結婚した当初はX村にある親の家に同居していたが、後になって村の中に自分たち夫婦のための独立した家屋を建てた。Yによれば、彼が結婚した一九九〇年代には、X村の土地の大半はまだU農業協同組合によって所有され、ほとんど個人の手に渡っていなかった。一区画が五〇〇平方メートルと広く、その分高価であったためである。当時のYにとっても容易に払える金額ではなく、Yは姉の夫（義理の兄弟）と共同購入することにし、一九九九年にU組合と売買契約を交わした（買い手の名はYの姉の夫）。これが最初の契約書、「居住区画地に関する予備売買契約書」（ʿaqd bayʿ ibtidāʾī li-arḍ al-tawassuʿ al-iskānī）である。

序文によれば、売り手であるU組合は、一九七九年に設立され、一九八三年に南タフリール農業社から「予備売買契約書」を通じて数千フェッダーン[17]の土地を得た。そしてその内の数百フェッダーンを「住宅区画地」（arāḍī tawassuʿ iskānī）とし、数千フェッダーンの土地内部に点在する集落の居住地に割り当てた。契約書の第一条では、

U組合が南タフリール農業社から売買対象の土地の所有権を得ていることが確認される。

第一条

甲〔U組合〕は、本契約の対象となる土地の所有権が、序文に記された通り、南タフリール農業社から発行された売買契約書によりすでに甲に移転されていることを確認する。

この点で、U組合の土地の所有権は、先に見たWの住宅協同組合とまったく同じ構造にある。第二条には、売買対象となる土地の範囲と近隣関係の詳細が書かれており、区画の大きさは「五〇〇平方メートル」である。第三条には対価となる金額と支払い方法の詳細が記される。これらの点はGやWの契約書とほぼ同じであるが、この契約書には他と異なり、「処分」の制限に関わる規定がなかった。Yに尋ねてもその理由は定かではなかったが、共同購入後に土地を分割することを考えていたYたちにとっては都合がよかったようである。実際、購入から三年後の二〇〇二年に、Yたちはこの土地を四分割し、Yはその一つ（一二五平方メートル）を手に入れ、その他の三区画は第三者（親族以外の者）に売却された。Yの手元には、この時作成した二通の契約書が残っている。一通は手書きで二〇〇二年三月に作成されたもので、Yが姉の夫を代理して「売り手」となり、姉の夫の持分を第三者に売却する内容であった。先述したKとWの間の譲渡契約書と同じく、「私人間の契約」である。

もう一通は、Yが自らの持分である一二五平方メートルについて、二〇〇二年一一月にU組合と改めて売買契約書を作成したものである。契約書の序文はほぼ同一内容であるが、先に見た一九九九年の契約書ではU組合はコーム・ハマーダ郡登録であったのが、二〇〇二年の新しい契約書ではバドル郡登録に変更されている（この変化については本書第一章を参照）。第一条で所有権が確認され、第二条で土地の範囲と近隣関係、第三条で金額が記される。新しい契約書では、第六条に「処分」の制限を課す条項が加えられ、そのため契約書の条文は一〇条から一一条に増えている。その内容は、Ｗの契約書の規定に近い。

第六条

乙は、本組合の内規に従う責務を有する。同内規は、組合員は自らに払い下げられた土地を四親等までの親族に譲渡することができること、それ以外の場合にはその土地を待つ者（aḥd al-muntaẓirīn）に譲渡することを定める。乙は、本組合と相談し、本組合理事会からの書面による承認を得ない限り、自らに払い下げられた土地の全部または一部を、第三者に売却し、譲渡することができない。これに反するあらゆる譲渡は無効とし、警告または司法命令を必要としない。この場合には、乙は、法律または契約による証明を持たない侵奪者（yad-hu ghāṣib）となり、甲は、緊急の司法命令により、払い下げられた物件から乙を排除する権利を有する。同様の規定は、本契約の第五条に記された技術的制限に違反した場合にも適用される。

本契約書によれば、当該地は、Ｗの契約書と同じく、四親等までの親族への譲渡が可能とされる。親族以外の場合の「その土地を待つ者」とは、購入希望者のことであろう。いずれにしても、続く一文に記されたように、譲渡を行う場合には、管理者である組合に相談し、「書面による承認」を得なければならない。組合の規定に反した譲渡を行った場合には、「侵奪者」として扱われ、排除や撤去の対象となり得る。これは他の契約書にない厳しい表現であった。ただし、Ｗの契約書と同じく、「処分」制限に関する経過期間は設定されていない。この点でＧの契約書とは異なる。

以上のように、本節で示したＷとＹの土地契約書は、前節で見たＧのものといくつかの点で対比される。Ｇの土地は、Gの父親が占有し、タムリークを通じて得たものであり、それを相続によって分割し、対価を支払って、南タフリール農業社との間で「予備売買契約書」を作成し、所有権を確定したものである。占有からタムリーク、相続の経緯の点はやや入り組んでいるが、Gの土地所有権は、「国家→南タフリール農業社→個人」という三層構造を示している。これに対して、WとYの事例では、それぞれ「組合」――なお協同組合はエジプトの文脈では、管轄官庁の公務員が出向する点で「公的性格」を持つ点に注意したい――というもう一つの中間項が間に入る。組合が南タフリール農業社から「予備売買契約書」により広範囲の土地を買い、その一部を組合員に売る（譲渡する）という形をとっている。WとYの事例では、それぞれ先に組合から購入した者が存在し、その者から土地を「私的に」買った上で、組合に売買を登録し、組合から「組合売買契約書」を得て、「公的に」買ったことにしている。こちらは、「国家→南タフリール農業社→組合→個人」という四層構造になっている。

組合成員間の譲渡や交換は比較的緩やかに認められているようである。一九七〇年代半ば以降の省令付随の契約書見本や草案、Gの契約書とは異なり、「処分」のための経過期間の規定がない。これは、組合ごとに許された自由裁量の結果とも見ることができるし、あるいは所有権構造が多層化し、中間項が増えたために責任の所在が分散し、国家的統制が行き届かなくなった結果とも考えられる。いずれにせよ、バドル郡地域における土地利用の実態は、法律で論じられる占有の禁止と追認をはるかに超えた複雑な状況があることを示している。

五　おわりに

本章は、沙漠地が一九五〇年代以降の立法によって法的・理念的に「国有地」にされたことを踏まえつつ、それがどのようにして個人によって「私有」されるようになっているのか、バドル郡地域で見られたタムリーク（所有権移転）手続きと売買契約書の仕組みから考察した。前章では、法律の条文読解から近現代エジプトにおける沙漠地の法の展開に焦点を当てたが、本章では、バドル郡地域という具体的な場において人々が沙漠開拓地（開発により沙漠に手が加えられた土地）をどのように扱い、その際に用いる手続きや制度はどのようなものかという具体的な位相と実践に注目した。

　第二節に見たように、最初に手掛かりを示してくれたのは、アパート大家Ｇであった。Ｇは自身が所有する土地の売買契約書の実物を見せ、その上で土地と契約書を入手するに至った経緯を語る中で、バドル郡地域で行われた占有行為と公的機関による追認であるタムリーク手続きの重要性、それを実施する南タフリール農業社の役割を示唆した。他の住民にタムリーク経験を尋ねることを通じて、タムリークには、非公式的な占有の追認だけでなく、土地分配政策により与えられた土地の所有権を確定する性格を持っていたことが明らかになってきた。いずれの状況においても、タムリークは土地の測量と登記、対価の支払いの三点を終えた後、売買契約書を作成することで手続きが完了する。

　このタムリーク手続きを支える契約書は、どのようにして形作られたのか。それは、南タフリール農業社独自の発想であったのだろうか。そのような疑問から沙漠開拓地のタムリークに関わる法令を広く調査したところ、一九七〇年代半ばから八〇年代初頭にかけて発布された関係省令に契約書の原型と草案が見られることが明らかになった。第三節では、一九七五年の省令に付随する「タムリーク証書」から、七六年省令の「売買契約書見本」、八二年省令の「予備売買契約書草案」まで、次第に契約書の形式と内容が整えられていく様を跡づけた。これらには共通して、「買った土地」の第三者への「処分」、すなわち転売の制限――具体的には数年の経過期間の設定――が含まれており、沙漠開拓地の「国有地」としての由来を感じさせる。

　しかし第四節で、バドル郡内の他の地域の土地に関する売買契約書を検討する中で、沙漠開拓地の所有権構造にはさらなる展開があることが示された。Gの契約書は、南タフリール農業社との間で作成されたが、第四節で取り上げたWとYの契約書はそれぞれ南タフリール農業社から土地を買い、自らその管理主体となっている「組合」との間で作成されていた。これら組合は、土地の管理運営において、南タフリール農業社の方法に準拠しつつも、異なる規定を持っていた。特に組合の契約書には、「処分」制限における経過規定の設定がなく、四親等までの親族には比較的自由に譲渡が認められる。組合の存在は、国家と個人を繋ぐ中間項の数や種類が増える可能性があること、その分「国有地」的統制が緩む余地があることを示唆している。

本章では、バドル郡地域での実践から、売買契約書が沙漠開拓地の私有を理解する鍵であることを見出した。公的機関である南タフリール農業社は、国家の代理人として土地を売り、個人や組合がこれを買い、同社が発行する売買契約書を手に入れる。両者にとって、契約書は、土地売買の合法性と、土地所有権の正当性の両方を象徴する。国家——実際には南タフリール農業社や組合に属する「公務員」——と個人は、隣り合って署名することを通じて、互いを認識する。何か問題が生じれば裁判所に持ち込まれ、そこで問題の解決が図られることになる。言うまでもなく、裁判所は国家権力の一翼であり、裁判所は地域社会における司法体制の象徴である。契約書を通じて、個人は司法に訴える権利を得、国家は土地の所有権を確定し、秩序を得る。国家と個人は、沙漠地の所有権に関して、それぞれの利益のため「共謀」する道を選んだようである。

このように売買契約書は問題含みの仕組みであるが、それを人々が抜け目なく利用している点を忘れてはならない。人々は、「お上」によって用意された沙漠開拓地をありがたく受け取るだけの受動的な存在ではない。法的には禁止される占有行為を行い、それが許容される範囲を見定めつつ、自らの資産を広げる機会を窺っている。国家の法に対する人々の抜け目のなさは、持つ者から持たざる者まで、変わりはない。本章で論じた売買契約書の用い方そのものが、そのような法の埋め込まれた社会を巧みに生き抜く人々の技を示しているように思われる。

註

（1）Ｇが述べる時期は、後に別の人物（ＴやＳ）が述べる時期とは異なる。住民の語りの中では、一九七〇年代末から一九八〇年代がタムリークの時期として参照されることが多い。Ｇが支払いを終えたのが一九九二年、契約書の作成が一九九五年であるように、タムリーク手続きと契約書作成の時期は必ずしも一致しない。契約書の作成は、各自の経済的状況により遅れることが多いようである。

（2）契約書によれば、約七五平方メートルの土地に対して、約三七〇ポンドの金額であった。一九九二年という時点においても、住宅地の対価としてきわめて安いと考えられる。

（3）建設労働者には上エジプト出身者が多く、後のバドル郡社会の重要な構成要素となった。現代エジプトの移動労働者を論じた人類学者ジェイムズ・トスの著作にも、タフリール県への言及が多く見られる［Toth 1999: 117-121］。

（4）「対価の代わりに財産または財産権が移動する」とは、まさに「売買」（bayʻ）が示す事柄である［Bambale 2007: 43］。

（5）「農民に賃貸された開拓地のタムリークの要件と条件に関する一九七五年農業省令第三八九追加号」（Qarār Raqm 389/m li-Sana 1975 bi-Qawāʻid wa-Shurūṭ Tamlīk al-Arāḍī al-Mustaṣlaḥa al-Muʼajjara li-l-Fallāḥīn）。一九七五年八月二〇日付の官報により公布。

（6）一九七一年アラブ連合共和国大統領令第二四三〇号による。本書序章の第三節第三項「沙漠開拓地の行政管轄」、および序章註一二を参照のこと。

（7）開拓地の賃貸借の要件と条件は、一九七〇年土地開拓大臣令第三七三号や一九七三年土地開拓国務大臣令第一〇五号などによって定められた。これらの省令に記載された情報によれば、タムリークは一九七五年四月一七日付の閣議で初めて取り上げられ、その議論が後の一九七五年農業省令第三八九追加号の土台となった。

（8）一九七五年エジプト・アラブ共和国大統領令第二六九号による。序章第三節第三項および序章註三を参照のこと。

（9）「建設農業開発計画公機構管轄下の開拓地の売却契約書見本の発行に関する一九七六年農業省例七一追加号」（Qarār Wizārī Raqm 71/m li-Sana 1976 bi-Iṣdār Namūdhaj ʻAqd Bayʻ Arāḍīn Mustaṣlaḥa Tābiʻa li-l-Hayʼa al-ʻĀmma li-Mashrūʻāt al-Taʻmīr wa-al-Tanmiya al-Zirāʻīya）。一九七六年七月八日付の官報による公布。

（10）手元にある文書の保存状態が悪く、何年の待機期間が求められているのか、読み取ることができなかった。後述する他の契約書では五年から一五年まで幅広い。

（11）「国有の荒蕪地および沙漠地の占有者に対するタムリークの要件に関する一九七八年土地開拓省令第一六四号」（Qarār Raqm

164 li-Sana 1978 fī Sha'n Qawā'id Tamlīk Arāḍī al-Dawla al-Būr wa-al-Ṣaḥrāwīya ilā Wāḍiʻī al-Yad ʻalay-hā)。一九七八年一一月一八日付の官報による公布。

(12) 南タフリール農業社のタムリークに関する理事会は一九七九年九月一九日なので、本省令の公布は、その一〇ヶ月前にあたる。なお、本省令を含めて、本節で提示される省令は基本的に「農地」に関わるものであるが、Gの契約書に関わる会社の理事会決定は「住宅地」に関わるものであった。ここでは、「農地」と「住宅地」の間にタムリーク手続き上の差がないことを想定しているが、この点についてはさらなる検討が必要であろう。

(13) amlāk al-dawla al-khāṣṣa のこと。その規定は、第三章の註二二を参照のこと。

(14) 「土地開拓基金」(sundūq arāḍī al-istiṣlāḥ)は、一九七七年エジプト・アラブ共和国大統領令第三四号により農業省に設置された。一九七七年二月三日付の官報により公布。

(15) 「一九八二年省令第一二七号」(Qarār Wizārī Raqm 127 li-Sana 1982)。一九八二年四月二二日付の官報による公布。

(16) こうした買い手の立場の弱さは、「予備(ibtidāʼī)」と呼ばれる売買契約書の名称とは無関係であるようである。本契約の「確定(nihāʼī)」は、不動産登記所での土地測量と登記を必要とするが、契約内容や土地利用条件に変化を生じさせないからである(第一二条)。

(17) 実際の契約書には、詳細な数値が書かれているが、組合や村の特定を避けるため本文では曖昧な表現に変えてある。

●第三部　人々が依拠する社会関係

第五章　苗農場で働く——沙漠開拓地における農業実践

一　はじめに

古来、エジプト農業はナイル川の氾濫を利用した「ベイスン灌漑」で知られるが、近代に通年灌漑化が進展し、現代ではアスワーン・ハイダムに蓄えられた水に依存している〔長沢　二〇一三〕。ナイル川流域の耕作地は、「古い土地」と呼ばれ、六〇〇～六五〇万フェッダーンに上る〔Kishk 1999: 50–51〕。これと対になるのが、沙漠地や沼沢地を開拓した「新しい土地」である。一九五〇年代以降、「新しい土地」の拡大は開発目標の一つに定められ、二〇一二年の統計によれば、「新しい土地」の面積は約二七八万フェッダーンとなり、「古い土地」の三分の一を超える規模に達している〔CAPMAS 2014: 113〕。加えて、統計に表れない非公式の開拓地が一〇〇～二〇〇万フェッダーンあるとも言われる〔Sims 2014: 103〕。

「新しい土地」の大部分を占める沙漠開拓地は砂地で有機物が少なく、灌漑設備や社会基盤の整備に多くの費用と時間がかかるため、開発推進の是非については異論も多く、政治的争点となることも少なくない(1)。現代エジプトの沙漠開発政策を論じたディヴィッド・シムズ〔Sims 2014〕は、開発行政の問題点を多く指摘するが、すべての開拓地が、彼の著作のカバー写真に示されるような、打ち捨てられた農場になるとはいえないだろう。少なくとも本書が対象とするバドル郡は、半世紀以上の歴史を持ち、耕地面積約一六万フェッダーン、人口約一六万人を有する地域社会に発展している。地域の主要産業はいまも農業であるが、中心の町マルカズ・バドルには、行政機能や商業活動が集まる［Sherbiny, Cole, and Girgis 1992: 4］。

バドル郡地域の農業構造は、以下の三点の特徴を持つ。第一に、一九七〇年代後半から土地所有権が整理され、確定された（本書第四章を参照）。第二に、地域社会のアクターは、地域に生まれ育った第二、第三世代に代わっている。新しい世代にとって、土地分配や占有の追認は昔話となり、そうした利益を得た親や家族がいない限り、自身は限られた資源と選択肢の中で生きる道を探る必要がある。第三に、一九八〇年代半ば以降の農業自由化により、農業省や農業協同組合を通じた作付指示などがなくなり、投入財への補助も削減される中で、「稼ぐ」ための多種多様な農業周辺産業が生まれている。特にマルカズ・バドルには、農薬や肥料、農業機械や部品を扱う店舗が立ち並び、新たな経済状況を示している。

本章では、沙漠開拓地バドル郡における農業の状況を明らかにするため、この地域で盛んに行われる農業周辺事業の一つ、「苗農場」（mashtal、以下「マシタル」とも表記）を取り上げる。多くの場合、民間資本によって経営される苗栽培事業に、どのようにして人々が参入し、その中で働き、どのように生計を得ているのかを論じる。事例とする苗農場は、経営者Zの名から「Z農場」と呼ぶ。本章の中でZとともに重要な登場人物となるのは、Z農場における会計兼農業指導者である農業技師Yである。序章第四節に記したように、私はまずYと出会い、Yを通じてZ農場を知った。当時、Yは二〇代半ばと私より少し年上、Zは三〇歳前後で私とほぼ同年齢であった。Z農場は、Zの父や兄が出資した家族事業であったが、若いZが実質的な経営を任され、農業経験豊富なYが業務を補佐する体制になっている。

本章の構成は以下の通りである。まず第二節では、苗農場を含む沙漠開拓地農業の状況を、統計から示す。第三節では、事例とするZ農場との「民族誌的出会い」を述べる。第四節では、マシタル事業の経営について、ZとYをそれぞれ経営者と技術者の代表に見立て、各集団における人の繋がりや交流、社会関係のあり方を論じる。

二　沙漠開拓地の農業と農作物

1　農作物

先述の通り、エジプトの農業統計では、ナイル川流域内の農地を「古い土地」、流域外の沙漠開拓地を「新しい土地」と表現する。ただし、エジプトで最も主要な統計資料である中央動員統計局（CAPMAS）による『統計年鑑』では、全国の耕地面積や生産量の表示において、「古い土地」における農業の伝統的な季節区分にもとづく「夏作物」と「冬作物」、ナイル増水期に栽培される「ニーリー作物」という範疇が用いられる。これら範疇では「古い土地」「新しい土地」の違いは示されないため、ここから開拓地農業の状況や農業生産全体における割合を読み取ることは難しい。たとえば、農業生産関連表では、「冬作物」には主食の小麦や飼料のクローバーが含まれ、「夏作物」には換金作物である綿花やサトウキビ、主食を補う米やトウモロコシなどが含まれる［CAPMAS 2009: 107–109］。しかしここには、沙漠開拓地でしばしば観察されるオレンジやマンゴーなどの果物類が含まれていない。

そこで、より実態に近い統計情報として、農業・土地開拓省経済問題部による『農業所得推計報告書（二〇一〇年）』（以下、『農業所得』）を取り上げる［Qiṭāʿ al-Shuʾūn al-Iqtiṣādīya n.d.］。これには、「新しい土地」「古い土地」「新旧土地合計」のそれぞれに関する「植物、動物、魚の生産価額、投入財および純利益（現行直売価格による）」の諸表が含まれているため、その数値を利用して「新しい土地」における農業生産を概観してみることにする。また、偶然に

表5　2010年の新旧土地の比較

資料	項目	古い土地	新しい土地	古：新
『統計年鑑』	耕作地面積	6,117,723	2,623,399	70 : 30
『農業所得』	作付面積	11,629,804	3,470,677	77 : 23
『農業所得』	耕種生産価額	85,593	31,884	73 : 27

出典：［CAPMAS 2014; Qiṭā‘ al-Shu’ūn al-Iqtiṣādīya n.d.］より筆者作成。面積の単位は１フェッダーン、価額の単位は100万ポンド。

表６　新旧土地合計の農業生産価額と作付面積

品類	生産価額	合計比	作付面積	合計比	1フェッダーン当り価額
穀類	36,134,080	31	6,885,426	46	5.25
豆類	1,107,101	1	231,802	2	4.78
繊維	3,414,908	3	377,092	3	9.06
油脂類	1,976,557	2	323,552	2	6.11
砂糖類	6,460,486	5	706,015	5	9.15
ねぎ	1,940,054	2	168,171	1	11.54
にんにく	686,220	1	23,034	0	29.79
生飼料	17,777,836	15	2,684,839	18	6.62
乾燥飼料	5,376,538	5	3,186	0	N.A.
野菜	21,236,320	18	2,111,746	14	10.06
野菜種子	416,534	0	N.A.	N.A.	N.A.
果物	20,371,088	17	1,476,682	10	13.8
医療用・芳香・観賞植物	579,420	0	84,756	1	6.84
木材	N.A.	N.A.	24,180	0	N.A.
合計	117,477,142		15,100,481		7.78
生産経費	-18,156,741				
収益	99,320,401				

出典：［Qiṭā‘ al-Shu’ūn al-Iqtiṣādīya n.d.: 29–31, Table 7］の数値を用いて筆者作成。品類の順序は原表のまま。生産価額、１フェッダーン当り価額は1,000ポンドを基準とする。作付面積はフェッダーン。合計比は％で、小数点以下１桁を四捨五入。以下の表すべてに同じ。

もこの二〇一〇年という年次は、私がフィールドワークを行った時期と一致する。

『統計年鑑』によれば、二〇一〇年の「耕作地面積総計」（ijmālī al-misāḥa al-munzari‘a）は約八七四万フェッダーンで、その内「古い土地」が約六一二万フェッダーン、「新しい土地」が約二六二万フェッダーンあり、その比率はちょうど七〇対三〇である［CAPMAS 2014: 113］。これに対し、『農業所得』に示される作付面積の総計は、「古い土地」が約一一六二万フェッダーン、「新しい土地」が約三四七万フェッダーンなので、その比率は七七対二三になる［Qiṭā‘ al-Shu’ūn al-Iqtiṣādīya n.d.: 29-31］。従って、「古い土地」の方がより多く繰り返して耕作されていること

表7　穀類の内訳

品目	新旧合計		古い土地		新しい土地		古：新	
	生産価額	作付面積	生産価額	作付面積	生産価額	作付面積	生産価額	作付面積
小麦	13,029,491	3,022,611	11,046,573	2,474,225	1,982,918	548,386	85：15	82：18
大麦	285,678	88,103	83,097	22,357	202,581	65,746	30：70	25：75
トウモロコシ（白、粒）	11,460,287	1,963,877	10,640,713	1,823,469	819,574	140,408	93：7	93：7
トウモロコシ（白、生）	25,228	3,775	25,228	3,775	N.A.	N.A	N.A	N.A
トウモロコシ（黄）	2,047,975	379,248	1,628,389	305,242	419,586	74,006	80：20	80：20
ソルガム	1,329,610	333,806	1,273,888	316,481	55,722	17,325	96：4	95：5
米	7,955,811	1,094,106	7,649,719	1,044,723	306,092	49,383	96：4	95：5
穀物類　小計	36,134,080	6,885,426	32,347,607	5,990,172	3,786,473	895,254	90：10	87：13

出典：［Qiṭā‘ al-Shu’ūn al-Iqtiṣādīya n.d.: 29–31, Table 7, 8］の数値を用いて筆者作成

とがわかる。さらに、『農業所得』が採用する指標「耕種[2]生産価額」（qīma al-intāj al-nabātī）——農作物の生産単位と平均直売価格を掛け合わせた数字——によれば、「古い土地」の農業生産価額合計が約八五六億ポンド[3]であるのに対して、「新しい土地」は約三一九億ポンドであり、七三対二七の比率となる［Qiṭā‘ al-Shu’ūn al-Iqtiṣādīya n.d.: 21］。意外なことに、これは「新しい土地」の方が土地当りの生産価額がやや高いことを示唆している（表5）。

次に、新旧土地合計の品類別の生産価額と作付面積を見てみると（表6）、全項目を合わせた合計生産価額は約一一七五億ポンドで、合計作付面積は約一五一万フェッダーン、単純計算でこれらの数値を割った一フェッダーン当りの生産価額は七七八〇ポンドとなる。この中で、生産価額にして約三六一億ポンド（全体の約三〇％）、作付面積にして約六八九万フェッダーン（全体の約四五％）を占める最大品類が、「穀類」（majmū‘a al-ghilāl）である。表7には穀物類の内訳を示したが、エジプトの主食であるパンの原料となる小麦が約三六％（作付面積の約四五％）を占め、トウモロコシ（al-dhura al-shāmīya al-bayḍā’）の約三一％（作付面積の約二八％）と、米の約二二％（作付面積の約一六％）が続く[4]。

これら穀類の三品目の生産が盛んであることは、一九八〇年半ば以降の農業自由化による綿花離れと小麦増産の傾向［土屋　二〇〇三］からも理解される。

表7の穀類の生産価額の新旧土地内訳を見ると、九〇対一〇で「古い土地」の方が圧倒的に多い。全体の生産価額や作付面積の比率に比べても、「新しい土地」

表８　生飼料類の内訳

品目	新旧合計		古い土地		新しい土地		古：新	
	生産価額	作付面積	生産価額	作付面積	生産価額	作付面積	生産価額	作付面積
クローバー	14,059,082	1,612,326	12,274,314	1,430,940	1,784,768	181,386	87：13	89：11
タハリーシュ･クローバー	1,106,814	309,886	1,039,455	290,349	67,359	19,537	94：6	94：6
アルファルファ	1,117,446	79,788	141,488	10,837	975,958	68,951	13：87	14：86
その他	1,494,494	682,839	1,279,327	587,926	215,167	94,913	86：14	86：14
生飼料類　小計	17,777,836	2,684,839	14,734,584	2,320,052	3,043,252	364,787	83：17	86：14

出典：［Qiṭā‘ al-Shu’ūn al-Iqtiṣādīya n.d.: 29–31, Table 7, 8］の数値を用いて筆者作成

表９　野菜の内訳

区分	新旧合計		古い土地		新しい土地		古：新	
	生産価額	作付面積	生産価額	作付面積	生産価額	作付面積	生産価額	作付面積
冬野菜	7,949,593	727,353	4,254,955	392,277	3,694,638	335,076	54：46	54：46
夏野菜	11,670,676	1,221,401	6,458,152	733,127	5,212,524	488,274	55：45	60：40
ニーリー野菜	1,616,051	162,992	1,149,532	120,613	466,519	42,379	71：29	74：26
野菜　小計	21,236,320	2,111,746	11,862,639	1,246,017	9,373,681	865,729	56：44	59：41

出典：［Qiṭā‘ al-Shu’ūn al-Iqtiṣādīya n.d.: 29–31, Table 7, 8］の数値を用いて筆者作成

の穀類生産への貢献度は高くない（大麦は例外的に「新しい土地」の方が多いが、絶対値が小さいため全体に影響しない）。この状況は、穀類と同様の栽培環境にある「生飼料類」（majmū‘a al-a‘lāf al-khaḍrā’）でも同様で、生産価額で八三対一七、作付面積で八六対一四という「古い土地」に偏った生産状況を示している（表８）。

穀類に次いで第二の生産価額の規模を持つ品類が、「野菜」（majmū‘a al-khuḍar）である。その生産価額は約二一二億ポンドで全体の約一八％、作付面積もほぼ同様の比率だが、一フェッダーン当りの生産価額は一万〇〇六〇ポンドと穀類の二倍近い（表６）。表９に示したように、『農業所得』の統計において、野菜は品目ごとではなく、「冬野菜」「夏野菜」「ニーリー野菜」の三種に区分されるが、「夏野菜」がそのほぼ半分を占める（生産価額の約五五％、作付面積の約五八％）。新旧土地の比率は、生産価額では五五対四五、作付面積では五九対四一と拮抗しており、先ほどの穀類や生飼料類とはまったく異なる。「新しい土地」の全農業生産価額中の割合が三割弱であることから、野菜は「新しい土地」の主力作物の一つだと考えられる。

「新しい土地」のもう一つの主力作物と呼びうる品類が、「果物」（majmū‘a al-fākiha）である。果物は穀類、野菜に次いで第三位の生

表 10　果物の内訳

品目	新旧合計		古い土地		新しい土地		古：新	
	生産価額	作付面積	生産価額	作付面積	生産価額	作付面積	生産価額	作付面積
柑橘類	4,629,821	462,772	2,541,139	243,055	2,088,682	219,717	55：45	53：47
その他果物	12,460,760	914,043	3,377,193	263,268	9,083,567	650,775	27：73	29：71
ナツメヤシの実	3,206,544	99,867	2,627,818	52,304	578,726	47,563	82：18	52：48
果物・樹木の苗	73,963	N.A.	31,804	N.A.	42,159	N.A.	N.A.	N.A.
果物類　小計	20,371,088	1,476,682	8,577,954	558,627	11,793,134	918,055	42：58	38：62

出典：［Qiṭāʻ al-Shu'ūn al-Iqtiṣādīya n.d.: 29–31, Table 7, 8］の数値を用いて筆者作成

産価額規模で、野菜とほぼ同程度の約二〇三億ポンドであり、一フェッダーン当りの生産価額は一万三八〇〇ポンドと野菜よりも高い（全体の中でも、例外的に突出した「にんにく」の二九七九〇ポンドに次いで第二位に当る）。果物の品目は、四種に区分される。第一種は「柑橘類」（al-mawālih）で、その名の通り、オレンジやミカン、レモンなどが含まれる。第二種は「その他果物」（fawākih ukhrā）で、第三種はエジプトの伝統的作物であり農村風景の一部である「ナツメヤシの実」（nakhīl wa-muntajāt-hu）である。第四種は後述する「苗」なので、柑橘類とナツメヤシを抜いた果物すべてが第二種の品目に相当し、そこにはおそらくマンゴーやグアバ、ブドウなどが含まれる。

第四種は「果物・樹木の苗」（shatalāt al-fākiha wa-al-ashjār al-khashabīya）で、この苗の農場こそが本章で扱うマシタルのことである。「苗」に関しては、「新しい土地」の方がやや多い四三対五七と近い比率を示しているため、新旧土地の両方に苗農場が存在し、苗を生産している状況が示唆される。『農業所得』の表では、苗の生産単位数（おそらく苗の個体数）として、「古い土地」で約一一三三万本、「新しい土地」で約一五〇二万本、合わせて約二六三五万本が計上されている。

表10の新旧土地の比率を見てみると、果物類小計に対し、生産価額では四二対五八、作付面積では三八対六二と、「新しい土地」が「古い土地」を上回っている。品目では、「柑橘類」は「古い土地」の方がやや多く（生産価額で五五対四五、作付面積で五三対四七）、「ナツメヤシの実」は圧倒的に「古い土地」の方が多い（生産価額で八二対一八、作付面積はなぜかほとんど差がない）。しかし、第二品目の「その他果物」では、生産価額

表 11　生産価額の作物品類ごとの大小順の新旧土地比較

古い土地				新しい土地			
No.	品類	生産価額	面積	No.	品類	生産価額	面積
1	穀類	32,347,607	5,990,172	1	果物	11,793,134	918,055
2	生飼料	14,734,584	2,320,052	2	野菜	9,373,681	865,729
3	野菜	11,862,639	1,246,017	3	穀類	3,786,473	895,254
4	果物	8,577,954	558,627	4	生飼料	3,043,252	364,787
5	砂糖類	5,618,283	590,920	5	油脂類	1,057,234	147,971
6	乾燥飼料	4,627,306	2,072(4)	6	砂糖類	842,203	115,095
7	繊維	3,349,620	369,056	7	乾燥飼料	749,232	1,114
8	ねぎ	1,452,678	125,254	8	ねぎ	487,376	42,917
9	油脂類	919,323	175,581	9	豆類	308,814	61,949
10	豆類	798,287	169,853	10	野菜種子	214,905	N.A.
11	にんにく	636,260	20,575	11	観賞植物	112,400	24,347
12	観賞植物	467,020	60,409	12	繊維	65,288	8,036
13	野菜種子	201,629	N.A.	13	にんにく	49,960	2,459
14	木材	N.A.	1,216	14	木材	N.A.	22,964
	合計	85,593,190	11,629,804		合計	31,883,952	3,470,677
	支出	-14,878,757			支出	-3,277,984	
	利益	70,714,433			利益	28,605,968	

出典：［Qiṭāʻ al-Shuʼūn al-Iqtiṣādīya n.d.: 29–31, Table 7, 8］の数値を用いて作成

で二七対七三、作付面積で二九対七一と、「新しい土地」がかなり多く、結果的に果物類全体の比率を逆転させる要因となっている。先に「新しい土地」は土地当りの生産価額が高めであることに触れたが、その理由は、単価の高い野菜や果物に生産が集中するところに求められるようである。

「古い土地」と「新しい土地」のそれぞれで生産される作物に違いがあることは、生産価額の大小を順序付けした表11に如実に示される。「古い土地」では上位五位に穀類、生飼料、野菜、果物、砂糖類と続くのに対し、「新しい土地」では、果物、野菜、穀類、生飼料、油脂類が並ぶ。「古い土地」において砂糖類が第五位に入るのは、サトウキビやサトウダイコンの栽培が大きい。第七位の繊維（の九九％以上）は綿花で、この順位にあること自体、近年のエジプト綿花栽培の凋落を物語っているが、「新しい土地」ではさらに最下位群に位置する。「新しい土地」において第五位の油脂類の約八五％を占めるのが、ピーナッツの栽培である。ピーナッツは、「新しい土地」が「古い土地」を上回る数少ない品目の一つで、野菜や果物と

並ぶ「新しい土地」の代表的作物といえる。

これら統計からは、「古い土地」が主食の穀物や飼料を中心とした生産状況にあるのに対し、「新しい土地」は利益性の高い作物を優先する傾向にあることが見えてきた。そうした作物である果実や野菜の比率が高いことは、これらの「苗」の需要が高いことを示唆している。

2　バドル郡の農作物

それでは沙漠開拓地の一つであるバドル郡地域では、どのような作物が生産されているのだろうか。私自身の印象では、柑橘類の果樹農園が多く、畑の作物としては、夏はトマトやスイカ、冬はイチゴをよく目にした覚えがある。実際、バドル郡は全国的なトマトの産地として知られているようである。二〇一〇年夏には、トマトの不作から市場価格が高騰し、一キロ当りの店頭小売価格が一〇ポンドを超えるなど、通常の五倍から一〇倍に跳ね上がり、「トマトがリンゴより高い」といわれるほどであった。その当時の新聞記事で、値上がりしたトマトの価格を生産農場から卸売市場、小売店まで追跡調査したルポルタージュがあるが、偶然にも、出発点となる出荷地がバドル郡であった［Farghalī 2010］。

バドル郡（またはその前身の南タフリール地区）における作付状況について言及した資料も少数だが存在する。たとえば、一九八七年にカイロで開催された沙漠開発国際シンポジウムの発表論集の中に南タフリール地区における農作物の流通の現状と課題を論じたものがあり、同地域の代表的作物として、ピーナッツ、グリーンピース、柑橘類の三種が挙げられている［Habashy 1991］。一九八八年に南タフリール地区の調査を行ったホプキンスらの報告書では、この地に五フェッダーンの開拓地を得た小規模土地保有者（smallholders）の一人の話として、当初は農業協同組合の指示によりジャガイモ、タマネギ、トマトの輪作が行われていたが、土壌への悪影響と利益の少なさから取り止めになり、ピーナッツの作付に変更された経験が語られている［Hopkins *et al.* 1988: 39–40］。同地域の別の村では、一部の者が、ピーナッツの作付指示に背いてやめてしまい、栽培が簡単で早く利益が出る食用ウチワサボテン(5)を育て、民間の卸売商人に直接売る行為が報告されていた［Hopkins *et al.* 1988: 50–51］。

この調査に加わっていたエジプト人人類学者のハナーン・サバーイーは、調査対象の村の一つで別途フィールドワークを行い、その結果を同大学大学院への修士論文にまとめている［Sabea 1987］。サバーイーによれば、作付作物の決定は、労働力や肥料、水などの必要な投入財の有無を考慮してなされるが、これらがすべて揃わないと栽培できない野菜か、より簡単な伝統的作物である小麦やソルガム、クローバーのいずれかが状況に応じて選ばれていた［Sabea 1987: 102–103］。サバーイーが実施した世帯調査によれば、夏作物でもっとも多い作物はピーナッツである（調査世帯三八件の九五％）。これは農協を通じて下される政府指示に従った結果であるが、耕作者は必要分だけを農協に納め、残りは民間の卸売商人に高値で売っていた（農協では一アルダブ(6)あたり買取価格が四五ポンドに対し、民間であれば七〇～九〇ポンドになった）［Sabea 1987: 104–105］。この作付指示は耕作者の間でも不評で、「政府の荘園」（ʿizba al-hukūma）のようだと批判する者もいた［Sabea 1987: 105］。ソルガムは自家消費用に用いられ、ゴマやスイカ、野菜など換金作物の需要は全般に高かったが、果物の栽培はまだ一般的ではなく、果実の取引も中心の町マルカズ・バドルに限られていた［Sabea 1987: 106］。

エジプト全体の農業構造に目を向ければ、これらの調査が行われた一九八〇年代後半は、一九七四年からの「門戸開放期」と一九八六年からの「農業自由化」という二つの移行期にあたる［土屋　二〇〇三：二七］。とりわけ後者では、それまで耕作者に課されていた農協を通じた作付・買上制度が緩和され、作付面積制限や政府への納入割り当てなどが順次撤廃されていき、一九九〇年代半ばには最後まで残っていた主要五作物（小麦、トウモロコシ、綿花、米、サトウキビ）に対する制限も外された［土屋　二〇〇三：二八］。これに合わせて、化学肥料などの農業投入財の流通も民間部門に開放され、一九九〇年代半ばまでに八割が民間供給に切り替えられるなど［土屋二〇〇三：二九］、農業の自由化が進んだ。

この流れと平行して、バドル郡地域でも土地分配と民営化が進められた。すでに見てきたように、一九七六年に「南タフリール農業社」が設置され、地域一帯の土地所有者兼管理者として、土地分配と占有の追認を行い、土地所有権の確定を進めた（本書第四章参照）。一九九〇年代にはこの手続きも完了し、一九九四年に南タフリール農業社はその歴史的使命を終えて清算された。同社が担っていた行政機能は、すでに設置されていた地方単位や省庁出先機関によって分担され、二〇〇一年に「バドル郡」が設置される土台となった。

郡への昇格を祝って発行された歴史冊子『タフリール県は革命の申し子』（本書第一章参照）には、バドル郡地域の農業実績が記されている。これによれば、当時の全作付面積は八万六九八一フェッダーンで、最も多く作付された作物は小麦（二万一九四三フェッダーン、全体の約二五％）で、これにピーナッツ（一万四七二〇フェッダーン、一七％）が続いた［ʻAmmār 2003: 45］。野菜の中では、トマト（二七三三フェッダーン、三％）やジャガイモ（一四三七フェッダーン、二％）、スイカ（七七フェッダーン）が主要作物として挙げられ、果物ではレモン（八一五〇フェッダーン、九％）、バナナ（六〇七八フェッダーン、七％）、オレンジ（五五三一フェッダーン、六％）、マンゴー（一九九三フェッダーン、二％）の順に作付面積が多かった［ʻAmmār 2003: 46］。つまり、すでに二〇〇〇年代初頭には、一九八〇年代半ばの調査で伝えられた小麦やピーナッツだけでなく、オレンジやマンゴー、バナナなどの高投資・高利益の果物栽培が広まっていたと考えられる。これら果物類の作付面積を合

図 15　大学農場でのオレンジの収穫

わせれば二万一七五二フェッダーンになり、小麦の面積とほぼ同じである。果物を最上位として穀類や油脂類が続く状況は、前項で示した「新しい土地」の農業の統計結果と合致する。

このように、私がバドル郡でフィールドワークを行った二〇一〇年代初頭は、すでに農協や政府による統制と保護の時代から、自由化とグローバル資本主義の時代に移った後であった。そこでは、沙漠開拓地が個人や企業の「私的所有物」となっており、そうした合法的資源を用いて、それぞれがいかに利益を上げるかを模索していた。バドル郡地域の主要産業である農業においては、「新しい土地」全体の傾向と同じく、果物や野菜を主要作物とする市場向け農業が行われていた。耕地に播種する穀物や飼料と異なり、果物や野菜の栽培では、市場で求められる優良品種の種を苗にして、その苗を畑で育て収穫するという、より工業化された農業が求められる。ここに、「苗を育てて売る」という苗産業が成立する余地が生じたと考えられる。

次節では、そのような農業周辺産業の一つとしての苗農場で働くことの具体的状況を、Z農場を事例に詳しく見てみよう。

三　Z農場との出会い

1　Yとの再会、Zとの出会い

二〇一〇年七月、私は数年ぶりに大学農場を訪れた[7]。その日は知り合いと再会し、夜には農場近くのX村に新しくできた喫茶店を訪れていた。その席で思いがけず再会したのが、Yである。Yは、過去の滞在時に親しく付き合った一人であるが、日中、大学農場では姿が見当たらなかった。私たちは挨拶しあい、近況を尋ねあった。それからYの誘いで、Yの家に移動し話を続けた。Yは大学農場を辞め、いまは「マルカズ・バドルでマシタルをしている」と言った。

Y：ガマア[8]〔大学農場〕を辞めて、イマーラート〔UAE〕に働きに行っていた。ある人に紹介されて。

私：○○さん？〔Yの親類の一人が、昔湾岸諸国に出稼ぎにいったと聞いたことがあった〕

Y：いや、違う。○○はアブダビだったが、おれはドバイだ。農業の仕事で、接ぎ木もしたし、栽培もした。でも給料が少なくて、七〇日ちょうどで帰ってきた。

私：少ないっていくら？

Y：月に二〇〇〇ポンドだった〔大学農場労働者の給料の二倍程度〕。でもあっちは何でも高くて、農場の中では何を食べてもいいが、パンを五枚買えば、七・五ディルハム[9]で、だいたい一〇ポンド。パンはシリア風の薄いやつで、くるくる巻いたら一口で終わる。

私：五〇〇〇ポンドくらいならよかった？

Y：五〇〇〇なら十分だろうな。でも、あっちは仕事の仕方がきちんとしていなかった。上司（*mudīr*）は時間さえ守ればいいと考えていて、七時～五時を守れば、中身は何でもいいと考えていたが、おれは違う。仕事をやるときは必ずやる。ないときにはそれなりに……。接ぎ木もした。スイカもマンゴーもした。あらゆる種類の野菜をつくった。それなのにエジプト人の上司がごまかして、給料が少なかった。

私：ミヌーフィーヤ県の出身[10]だったんじゃないの？

Y：その通り！〔二人で笑う〕

〔中略〕

Y：それで戻ってきたからもう一度ガマアに行ったが、給料が少ないのでまた辞めて、いまは、個人

（*khāṣṣ*）で働いている。接ぎ木の作業をしたりして、仕事があるときは働いて、ないときは寝ている。

翌々日の朝、私はＹとともに、Ｙのマシタルを訪れた。Ｙはこの頃まだ車を持っていなかったので、Ｘ村の道路脇に立ち、町に向かう乗り合いトラックかトゥクトゥク（自動三輪タクシー）が来るのを待った。少ししてトゥクトゥクが来たので停め、先客と乗り合いにして町に向かった。町の手前でトゥクトゥクを降り、少し歩くと、温室二つとテラスが付いた小さな建物に着いた。これがＺ農場であった。

温室の中では、若い男がホースを片手に苗に水を撒いていて、ほのかにトウガラシ（*shaṭṭa*）の香りがした。もう一つの温室にあるのはイチゴ（*farawla*）の苗だと言う。建物の横手には、木材で壁と屋根が葺いてあり、その陰では三人の「ヘガーブ[11]を被った」若い女性が何か手作業をしていた。よく見ると、一人が半球状の窪みが無数にある発泡スチロールのトレイ（*soneiya*）の窪みに、茶色っぽい土――ピートモス（*bīmūs*）と呼ばれるココナツの皮を砕いたもので、苗床に用いられる――を詰めているところだった。他の二人は、ピートモスが詰められた窪みに種（この場合はトマト）を手早く置いていた。Ｙは一人に紅茶をつくらせるため、「おれがやるよ（*ākhod makān-ik*）」と言って、ピートモスを詰めたトレイの上に多数の小さな瘤がついたローラーを転がしてへこみをつける作業を始めた。

そのとき、女性たちに「Ｚさん」と呼ばれる、若くてこぎれいな格好をした男性が新しいクロスカントリー車（韓国社製）に乗ってやってきた。「おじさん」（*ʿamm*）と呼ばれるほどの年齢には見えかったが、Ｙに尋ねると、年は確かに三〇歳前後だが、敬意を込めてそう呼ばれていた。ＹはＺを「自分の親戚」（*ʿarīb-ī*）と説明し、元は商学（*tigāra*）を学んだ[12]が、この仕事をするようになってから農学を勉強し始めた人だと説明した。後にわかったが、このマシタルの資本を出しているのはＺの父と兄であり、Ｚは実質的な管理・運営を行う「経営者」であった。

Yは、このZ農場の土地の一部を間借りして自らの苗栽培（オレンジやマンゴーなど）を「個人事業」として行いつつ、Zのマシタルを手伝うことで賃金を得る「労働者」であった。ただし、Yは単なる作業労働者ではなく、帳簿付けや農業指導を行う点で、労働者と経営者の中間的存在でもあった。

この時Zは、別のトラックに乗ってきた数人の男性客を連れていて、ともに事務所に入り、ほどなく客は帰った。すると、Yが「行くぞ（*yallā*）」と声をかけ、私たちはZの車に乗り込んだ。車は、マルカズ・バドルの反対側にあるマシタルに向かって行った。Yによれば、そのマシタルの経営者Iは、Zと共同経営（*mushāraka*）の関係にあり、商品を合同で出荷しているとのことである。I農場はZ農場よりも規模が大きく、事務所の造りも立派でエアコンが付いており、道路沿いの看板も大きく目立っていた。事務所の中のデスクの後ろにIが座っていた。Iは三〇代の若い男性で、アイロンがきいたワイシャツを着ていて、「おれはお金が好き、仕事が好き。何もないところから仕事を始めたから、いい服、いい暮らし、冷房、自動車、みんな好きだ」と放言していた。しかし言葉の端々に宗教的表現が入り混じり[13]、口で言うほど自由奔放な生き方をしているようでもなかった。Iは、私が日本人だとわかると、今度日本に行ったら、有名な種苗会社のスイカの種やピーマンの種を買ってきてほしいと言い出した。

事務所の中でZとIが仕事の相談を始めたので、私はYと外に出て、近くのスタンドで買ったジュースを飲んで待っていた。するとZが一人で出てきて、車に乗ってどこかに行った。入れ替わりにIが出てきて、私とYを自分の車（セダン型、米国社製）に乗せ、Z農場に向かった。そこで少し待つと、Zが車で戻ってきて、今度はZの車に四人全員が乗り込んだ。Yに尋ねると、

図16　種を入れたトレイ

図17　講演会の天幕内部

「講演会（*nadwa*）に行く」とのことである。車はマルカズ・バドルを離れて、大学農場の方向へ進み、さらに離れた地域へと進んでいった。道中、Ｉは携帯電話を取り出し、「いま向かっている。三人連れているから」と誰かに連絡を入れていた。

少しすると道路沿いにある農薬・肥料店が見えてきた。その横には大きな天幕が張られ、その中に多数の椅子が並べられ、人が集まっていた。これが講演会の会場だった。私たちは車から降りて天幕に入り、椅子に座った。店のオーナーはＲといい、スーツを着込んだビジネスマン風の三〇代半ば前後の男性だった。私はＹたちとともにＲに挨拶し、講演会に参加した。講演では、カイロから呼び寄せた農学専門家が話をした。内容は、昨今のトマト不作の原因の一つに数えられる害虫（*tūtā abūsulūtā*, Meyrick と呼ばれる蛾の幼虫）についての講演であった。これは南米原産の虫で、スペインを通じてモロッコ経由でエジプトにも入りつつあり、エジプト政府は水際で止めていると発表しているが、ナイル・デルタ西側に位置するブハイラ県各地ですでに発症事例が報告されているとのことであった。この虫は、葉の表面にもぐりこみ、実の中にも入るので、一種類の農薬では効かず、複数を組み合わせた完全な根絶計画が必要である、という内容であり、要するにＲの会社が販売する農薬の宣伝であった。

講演が終わると、出席者にはマルカズ・バドルの有名レストランのアブー・リーシュのランチボックス（第二章を参照のこと）が配られた。中には、味付けされた米、コフタ（挽き肉を団子状にして焼いたもの）、煮込んだ骨付き肉、インゲンマメのトマト煮、ゴマのペーストと漬物、パンが入っていた。他の出席者と同様、私たちも一つずつそれを手に入れ、そのまま椅子に座って食事をとった。先ほどのIの電話は、このランチボックスの手配だったようである。食後にRに挨拶した後、私たちは車に乗って帰途についた。

これがZと出会った日であり、彼を含む農業関連事業の経営者や企業家の集まりに加わった最初の日であった。それまでに大学農場で知り合った労働者と異なり、経営者は全般に若く、沙漠開拓地の環境に適応しながら、「一稼ぎしよう」とする気概を持っていた。それは、国家の開発対象として土地や援助を得ようとする受動的態度ではなく、国家が準備した沙漠開拓地を利用しつつも、自ら事業を起こそうとする主体的態度であり、「企業家精神」(entrepreneurship)［Sherbiny, Cole, and Girgis 1992: 29］の発露と言えるかもしれない。

ただしこうした主体性や企業家精神は、ZやIのような「経営者」のみに限られるものではなく、Yのような中間層や「労働者」も時に「経営者」になることを目指すことがあった。小規模な個人事業が多い苗農場の業界においては、これら二つの間の移り変わりはむしろ頻繁に起きているようである。次節では、これら資本や労使関係による区別ではなく、事業における位置づけや意識の違いから、マシタル産業がどのように構造化されているのかを見てみる。その前に、物語の舞台となるZ農場について、もう少し説明をしておこう。

2　Z農場の仕組み

私が最初に訪れた日に見た限り、Z農場には大きめの温室が二、三棟あるだけで、トウガラシやイチゴ、その他様々な野菜の苗を作る程度であったが、実は大規模な設備投資を進めていた。翌日Z農場を再び訪れ、Zと話をしていると、隣接する三フェッダーンの土地を手に入れて、そこに一〇棟以上の温室の骨組みを作っており、最終的には五〇棟の温室ができる予定だと言う。灌漑用水は、土地に接している用水路(ナイル川の水)と、新たに設置した井戸から汲み上げられる地下水を組み合わせる。九月には、温室の組み立てが完了し、新たな主力

図 18　Z 農場の温室と貯水槽

図 19　用水路の水

商品としてバナナの苗の栽培が始まった。一〇月末からは新事務所の建設が始まった。建物面積は一五〇平方メートルで、昔の小屋と比べて規模の大きい建物が設計されていた。建物は、一階の半分を事務所にし、残り半分と二階以上を居住用として、将来の個人利用や商業利用を見越していた[14]。こうしてZは着々と自身のマシタル事業を拡大していた。

Zがどのような考えにもとづき事業拡大を進めたかは次節で論じることとして、ここでは拡大されたZ農場がどのような苗を育て、どのような人員構成で事業を行っていたか、私自身の観察にもとづき述べておきたい。マシタルに必要な要素として、「土地」と「水」があるが、Z農場の場合、事業拡大して三フェッダーンの土地を手に入れた。その上に「温室」（*sōba*）を建て、そこで様々な野菜や果物の苗を育てる。降雨がほとんどないので、Z農場では用水路の水と地下水の両方を用いている。用水路の水は必要な時に必要な分だけ小型モーターを動かして引き揚げる。藻や水草、微生物が繁茂しているため、濾過装置を通して用いているようである。他方、大型のポンプを用いて引き揚げる地下水は「飲用水」としても用いることができる。これを地上数メートルに据え付けられた貯水槽まで引き揚げ、蛇口をひねれば出るようになっている。

苗の種は、市場向けの品種改良品を種会社から買う。扱う品目は多岐にわたり、トマトやキュウリ、ピーマン、ナス、トウガラシ、イチゴからバナナまである。事業拡大前の主力商品は野菜類だったが、拡大後はバナナの苗を主力とした。バナナの苗は一メートルくらいの高さまで育てる必要があり、より多くの土地と水を必要とする。しかし需要も多く、高利益商品である。育て方も、野菜類とバナナでは異なる。野菜類の場合、発泡スチロール製のトレイに苗床となるピートモスと砂を混ぜたものを詰め、一マスごとに種を一粒置き、その上にピートモスを振りかけ、これを温室に置く。最初はトレイを何重にも重ねて、水を撒き、ビニールシートをかけて、温かい状態にして発芽を促す。芽が出てきたら、ビニールをほどき、トレイを温室の中に並べて、水と（水に溶かしこんだ肥料）を撒く。バナナの場合は、ビニール袋に苗床を入れて、そこに一粒ずつ種を置き、最初から袋を温室に並べる。種を袋に詰めて並べ、苗が育ってきたら、間隔を広げる。そのためバナナの苗にはより広い場所が必要となる。

図 20　苗床を作る

図 21　発芽前の準備

図 22　苗床を並べる

図23　苗に水と肥料、農薬を撒く

図24　バナナの苗の温室作り

図25　バナナの苗の出荷作業

苗作りの作業は、「指示」と「ジェンダー」によって構造化される。Ｚ農場の場合、経営者のＺと農業技師のＹが、いつ何の苗をどれだけの数作るのか、指示を出していた。作業労働者はその指示を仰いで、苗作りや水遣りを行う。苗作りは季節に合わせて苗を用意しているはずであるが、労働者たちが見ることができるような受注表やカレンダーがあるわけではなく、ＺとＹが電話や対面で顧客から予約を受け、在庫があるか確認するなど、柔軟に対応している。ＺとＹは注文とそれに対する支払いの有無を帳簿に付けているが、掛売りも多々見られ、支払いのために現金がなくて苦慮している姿を見たかと思うと、顧客が突然やってきて、大量の札束を置いていく場面もしばしば目にした。

指示を受ける労働者たちには、ジェンダーによる区別が見られた。Ｚ農場には、毎日来る男性労働者が二、三人、女性労働者が二、三人いた。男女ともに若いが、女性は特に一〇代から二〇代半ばくらいまでの未婚の時期に限られていた。男性は一〇代から四〇代まで幅広く、未婚から既婚まで多様であった。作業はジェンダー化されていた。比較的細かな手仕事、たとえば種を苗床に置く作業は女性が主であり、重い砂袋の運搬やホースを用いた水遣り、水道管の切り替え、肥料や農薬の噴霧、苗の運搬や配置は男性が担っていた。女性は温室の一つを作業場にした場所にいることが多く、時に、重い砂の運搬や苗袋への砂詰めなどの力仕事を手伝うこともあった。ホースを用いた水遣りなども、人手が足りないときには行っていた。男性もまた、作業場内で種を置く仕事を手伝うこともあったが、作業場の外での仕事を担うことが多かった。女性労働者は普段全員ニカーブ（面覆い）を着用していたが、Z農場の男性は「身内」とみなされていて、面覆いを上げて同席することもあった。しかし外部から「身内でない」男性客が来たときには、すぐに顔が隠された。

図26　Z農場の労働者の昼食

図27　Zの自宅での食事

労働者は昼ごはんを――多くの場合、男女ともに並びあい――車座になって食べていた。各自が家から持ってきたパンとおかずを出し合い、少ない場合には、昼前に男性労働者がバイクに乗って町に買いに行くこともあった。おかずは、店で買ってきたフールやターメイヤ、自宅で素揚げにしたナスやピーマン、野菜の漬物、チーズなどである。作業場にはガスコンロがあるので、フールを温めたり、少し具を足したりする。パン（ʻēsh）は各々持ってきたものを食べるが、足りない人には分け合う。食後には紅茶を飲む。紅茶は女性が作り、男性が先に飲む場合が多かった。Yは労働者の食事に参加することもあったが、事務所で食べることもあった。Zは加わらず、仕事後に自宅で食事をとるか、事務所で少し食べるくらいだった。顧客に紅茶を出すときに女性労働者が呼ばれることがあった。ただしこれは毎回ではなく、その時近くにいる者に任せる傾向があり、女性労働者はたいてい作業場にいたので、声をかけやすかっただけなのかもしれない。

私は「外国人」であるため例外扱いを受け、事務所にも作業場にも入ることができたが、作業場は女性労働者がいたため、男性顧客や近所の人にとっては出入りがはばかられる場所であった。そうした中で、私以上にどこにでも出入りできる人物が一人いた。それはZの父で、七〇歳前後の冗談好きの好々爺で、しばしば作業場で紅茶を飲みながら労働者と雑談にふけっている姿が見られた。同様にZ農場の出資者の一人であるZの兄（後述）は、やや堅苦しい印象で、農場を訪れても事務所にいるばかりで、作業場に出て、労働者と雑談することはなかった。

四　マシタルをする人、しない人

１　経営者になる――Zの選択

Zは、なぜ、どのようにして苗産業に参入したのか。最初の訪問の翌日にZ農場を訪れた時にYや他の労働者は新しい温室の骨組み作りに専念していて、Zは一人事務所にいた。Zは「二〇一一年革命」後のエジプトの政治問題についてひとしきり述べた後、自らのキャリアについて問わず語りに話し始めた。

> 小さい頃、おれは外国に行くのが夢だった。けれど二〇歳頃、兄たちがみな外国に働きに出て行って、〔親のため〕家にいないといけなかった。結婚もした。公務員になってバドルの＊＊＊で働いたが、その頃の給料は一七〇ポンドで、五年たっても変わらなかった。このままでは暮らせないと思って辞めた。農業は、おれにとっては最後の選択肢（*ākhir hāga*）で、本当は輸入代理店（*tawkīl*）のような輸入関係の仕事に就きたかった。それでも農業で少しずつ仕事して、手で仕事を覚えていき（*it'allimtu bi-īdī*）、カイロ大学〔農学部〕の公開講座にも出るようになった。〔＊＊＊は引用者による伏字〕

Zは、父親が「ずーーっと昔」（*zamāān*）のナセル時代に八フェッダーンの土地分配を得た「受益者」であり、生まれたのはその土地の近くの村であったが、小さい頃に父親がマルカズ・バドルに家を建てて引っ越したこと、結婚して父親の家の上に増築したことなど、話を続けた。外国への憧れが、私のような外国人を受け入れる理由であったのかもしれない。二〇歳頃、高等教育を終えたZは、外国に行くことを望みつつも目の前にある薄給の公務員職に就くしかない、ごく普通の――それでも、やや恵まれている部類の――若者であった。父親が開拓地を持っていても、兄たちがこぞって湾岸産油国に働きに行ったことを考えれば、Zにとって農業関係の仕事は決して必然ではなく、父親も農業を継ぐことを息子たちに押し付けなかったようである。むしろ、Zの家族は、土地分配政策から得た資本を元手に、様々な業種に手を広げ、経済力を確立しようと試みていた。

最初の出会いから数ヶ月後の二〇一〇年一二月末、私はZの新しい事務所でZと話をしていた。Zによれば、公務員時代の仕事場はZが生まれた村であった。

> 村の事務所には仕事仲間と一緒に週に二日くらい行っていた。上司がそうしろと言った。とにかく事務所

に人がいることが重要だから。乗り合いトラックで行っていた。給料は安くて、最初は一二〇ポンドだった。こんなの子どもの菓子代にしかならない。七、八年働いていれば、三六〇ポンドくらいになったかもしれない。それでも、うちの支出は月に二〇〇〇ポンドだから全然足りない。それで六年前から温室の仕事を始めた。最初は仕事で通っていた村に二棟建てた。四年前くらいからRと共同経営者（*shurakāʾ*）になって、Rの店の隣に四棟建てた。その後ここを始めて、今年になって大きくした。公務員の仕事は、温室が忙しくなってきたので辞めた。通う時間がないから。

図28　Z農場の新しい事務所

公務員の仕事を辞めた時期や理由、賃金など、最初に聞いた話と細部に違いがあるが、マシタルを始めたのは六年ほど前であり、いまの農場が初めてではなく、実験的な試みをいくつか行っていた。また、私がZと出会った日に参加した農薬・肥料店の経営者Rとの付き合いは、Zにとっては古いもので、Rが主催する講演会への参加はZにとって仕事の付き合いの一つであった。Rはやり手のビジネスマンで[15]、Zはこの先輩Rから「稼ぐ方法」を学ぼうとしていた。Zは自身の経営哲学を以下のように述べた。

成功者（*nāgah*）と失敗者（*fāshil*）の違いがわかるか？　それは、目的（*hadaf*）があるかどうかだ。目的をもって行動すれば、あとは「ロッベナ・マァク[16]」。きっと成功する。

Zにとって幸運であったのは、Rよりも自分に近いレベルの同輩を見つけ、彼らと共同経営関係を組むことができた点であろう。その一人が前出のマシタル経営者Iであり、もう一人がZの父の故郷であるミヌーフィーヤ県に住むQであった。Iは農学部出身者で、Zよりも早くマシタルを始めていた点で少し先輩にあたるのに対し、QはZとほぼ同時期に苗事業を始め、Zとともに大学の農学講座に出る同輩であった。彼ら三人の協業関係は、種子の購入、苗の栽培、苗の売却の三点に関わる。Zがある日、私にエクセルで経営収支表を作りたいと言うので表作成を手伝ったことがあるが、それによれば以下の四つの範疇がある。

①「マシタルの支払い」(ḥisābāt mashātil)：顧客に対する苗の販売数や値段、残額など
②「マシタルおよび会社」(mashātil wa-sharikāt)：Z、I、Q三者間の支払い交換の記録
③「種苗の移動」(ḥaraka ṣanf)：種苗交換の記録。大口で種子を買い三者で分けたもの
④「支払いの収支表」(ḥisābāt maṣrūfāt wa-īrādāt)：支出と収支のまとめ

①が対外的にどの程度苗を売ったかの記録とすれば、②と③は三者間でどの程度資金を融通し、どの程度の貸し借りがあるのかを記録したものである。このように三者は互いに何をどの程度育てているのか把握しつつ、各自の事業を進めていた。③に関しては、取引相手の一人に、オランダを本拠とする種会社の販売員がいて、時々Z農場を訪れていた。この販売員は、バドル郡と隣接するミヌーフィーヤ県を担当しており、特にIとは古い付き合いであるようだった。二〇一一年一〇月には、日本の東日本大震災の影響で、日本企業の種が輸入停止となり入手できない話がされたり、二〇〇七年製造の古くなった種を売りたい彼と、新しい種がほしいQとIの粘り強い交渉が見られたりした。ここでも三人は種会社に対して、一致団結として交渉にあたっていた。

図 29　カイロに向かう若き経営者たち

彼ら三人は実務的な共同経営を行うだけでなく、一緒になって講演会や展示会などの同業者の集まりにも出席する「仲間」でもあった。私がZと出会った最初の日の講演会にはQの代わりにYがいたが、その後の事例では、Yは留守役を任され、Z、I、Qの三人（と私）で出かけることの方が多かった。たとえば、二〇一一年一〇月二三日にカイロの国際展示場で聞かれた「農業・食糧国際展示会」（al-maʻriḍ al-duwalī li-l-zirāʻa wa-al-ghadhāʼ）に日帰りで参加したときには、以下のような行程であった。

朝九時前、私はZと待ち合わせ、Zの知り合いの車でIのマシタルに向かった。そこで待っていたIの車に乗り込み、ミヌーフィーヤ県にあるQのマシタルまで行き、そこでQを乗せてカイロ・アレクサンドリア沙漠道路に出た。この沙漠道路沿いには二〇〇〇年代後半から近代的なショッピングモールがいくつかできていて、時間はすでに一一時を回っていたが、その内の一つのカフェテリアで遅めの朝食をとることになった。フールや卵焼き、フライドポテトなど定番のメニューを頼んだが、場所柄から上品な皿に盛られて出てきた料理は、彼らの予想を大きく上回り、一〇〇ポンドを超える高額になってしまった[17]。この時IはZに払うように言い、Zは即座にこれに応じた。エジプトでは食事の支払いを巡る駆け引きがしばしば行われるが、ここではそうした光景が見られることはなかった。

カフェテリアを出た頃にはすでに午後一時を回っていたが、気を取り直してカイロへ向かった。国際展示場はカイロの東側にあるため、車はカイロの中心部を通り過ぎて、午後三時過ぎにようやく会場に到着した。入口で登録をすませて、中に入ると、農機や肥料、種子など農業に関わる様々な会社の展示ブースが並んでいた。三人は楽しげに歩いていたが、Iがパプリカを専門とするブースに入っていった。そこでIは旧知の販売員相手にZとQを紹介し、「おれたちはきょうだい会社（*ikhwāt*）で三つのマシタルをやっている」と説明していた。彼らが探していた日本企業の種を扱う他のブースでも同様で、率先して話をするのはIで、ZとQはたいてい後ろで様子見をしていた。Iに展示会に来た理由を尋ねると、「普段会わない人に会うため。後は色々と見てまわって、気分を変えるため。毎日マシタルじゃ飽きるからな」と、慣れた答えが返ってきた。一方、Zは「肥料や種のどれも知っているものばかり」とつまらなそうに言い、展示会の経験をさほど評価していない様子だった。ZとIの反応の差は、個人的な性格に加え、販売員や同業者ネットワークの有無、マシタル経営者としての経験の差であったといえる。

図30　展示会で商談をする

それから二、三時間展示場をまわった後、私たちは帰途についた。途中、カイロ・アレクサンドリア沙漠道路の入口付近の大きなショッピングモールの一つに寄り、デジタルカメラや家電、衣服を眺めたり、軽食（コシャリ[18]）を買って食べたりした（これもIがZに買いに行かせた）。この時、私の携帯電話が鳴り、見るとYであった。「今日はファラハ（祝宴）があるから早く戻って来い[19]」と怒りをにじませるYに対し、ZとIが電話に出て、「まだ時間がかかるからファラハは明日にしよう」と話をつけた。Yはファラハへの参加の責任感か（この点については第六章参照）、あるいは一人残された寂しさからか、苛立ちを隠しきれない様子だった。

Yは Zのことを「身内」や「親戚」と呼び、親身に接していたが、ZとI、Qが三位一体となって共同経営する「仲間」に入れずにいた。Y自身も苗農場を開いていた経験があり、苗に関する知識や技術では彼らに劣らないが、Yは経営者としてZと異なる地位や段階にあるとみなされていた。その差はどこにあるのか。資本の差か、事業規模や段階の違いなのか。あるいは、Zが述べたような目的の有無や経営哲学の違いなのか。次項ではYの選んだ道を見てみよう。

2　経営者と労働者の間で――Yの選択

成り行きで苗事業を始めたZと対照的に、Yは農業高校を卒業後長らく大学農場の苗部門で働き、実地作業を通じて知識を固め、苗栽培の技術を習得していった。先に引用したドバイへの出稼ぎも、専門分野である農業関係の仕事をするためだった。しかし、ドバイでの仕事は予想よりも収入が少なく、労働環境にも満足できなかったため、最短の契約期間である一ヵ月半で帰国することになった。帰国後、大学農場に挨拶に行くと、元の上司はYを快く迎え入れ、翌日からすぐに仕事に戻ることになった。その後自らマシタルを始めるまでの経緯をYは以下のように語った。

Y：おれはすぐに温室の一つを任され、作業労働者を二、三人付けられて、仕事を指図するようになった。ある日、人に頼まれて、〔大学農場の〕外（*barra*）で仕事をした。外では一〇〇〇ポンドとか二〇〇〇とかすぐ払う。仕事内容は、接ぎ木、苗の生育や病害の診断・分析など、何だってした。たとえば、五日間で一〇〇〇ポンド……いや一〇〇〇は言いすぎか、五〇〇ポンド稼いだとしよう。ガマア〔大学農場〕では一ヶ月働いても四〇〇とか四五〇だった。「なんだこれは。ありえない」と。それで外で仕事して、ガマアでも仕事していたら、ある日〔上司から〕「来るか来ないか、どちらかにしろ」と迫られた。それなら「もう来ない」と言って辞めた。それから自分で考えて、一人でマシタルを始めた。土地を借りて、温室を建てて、苗を作って売った。二〇〇七年から三年間で大体八万から九万ポンドは稼いだはずだ。家には月一〇〇〇ポンドくらい入れていた。合計九万ポンドとして一年で三万ポンド。一ヶ月にするといくらだ？

私：二五〇〇から三〇〇〇ポンドくらい。

Y：ああ、そのくらいだ。その金で車を買うか、家を建てるか考えたが、悩んだ末、家にした。それでだいぶ金を使ったが、この仕事は金が入ってくる時、出て行く時がある。後五ヶ月もして三月になれば、バナナの苗が育つからそうしたら車を買うかな。これがおれのやり方だ。何か物や食べ物、服がほしいときに、人に頼んで「五〇ポンドくれ」とかお願いするのは嫌だ。そんなことをしていたら、結局借金まみれになるだけ。おれは、頭（*fikra*）を使って金を稼ぐ。これが間違いのない生き方さ（*hayā mastūra*）。

YとZの違いの一つは、Yが自分のマシタルで得た利益をさらなる事業拡大や設備投資に用いず、自らの消費生活において必要だった家屋の建設や自動車の購入を優先させ（なければならなかっ）た点にある。Zには土地分配や産油国への出稼ぎで裕福な親兄弟の支援があったのに対し、Yはすべてを自分で用意する必要があった。Yと異なり、Zがマシタルを始めたのは、まさに出稼ぎに行っていた兄が戻ってきたことがきっかけだった。その話をZは以下のように語った。

おれは前に別の農場で働いたことがある。一緒に四、五人の働き手がいて、作物はトウモロコシやトマト、インゲンマメなど普通のものだった。おれの専門はＩＴだ。〔中略〕その頃、兄の一人が湾岸から戻ってきて、エジプトに住むということになった。それで別の兄と相談して、マシタルをすることになった。兄は〔温室の〕組み立て工を呼んできて、事務所と温室を作らせて自分で作業していたが、二年くらいしたら飽きてしまい、またその国に行った。それで自分が引き継ぐことになった。

Ｚの場合、湾岸産油国での出稼ぎに成功した兄弟がいて、家族資本によって事業基盤が作られた。それを継承し、拡大させたのは、Ｚの経営手腕であったといえるが、すべてを自分で用意しなければならなかったＹとは、出発点からして大きな違いがある。Ｚはその後大学の公開講座で農学を学び、事業規模を拡大し、ＱやＩと協業関係を組むなど、マシタル経営者としての階段を着実に上っていたが、ＹはＺから間借りした小規模なマシタルを維持しつつ、日々の糧を得るため、Ｚ農場で働き、時折「外」の仕事をこなす日々を送っていた。

たとえば、二〇一〇年一〇月のある日の夕方、私はＹと一緒にＸ村の喫茶店に座っていた。すると突然Ｙが目の前を通ったトラックの一台を見て、「行くぞ（*yallā*）」と私に声をかけた。よくわからないまま一緒にトラックに乗り込むと、車はそのまま道なりに進み、農場が立ち並ぶ中の開けた場所に到着した。Ｙによれば、五フェッダーンほどあるその土地の耕作指導を頼まれているとのことであった。そこには数人の男が待っていて、Ｙを出迎えた。彼らは歩きながら育てたい作物の種類を伝え、それに対しＹが細かい指示を交えて話をした。ひとしきり歩きまわった後、彼らは地面にゴザを敷き、火を熾して紅茶を淹れ始めた。相手の男が「とにかくやることを言ってくれ。おれが手配する」と言えば、Ｙが即座に灌漑に必要なチューブの値段を計算し、およそ二五〇ポンドほどかかることを伝えると、男はガラベーヤ（*gallabīya*, 伝統的長衣）の袂から六〇〇ポンドの札束を取り出し、「まずはこれを使ってくれ」とＹに手渡した。この男はミヌーフィーヤ県の人で、バドル郡住民ではないが、この地域には一〇年ほど出入りしており、この土地も最近買ったものだと言う。

こうした指導や自らのマシタル事業に使うため、Ｙは時折、懇意にしている農場に、接ぎ木作業の穂木となる「芽」（*ʿayn*）を取りに行くことがあった。種苗会社の種から野菜やバナナの苗を育てるＺと異なり、Ｙは接ぎ木を必要とする柑橘類を育てていたからである。二〇一一年六月のある日の朝、私がZ農場に行く前にYに電話すると、マルカズ・バドルに行って戻ってくるから道路脇で待っていろと言うのでその通りにしていた。少しすると、Yが車でやってきて、二人の男とYの小学生の息子を連れていた。[20] 一人はたまたま乗り合わせた知人ですぐに降りたが、もう一人は以前大学農場のマシタルで働いていた男であった。車はしばらく走り、ある農場に入っていった。Yはすでに許可を得ているようで、勝手に中に入っていき、連れてきた男と息子と作業を始めた。この日の目当ては「中国種」（*ṣīnī*, マンダリン）と呼ばれるミカンの「芽」であった。Yが芽のついた手頃な枝を鋏で切り落とし、それをYの息子が運び、若い男が葉を落とし、芽が付いた枝の束を作っていった。男はいまサダト市の工場で働いているが、大学農場のマシタル仲間とは連絡をとっていて、今回はYから久しぶりに農作業の手伝いを頼まれたと述べた。

図31　ミカンの枝を集めるY親子

Zが同業の経営者と協業関係を持つように、Yはマシタル経営者や労働者と幅広いネットワークを持っていた。たとえば、二〇一〇年一二月にZ農場ではスイカをキュウリの土台に接ぎ木する作業が行われたが、この時期Yは夕方の空き時間を利用して、知り合いのマシタル経営者にこのスイカの接ぎ木技術を教えに行っていた。年が明けた一月初旬のある日、私はYについていきその様子を見た。教えてもらう側の経営者Pがピックアップトラックで Yと私を迎えに来て、その車でPのマシタルへと向かった。そこには数名の男性労働者（一〇代から四〇代）が待っていた。Yは温室に入ると、すでに接ぎ木がされた苗を手直し、穂木の差込み方やクリップの留め方、水遣りについて作業しながら指示した。作業は夕方六時頃に始まり、夜の九時頃になると一旦Pが用意した食事を食べ、その後も深夜一一時過ぎまで続けられた。この指導に対してPからYに報酬が支払われたかどうかは確認できなかったが、Pにとっては重要な技術指導であることは間違いない。なぜYはわざわざ、競合する（駆け出しの）マシタル経営者を助けたのだろうか。

マンタル業界を見渡せば、経営者と労働者の間には、作業の指示関係はあるが、それほど厳格な区分ではなく、Yのように経営者と労働者を行き来する中間的存在も少なくないようである。この点を考えるために格好の「事件」が、二〇一一年一二月にZ農場で起きた。当時Z農場で働いていた三人の男性労働者の中の一人Lが突如独立して、自分の苗農場を始めたのである。独立後少ししてから聞いた話では、LのマシタルはZ農場のすぐ近くで、Z農場のようにピーマンやスイカなど野菜の苗から始め、いずれは規模を拡大し、Z農場で働く別の男性労働者Nを引き抜く——二人は父方平行イトコ（*awlād ʿamm*）という「近親」関係にあった——予定とのことである。私はこれを大事件だと感じたが、Yは「予想されたこと（*shē mutawaqqaʿ*）」と、こともなげに言った。

Y：右腕（*dirāʿ yimīn*）に慣れた人は、長（*raʾīs*）になれない[21]。一つの場所の主人（*ṣāḥib makān*）になるためには、自分で考え、理解し、行動することが大切だ。〔独立した〕Lはそういう性格をしている。

私：〔もう一人の〕Nの方が仕事をよく理解しているように見えたが……。

Y：お前が言いたいことはわかる。しかしNの目的（*hadaf*）は一つだけ。金だ。あいつは金を稼ぐことし考えていない。それでは長にはなれない。なろうとしない。ここの給料が月一二〇〇ポンドで、Nは外で仕事があればやっているし、短期の仕事もやっているので金は集まる。Nは金に執着してけちだ[22]。

Yの主観的な評価であり、LやNとの個人的な関係性も含まれるだろうが、Yは経営者になろうとするLを高く評価し、そうした志を持たないNを一段低く見ていたようである。他方、Z農場の経営者であるZは、Lの独立問題をどのように捉えていたのか。Zに直接尋ねてみると、興味深い答えが返ってきた。

私：Lが独立する話は、〔彼が仕事を辞める〕何日前に言ってきたのか？

Z：二日前だ。

私：怒りを感じなかった？

Z：いや。

私：どうして？

Z：人の恵み（*rizq*）はそれぞれ決まっている。[23] 誰かが仕事の主人（*sāhib shoghl*）になることはよいことだ。助けてあげないといけない。それにLが抜けて困ることはない。〔中略〕よくないのは、Nが、Lの仕事にも関わっているから、向こうに半分意識を向けている。Nはまだうちから給料をもらっているから、これはよくない。しかしLが出て行く分には問題ない。Lが自分より仕事をよく知っていたら、抜けられて困るけれど、そうではないから。おれは自分の仕事をわかっている。

私：こうやって独立していくのに驚いた。

Z：仕事の主人になることはよいこと。

私：〔競合しているのに〕互いに教えあっていることが驚き。

Z：おれたちの宗教[24]がそう言うから。恵みは人それぞれ、他人は関係ない。

私：YがPに〔スイカの接ぎ木を〕教えていた。Lにもああいう風に教えるのか？

Z：勿論、訊かれたら教える。イスラームがそう言っているからね。しかしYは人がいいからな（*ghalbān*

tayyib)。Pだったら、もし他人に訊かれても教えないだろうよ。

私：でもZも教える。どうして？

Z：おれは自分の評価（*sumʿat-i*）を大切にしているから。人に物を訊かれたら教えるし、事務所だってきちんとしている。経営（*idāra*）の仕事とはそういうものだ。昔、自分もそうだったが、Lにはまだそれがない。事務所がきちんとしていて、服装がきちんとしていなければいけない。話し方や身振り（*sulūkīyāt*）も相手の文化（*thaqāfa*）に合わせて、言葉遣いも相手によって変える。仕事も一から知らなければいけない。Nは金を得られればいい。Yもそう。Yはある部分では自分よりも物を知っている（*ashtar*）。でもその先の目的（*hadaf*）がないから、お金を稼いで満足している。おれは違う。最初から目的があった。それは評価を築くこと、Z農場をみんなが知る大きなものにすること。その分耐えてきた。だからその先にきっと恵みがあると信じている。

Zは、イスラーム的観念である「恵み」を引き合いにしつつ、自分が培ってきた経営の理念を、周囲から得られる社会的評価として説明した。ZもYと同様、Lが苗農場経営者として独立したことを評価していた。しかし、ある程度の知識と資本があれば独立は簡単だと考えるYと異なり、Zは「きちんとした」経営者になるためには押さえておくべき事があると考えていた。イスラームにもとづく「公正」や「恵み」などの観念は、一見、宗教にもとづく普遍的価値のように映るかもしれない。しかし、Zがここで述べているのは、経済活動の倫理的なあり方だけでなく、それを認めつつも、個々人がそれぞれ「稼ぐ」ための自己確立の方法であり、「企業家精神」の発露であったように思われる。

苗農場は、資本や技術の点で、比較的参入が容易な業種である。種から苗を育てるだけであるため、通常の農作物栽培よりも生産・販売のサイクルが短い。また、温室を用いた労働集約的な産業であるため、小さな土地を用いて短期間で利益をあげることができる。しかし、苗一つに対する利益は小さいため、安定した収益を得るためには、事業規模を拡大し、顧客に商品をいつでも提供できるようにする必要がある。固定客を繋ぎ止めるためには、商品の質と量だけでなく、外部的評価や同業者間のネットワーク、いわゆる「口コミ」が重要になってくる。Zはこうした経営に関する理解を持ち、マシタル「経営者」としての道を着実に歩んでいるのに対し、YやLは、その道に踏み出したばかりで、方向性を定めきれていない。特にYは、技術は持つが、「経営者」にはならないという意味で中間項的な「技術者」にとどまっている。（とはいえ、二〇一二年以降、Zは公務員職に戻ってみたり、Yは農業以外の分野での出稼ぎを試してみたりする中で、彼ら自身も迷い悩みながら、生計手段を模索していた。）

すでに述べたように、私がこうした苗農場の実践を観察した時期は、エジプトの農業政策が大きく変化し、自由化やグローバル化が進展した後であり、バドル郡地域のような沙漠開拓地でも、市場志向の生産が求められていた。この文脈の中に、グローバルな種会社による優良品種の苗を用意する「隙間産業」としてのマシタルが成立する余地が存在していた。すでにエジプト農村部においても完全な食糧自給を行う「農民」（peasant）など存在せず、市場経済の中で換金作物を作り、他の現金収入の手段を得ながら生活を成り立たせる「農業従事者」（farmer）が主となっていることが論じられている［cf. Hopkins and Westergaard 1998］。バドル郡地域を含め、エジプトの地方社会を生きる人々は、グローバルな資本主義経済に呑み込まれ、その交換の環の中にしっかりと組み込まれてしまっている。YとZの差は、交換を基軸とする現代社会における位置づけの違いと言い換えることができるだろう。Yと比べれば、Zは土地分配の恩恵を与かり、湾岸産油国への海外就労経験を持つ家族がいることで、この経済体制の中ではるかに有利な立場にいる。農業自由化の時代において、苗農場の可能性はより大きくなり、新規参入者への門戸も広く開かれるようになった。しかしその門戸が必ずしも平等には開かれていないところに、自由化のもう一つの特徴がある。

五　おわりに

本章では、バドル郡地域の主要な経済活動である農業の現代的なあり方を明らかにするため、同地域で昨今広がりを見せている農業周辺事業、「苗農場（マシタル）」を取り上げ、その一つであるZ農場を舞台とした人間関係から同事業に関わる人々の経営・労働観を検討した。

第二節では、農業統計を資料に、沙漠開拓地における農業の特徴を明らかにした。統計上「新しい土地」と呼ばれる沙漠開拓地は、ナイル川流域農地を指す「古い土地」に比べ、単価の高い野菜や果物を集中的に栽培している。バドル郡地域においても、農業統制が厳しかった一九八〇年代までは、政府の指示にもとづくピーナッツ栽培が主流であったが、農業自由化後にはより単価の高い果実や野菜栽培に移行している。ここに苗農場が成立する「隙間」が見出だされる。

第三節では、バドル郡地域でのフィールドワークにおける苗事業者のYとZとの出会いを紹介した。Yは過去に滞在した大学農場で知り合った人物で、再会したYを通じて、マシタル経営者のZと出会った。Zは自身の苗農場を拡大させ経営者の道を着実に歩んでおり、その家族関係や交友関係、経営思想などの点で、農業高校卒業後一貫して農業に従事してきたYと好対照をなしている。

第四節では、ZとYのそれぞれの選択を論じた。Zはバドル郡で公務員をしていたが、湾岸産油国で就労する裕福な兄が帰国して始めたマシタル事業を手伝うようになり、半ば成り行きでその経営を担うようになった。Zは、同じく苗事業を行う若き経営者IやQと共同経営を組み、積極的な設備投資をし、講演会や展示会に参加して「マシタル経営者」としての道を着実に進んでいた。一方、Yは長年農業労働者として働いていたが、湾岸産油国に一時出稼ぎ就労者として出た後、個人事業として小規模なマシタルを始めた。Yは小さな成功を収めたが、その利益を自身の生活支出に充て、その後Z農場で働きながら、Z農場で間借りしたマシタルと外部での仕事を兼業する「マシタル技術者」の道を進んでいた。二人の方向性の違いは、それぞれの考えや環境の差だけでなく、グローバルな資本主義的競争にさらされる現代エジプトの農業や農村社会の経済に対する理解、その中で個人がとる生存戦略の違いなのである。

バドル郡地域の主要産業である農業は、当然この地域の沙漠開拓地を利用して行われる。本書の各章で見てきたように、そうした土地は、開発計画によって用意され、その後を引き継いだ公的機関や地方行政機構によって分配され、売買契約書を通じて「買われる」ものへと変化した。前章では、住宅地の事例から「土地を買う」ことの仕組みを論じたが、この仕組みが根づいたバドル郡地域の経済体制は、「自由」であると同時に、常に「金を稼ぐ」ことを必要とするシビアな市場経済の世界でもある。本章では、YとZという二人に光を当てて、異なる境遇に置かれた人物のそれぞれの身の処し方、生き抜く術を見てきた。限られた資源と選択肢の中で「金を稼ぐ」ことは、農業や苗産業のみならず、この地域――ひいては現代エジプト社会――を生きる人々すべてが直面する問題でもある。次章では、莫大な支出を必要とする結婚の祝宴を取り上げ、バドル郡地域を生きる人々がこの問題にどのように「社会的に」対処しているのかを見てみたい。

註

（1）この問題については、一九九〇年代末の大規模沙漠開発計画である「トシュカ計画」を巡る政策論議に関する拙著を参照のこと［竹村　二〇一四c］。

（2）原語は「植物的」（nabātī）と表現され、「畜産的」（ḥayawānī）や「水産的」（samakī）と並置される。

（3）二〇一〇年はアメリカのサブプライムローン問題でドル為替が急変動し、年頭の一ドル＝九一円から年末の八三円へと大きく動いた。米ドルの相場に連動してエジプト・ポンドもレートを下げ、年頭には、市中での実質為替レートが、一ポンド＝一七円（一円＝〇・〇六ポンド前後）であったのが、六月には一ポンド＝一六円を切り（一円＝〇・〇六三五ポンド）、一〇月末には一ポンド＝一四円（一円＝〇・〇七一ポンド）にまで下がった。平均的数値として一ポンド＝一五円とすれば、二〇一〇年の八五六億ポンドは約一兆二八〇〇億円に相当する。

（4）原表の乾燥飼料類の記述には不規則な点が多い。その大半を占める乾燥茎（al-aḥṭāb）や藁（al-atbān）は、トウモロコシや米などの収穫後の残余物を利用しているため、原表でも作付面積には丸括弧が付けられる。本章の表7でもこれらの数値は含まない。

（5）サボテンの一種で実を食用とする。灌漑の手間が少なく、乾燥地に向いた作物の一つとされる。口語で *tīn shōkī* という。

（6）アルダブ（ardabb）はエジプトの乾量単位の一つで、品目によって一アルダブが何キログラムを指すのかは異なる。たとえば、小麦の一アルダブは一五〇キロ、大麦の一アルダブは一二〇キロである［Qiṭā‘ al-Shu’ūn al-Iqtiṣādīya 2011］。ピーナッツの場合は、殻つきであれば一アルダブは七五キロ、剝き身の場合は一五五キロで計算される。

（7）大学農場は、カイロ・アメリカ大学沙漠開発研究所が保有する実験施設であったが、土地の賃貸借契約満了に伴い二〇一五年二月に閉場された。本文中ではまだ大学農場が存在していたフィールドワーク当時の文脈に従い、話を進める。

（8）正則アラビア語では大学は jāmi‘a だが、口語では gam‘a と呼ばれる［Badawi and Hinds 1986: 170］。大学農場は mazra‘et el-gam‘a だが、しばしば省略して el-gam‘a と呼ばれていた。

（9）アラブ首長国連邦の通貨。二〇一五年九月現在では、一ディルハム＝約三二円であった。

（10）ミヌーフィーヤ県は首都カイロの北西部、ブハイラ県の南東部に位置する県で、厳しい経済状況の中を生き抜く知恵や悪賢さなどのお国柄で知られる。サダトとムバーラク、二人の大統領を輩出している。なおこの時、私は意識していなかったが、Yは父親がミヌーフィーヤ県出身なので、彼にとっては父の故郷でもある。

（11）ヘガーブ（*hegāb* / ḥijāb 文語では「ヒジャーブ」）は口語アラビア語で、イスラーム教徒の女性が被る、頭髪を覆うスカーフなどを指す。バドル郡では、女性の大多数が外出時にヘガーブを被り、肌や体の線を隠す服装をする。Z農場で働く女性たちは、仕事場で「ニカーブ」（*niqāb* / niqāb）と呼ばれる面覆いを付けることもあったが、常日頃はヘガーブだけであった。現代エジプトにおけるヘガーブとニカーブの違いや背景にある宗教思想については、後藤［二〇一四］を参照のこと。

（12）後に本人から聞くと、実際に受けた高等教育はＩＴ技術の専門学校であった。

（13）バドル郡の住民は、エジプト社会の全体的傾向と一致して、大多数がイスラーム教徒である。キリスト教徒（*mesīḥī*）である場合はその都度言及する。

(14) ただしこのときには、まず一階部分と屋根だけを作り、二階以上は後に増築することができるようにした。

(15) Rは二〇一〇年末に事業を国際的に展開し始め、ヨルダンのフリー・ゾーンを利用して農薬製造とセメント製造の工場を設立することを考えていた。私はある日Rから電話を受け、日本のある企業の化学成分分析機器について尋ねられ、彼の事務所でインターネットを使って企業の支社や製品名のリサーチを手伝ったことがある。情報を得るやヨルダンにいる部下やアラブ首長国連邦に住む自分の家族に国際電話をかけ、確かめていた。

(16) 口語アラビア語で「主があなたとともにありますように」（*rabb-nā ma`-ak*）を意味する慣用句。文字通りの意味とともに、物乞いを体よく追い払うときに使われることもある。

(17) 第二章の註三八で述べたように、フールは乾燥ソラマメを煮込んだ庶民料理で、その他も一般的なエジプト家庭料理である。そのためこの「朝食」の合計金額をQは五〇ポンド、Iは七〇ポンド程度と予想していた。一〇〇ポンドは日本円にして約一五〇〇円だが、当時の一般的な農業労働者の月収が一〇〇〇ポンド前後であり、比較的裕福なZの家の毎月支出が二〇〇〇ポンドだとすると、一回の食事代としては高額と言えよう。

(18) コシャリは、パスタと米の上にヒヨコマメやレンズマメなどを乗せ、トマトソースをかけた「丼物」の軽食で、二〇一一年頃であれば一杯五ポンド前後（約六五円）で空腹を満たすことができた。四人分で二〇ポンドだったとしても、往路のカフェテリアでの食事との価格差は明白である。

(19) 同じファラハの語で、結婚当日の祝宴と前夜祭の両方を指すが、ここでは後者の方であったので翌日の祝宴当日に回すことができた。祝宴に関しては本書第六章を参照のこと。

(20) 月曜なので平日ではあったが、小学校はすでに夏季休暇に入っていた。

(21) 「右腕」は誰かのための働く手を連想させ、「長」はボス、上司であり、同時に、「頭」を連想させる言葉であることから、「使われることに慣れた人間は使う側になれない」を意味する言葉だと理解される。

(22) *gildi*（文語 jildī）は、元の意味は「革製品の、皮っぽり」だが、口語では、拳を握り、親指を立て、その親指を噛んで引き伸ばすようなしぐさをしつつ、皮が伸びるほど執着すること、すなわち「けちであること」を意味する。

(23) 恵み（rizq）について、Zは以下の慣用表現を書いて説明してくれた。「恵みを得るための策略はない」（lā ḥīla fī al-rizq wa-lā shafāʻa fī al-mawt）。これは諺ではなく、イスラーム教の預言者ムハンマドの言行（ハディース）の一種であるが、近代になって作られた「偽ハディース」の一つである可能性が高い。東京大学の杉田英明教授のご教示による。

(24) ここでの「宗教」（*ed-dīn*）は、イスラーム教（dīn al-islām）を指す。

第六章　喜びを分かちあう――結婚の祝宴と社会関係の実演

一　はじめに

本章は、バドル郡地域においてしばしば観察される結婚の祝宴「ファラハ」（*faraḥ*）を通じて、この地域社会において結婚が社会的に成立する過程を描き出す。現代エジプトの沙漠開発に関する先行研究では、社会基盤に関わる住宅供給や移住の状況は述べられることはあっても、その後の数十年の長い年月の中でこの地域に生きる人々がどのように社会生活を送り、新たな隣人とどのような社会関係を育むのかについては、ほとんど取り上げられてこなかった。前章では、経済構造の変化とともに地域住民の間に経済格差が生じつつあることを指摘した。人々はそれぞれの「稼ぎ」具合を踏まえつつ、それでも「人並みの幸せ」を得ようと努力している。本章で取り上げる結婚の祝宴は、まさにそのような人生模様が演じられる舞台であり、長年の苦難と我慢を重ねた上で実現した「喜び」（faraḥ）の瞬間である。本章では、バドル郡地域でどのようにして祝宴を成立させるのか、フィールドワークから得られたファラハの事例から、地域社会における祝宴の意義と様態を明らかにしていく。

本題に入る前に、「結婚」[1]（*gawāz / zawāj*）[2]の定義を述べておきたい。本章では「結婚」と「婚姻」を区別し、後者を限られた文脈でしか用いない。周知の通り、結婚は、社会的・文化的制度であると同時に、法的・宗教的な制度でもある。「結婚」に関わる条件や手続きは、地域や時代によって異なり、その変化も議論の対象になる。本章では現代エジプトの社会事情を念頭に置き、二人の男女が知り合い、様々な手続きを経て、周囲の人々から「結婚した」とみなされるまでの全体の過程を「結婚」と呼び、その中の一部である法的または宗教的要請に応えた手続きを「婚姻」と呼ぶこととする。人口の約九割をムスリム、約一割をキリスト教徒とするエジプトでは、宗教的婚姻規則が行政・法律上の婚姻手続きに反映され、その上に結婚を取り巻く様々な慣習が存在する。婚姻は結婚の一部であるが、そのすべてではなく、祝宴は結婚の一部であるが、そのすべてではない。結婚を社会的構築物とみなし、どのような形で祝宴がその一部を形作るかを見ることも本章の目的の一つである。

バドル郡地域では――エジプトの他の地域と同じく――、結婚や婚約に際して開かれる祝宴を「ファラハ」と呼ぶ。フィールドワークが行われた二〇一〇年代初頭のバドル郡地域のファラハは、住宅地の中にある空き地や路地に一時的に設営された舞台や天幕において、あるいは常設のホールや広間を利用して、花婿と花嫁が着飾って壇上のソファーに座り、その姿を大勢の客が椅子に座って眺め、提供された飲み物や水煙草をのみながら、舞台上で繰り広げられるけたたましい音楽や参加者の踊りを眺めるといった催し物であった。建前上はオープンな集まりであるので、招待状がなくても（そもそも招待状が用意されなかったり、用意された数が少なかったりする）、入場が断られることはない。祝宴は、バドル郡地域の住民にとって貴重な娯楽や飲食の機会であり、重要な社交の場とみなされていた。そのため、祝宴の開催に関する情報は人々の間を駆け巡り、熱心に交換されていた。

こうした環境の中、私もファラハに参加する機会を多く得た。フィールドワーク中に参加した祝宴の数は二〇件で、単純計算すれば一ヶ月に一度はどこかの祝宴に出ていたことになる。しかしこれは、私が特にパーティー好きだったことを意味しない。私がファラハに参加したのは、結婚する本人やその家族を知っていて、彼らに直接・間接に誘われた場合もあったが、本書で登場したYやZなどの友人から突然「行くぞ！」と声をかけられ、誰に関係したものかわからないまま、ほとんど初対面の人の祝宴に連れていかれる場合も少なくなかった。同様に、友人の家族や親族の一員が結婚する場合には、彼らが開催者の一員となる祝宴に呼ばれ、あるいは当然参加するものとみなされ、参加回数を重ねていった。

祝宴を巡る観察と経験から、人々、とりわけ結婚を望む男女とその保護者が、祝宴を開くための支出を工面するために大きな苦労をしていること、しかしそうした負担にもかかわらず、祝宴の開催が結婚に必要不可欠な慣習とみなされていることに気付かされた。先に述べたように、バドル郡地域の人々が抱く結婚や祝宴の観念は、人口の大多数がムスリムであることから、イスラーム法や宗教的儀礼、それらの行政制度や法律への反映の影響を受けているだろう。しかしこのことは、個々の結婚が単一の「イスラーム的様式」をとることを意味しない。むしろ、当事者間のある程度の共通理解の上に、各自の結婚観やイスラーム理解、経済的能力、個人的・家族的事情、法制度に関する知識、周囲の経験や助言が合わさり、多種多様な形がとられていると考えるべきだろう。本章では、こうした個々の具体的事情に着目する。

以下ではまず、結婚と祝宴の関係性をバドル郡地域での事例と、エジプト社会における結婚の慣習を記した先行研究から検討してみよう。

二　結婚と祝宴の関係

1　結婚したい男

二〇一〇年七月に数年ぶりに大学農場を訪れたときの話である。夕方四時に到着したので、大学農場の労働者の多くはすでに仕事を終え、帰宅し始めていたが、近くのＸ村の住民を中心にまだ残っていた人がいたので、私は挨拶をしてまわっていた。そこに旧知のＫ（当時二〇代後半の男性）がいたので声をかけ、再会を喜びつつ近況を尋ねた。するとＫは、私も知る同僚の名を次々と挙げ、「みんな結婚して、子どももいる」と言った。そこで私が冗談めかして、「そういうＫはどうなった？」と尋ねると、Ｋはこう答えた。

おれは美人と結婚したい。それが望みだ。でも美人でも何もしないのはだめ。実はいま、カイロの女と約束を交わしている。彼女はディプロマ（高校卒業資格）を持っているから難しいかもしれないけど、おれには定職がある。だけど、おれの母親は離婚して、おれと一緒に住んでいて、姉妹もいる。だから、おれは自分の家の二階に住まないといけない。

Ｋは、相手の女性と比べて学歴の点で劣るが、正規の職を得ている点を強みにして、結婚の実現を目指しているところであった。翌朝、私とＫ、そして当時大学農場に滞在していたフランス人男子学生（二〇代前半）で話をしていると、Ｋは、若者同士のくだけた雰囲気からか、前日とはまったく違う望みを語った。

Ｋ：フランス人は美人だから、おれはフランス人と結婚して、国籍をとって、フランスに移住して仕事をする。それからエジプトでも結婚するんだ。フランス人は処女でなくてもいいけど、エジプト人は処女でないとだめだ。もし血が出なかったら、おれは……〔と持っていたナイフで相手を突き刺すふりをする〕。まあ、おれはこいつのイトコをもらうからいいんだ。

フランス人学生：だめだ、彼女はおれの姉妹みたいなものだから。

Ｋ：じゃあおれはフランス人のおばあさんと結婚して遺産をもらうから、おまえにも少し分けてやるよ。

こうした冗談話の三ヵ月後の二〇一〇年一〇月、私は数日前にＫの父親とマルカズ・バドルの街角で出くわした話をした。すると、Ｋは苦々しい表情を浮かべて言った。

Ｋ：おれはもううんざりだ（*zihiqtu*）。いっそ殉教者（*shahid*）になって死んでしまいたい[3]。おれはもう二九歳になるけど、給料は一〇〇〇ポンドだ。妹や母を養うために、家に五〇〇ポンド入れている。残りの五〇〇ポンドを貯めていったとして、結婚はいつになるっていうんだ？　家の二階部分を建てるのに七万ポンド、家具（*farsh*）に三万、小さなファラハに一万、祝いの屠殺用の牛五頭に一万五〇〇〇、花嫁衣裳に五〇〇〇、結婚指輪（*dibla*）に一万五〇〇〇。これでいくらだ？
私：〔携帯電話の電卓で計算して〕合計一四万五〇〇〇ポンド。
Ｋ：それを五〇〇ポンドで割るといくらだ？
私：〔再び計算して〕二四年。
Ｋ：二四年後か……絶望的だ……。

こうした身の上話を突然始めた理由は、私が話題を振ったＫの父親にあった。Ｋは自分が結婚できないのは、経済的理由で、それはすなわち子どもの結婚を支援するという、親の責任を果たさない父親のせいだと怒りを込めて話した。

親父（*abū-ya*）は何もしてくれない。もう会わなくなって四ヶ月たつ。親父には心がない。冷たいんだ。母さんと結婚して、おれが生まれて離婚して、また結婚して妹ができて離婚して。娘、妻、誰の面倒もみない。〔財布から写真を取り出して、そこに映っている男女を指差しながら〕花嫁がおれのオバさん(4)（*ʿammet-ī*）で一六歳、花婿だってたったの一九歳だ。なんで結婚できたのか。花婿の父が少しずつお金を集めたから。うちは父なし子だ。妹たちはおれのことを「パパ」（*bābā*）と呼ぶんだ。

このときの暗い表情から、私はこれ以降Ｋに結婚の話を尋ねづらくなった。それから半年後の二〇一一年六月に大学農場で会った時、Ｋはひどくうなだれた様子をしていた。近くにいたＫの友人に尋ねると、「彼は一昨日、婚約者と別れたばかりなんだ」と言う。詳しい理由は口にしなかったが、Ｋの友人が「彼女の父親がよくない人だったから」としきりにＫを擁護するあたりに、相手の父親が求める（おそらく金銭的な）要求に応えられなかったことが含意されていた。この友人は「かわいそうなＫのために、日本人の花嫁を一人用意してくれないか？」とそつなく頼んできたのであった。

それからまた数ヵ月経った二〇一一年一二月末、私が新聞を買いに行くためにマルカズ・バドルの道を歩いていると、バイクに乗って町に来ていたＫに出くわした。声をかけて呼び止め、話をすると、Ｋはいま自宅の二階部分を増築しているところで、明るい顔をして「今度いよいよ結婚する」と言った。相手はＫと同じ村の住民で、私も知る人の娘であった。Ｋは自身の結婚についてこう述べた。

家の二階部分はできた。二万ポンドかかったけど、トイレと台所はタイル張りにした。応接間はタイルなしで、じかに床に座るようにした。相手の父親は五〇〇〇ポンドしか出さない。少ないだろ。でもいいんだ、おれはセックスして子どもができれば。それが望みなんだ。

Kはその後二〇一二年四月に無事に祝宴を開き、結婚した。以前に二人で計算したあの金額にわずか二年間の貯蓄で到達したとは思えないが、（少ないとはいえ）結婚相手の父親や周囲からの支援があったのだろう。Kの祝宴は、私が観察した最後のものであったが（後述する表12の20番）、他と比べても遜色のないものだった。

Kが述べた支出計算からは、結婚のために必要な項目を見てとることができる。[5] 全体の半分を占める「家の二階部分」は、自宅を増築して、新夫婦のための独立した住居を作ることを意味する。バドル郡地域では近年、カイロなど都市部と同様、鉄筋コンクリートの基礎と柱を骨組みに、赤レンガや石灰岩を壁とする箱型の住宅が一般的で、当人の経済的能力に応じてまず一階部分を建て、後から二階、三階と増築していくことが多い（本書第二章のGの事例を参照）。Kの場合、父親がいないため、結婚後も母親や姉妹の面倒を見るために自宅の二階部分を増築し、そこに同居することを選んだようだ。その次に費用の大きい「家具」は、寝具関係のことであろう。

住宅と寝具（と「結婚指輪」）が結婚生活の物質的基盤とすれば、残る「祝宴」「屠殺用の牛」「花嫁衣裳」は、結婚を祝うために必要とされ、消費されるものである。金額だけを見れば、三つ合わせて三万ポンドと、支出全体の五分の一を占める点では決して少なくない。Kの毎月収入が一〇〇〇ポンドで、その内五〇〇ポンドを結婚資金として貯めると仮定すれば、三万ポンドは五年間の勤労に相当する金額である。しかし住宅や家具はその後も残るが、祝宴はその瞬間が過ぎれば、記憶と記録以外何も残らない。そのような曖昧なもののために、人々はなぜ、わざわざ高い費用と労力を必要とするファラハを行うのか。祝宴は結婚にどうしても必要なものなのだろうか。フィールドワークのデータからこの問いに答える前に、次項で従来の民族誌的報告で記されるエジプトの結婚と祝宴の関係性について確認しておこう。

2　エジプト民族誌における結婚と祝宴の関係性

エジプトのムスリムの婚姻法制や結婚の慣習はこれまでも報告されてきた。法的には、婚姻は、当事者（またはその代理人・後見人）と二人の証人による「婚姻の契約」(6)（*katb el-kitāb* / ʻaqd al-zawāj）の締結と、婚姻公証人「マーズーン」(7)（maʼdhūn）による登記により成立するが、社会的な意味での結婚は、これらに加えて、夫婦の共同生活の開始によって完了するものとされる［大塚　一九八五：二二七、Wikan 1980: 84; Singerman and Ibrahim 2001: 89; Aḥmad 2014］。この区別は次のように表現される。

> エジプトにおける標準的な調査で、ある個人が結婚しているかどうかを *gawaz* という用語を用いて尋ねる場合、それは普通、この共同生活の確立という最後の段階について尋ねていると理解される。［Singerman and Ibrahim 2001: 89, イタリックは原文ママ］

前項のKの事例と同様、祝宴はまさに「共同生活の確立」を象徴する行事とみなされる。過去の民族誌的記述では、共同生活の確立は、「行列」（zifāf）と「床入り」（dukhūl）の二つの行為・段階から説明されてきた。「行列」は新婦を新居に移動させることであり、「床入り」は夫婦が新居で同衾すること、あるいはそこで行われる最初の性交渉を指し、場合によってはそれに先立つ処女証明を含む場合もある。これらは、過去には数日にわたることもあったが、現代では一日、あるいは一夜で行うことが多く、その日は「行列の日」（yawm al-zifāf）や「床入りの夜」（layla al-dukūl）と呼ばれる［cf. Amīn 2008: 228–230］。その前夜には、花嫁（と花婿）の手足にヘンナを染める行事を行うためそれぞれの家に近親者が集まる「ヘンナの夜」（layla al-ḥinnāʼ）があり、「床入り」の翌朝以降には、花嫁側の近親者がご祝儀や食事を持参して新夫婦を訪れる「サバーヒーヤ」（ṣabāḥīya）が報告されている［大塚一九八五、Aḥmad 2014］。

バドル郡地域で観察されるファラハとは、この「行列」と「床入り」を合わせたようなものであった。よく見られるパターンでは、数台の自動車が「行列」を組んで花嫁を移動させ、花婿と合流させる。しかし新夫婦はそのまま新居に直行して「床入り」するのではなく、祝宴会場に寄り、そこで数時間客と一緒になって音楽や飲食を楽しんだ後、新居に入り「床入り」に至る。従って、祝宴は「行列」の一部でもあるが、行列の中に一つの時間と空間を区切り、大音量の音楽や溢れるばかりの飲食の非日常空間が繰り広げられる点において、「行列」とは異なる別の過程とも考えられる。

祝宴での食事の提供は、イスラーム的伝統に前例を見出すことができる。かつて預言者ムハンマドが、結婚を報告してきた信徒に対し、「ご馳走せよ、たとえ羊一頭でも」（awlim wa-law bi-shātin）［牧野　二〇〇一 四九―五〇、al-Bukhārī 2001: 28–29］と述べたことから、結婚の際に「ワリーマ」（walīma）、すなわち「食事」（ṭaʻām）の宴［Heffening 2000: 900］を開くことはムスリムに推奨される行為と考えられている［松山　二〇〇九：一六五］。たとえば、一九八〇年代初頭に出版されたエジプト人著述家による結婚マナーブック『結婚と婚礼作法』［ʻĀshūr 1982］では、結婚に際してムスリムが行うべき一〇の事柄が挙げられるが、その一〇番目にワリーマの開催が触れられる。

> 結婚は、礼拝を援け、連帯を強め、親愛を深めるための恵まれた機会である。このため、あなたのできる範囲で用意した食べ物からなるワリーマを開くことは、預言者の伝統とされる（yusannu）。［ʻĀshūr 1982: 63］。

同書によれば、ワリーマを行う時期は、「行列を終えた後、あるいは婚姻の契約を終えた後、七日までの間」［ʻĀshūr

1982: 64］が推奨される。これは、結婚の「行列」に合わせて行うこと、あるいはすでに共同生活が開始した後に行うこともありうることを意味する。ここではむしろ、預言者の慣行に従うこと、人々を招いて宴を開くこと自体に意義が認められ、その集まりから貧者を排除しない寛大さが強調される［ʻĀshūr 1982: 64］。結婚と食事の結びつきの点では、ワリーマは、バドル郡地域で観察された祝宴の原型、その宗教的根拠とみなすことができるかもしれない。しかしこれら二つの概念が理念と実践の対応関係にあると考えるのは難しい。これら二つの内容は一致しない点も多く、また少なくともバドル郡地域では結婚の祝宴にはワリーマの語は用いられず、たいてい「ファラハ」と呼ばれていた。

それでは、エジプト社会に関する民族誌的記述においては、祝宴と「行列」「床入り」は、どのような関係にあると報告されてきたのだろうか。いくつか代表的なものを取り上げてみよう。まず、近代エジプトの風俗に関わる最初の包括的な記録を残したイギリス人著述家エドワード・レインの『当世エジプト人の風俗と習慣の記録』では、カイロの都市街区での結婚実践が細かく記される［Lane 1978: 161–174］。これによれば、婚姻の契約の締結後、花嫁側によって家財道具が用意され、それらはラクダにより新居に運ばれる。「床入り」の前夜には、花婿の許に男の友人が、花嫁の許に女性客が集まりヘンナを施す。当日昼すぎ、花嫁は、女性の友人や付添人とともに花婿の家へ歩いて向かう。花婿の家の前では、剣戟や棒打ち、奇術などの見世物が行われるが、食事や天幕の存在は特に言及されない。花嫁一行は到着後、「室内」で食事をふるまわれる。花婿はすぐに花嫁に会いに行かず、日没前に風呂屋に行き、夜の礼拝のためモスクに出かけ、友人や楽団を伴ってゆっくり行き帰りする。その後ようやく花嫁の顔を見に行き、気に入れば周囲の女性に伝えてザガリート(8)を上げさせ、その後花嫁のもとに戻り、ようやく「床入り」を果たす。

この記述では、見世物を除き、祝宴にあたる集まりや飲食には言及されないが、レインが続けて短く触れる、カイロ近郊の村の結婚では次のように述べられる。

婚礼の夜としばしばそれに先立つ数夜、村では新夫婦の友人男女が花婿の家に集まり、開けた場所で夜の数時間をすごし、タンバリンや太鼓の伴奏で、歌と粗野な踊りを楽しむ。男女は歌うが、踊るのは女だけである。［Lane 1978: 174］

都市街区と異なり、農村部では、花婿の家の周辺で、新夫婦それぞれの男女の友人が歌い踊る、にぎやかな集まりがあることが示唆される。ただしこの記述はごく短く、集まりの規模や性格、飲食物の有無、「行列」との関係は述べられない。

レインの約一世紀後、一九二〇年代に上エジプトの農村部を調査したイギリス人人類学者ウィニフレッド・ブラックマンも村の結婚の様子を記している。花嫁は、日没前、ラクダや自動車に乗り、楽団とともに花婿の家に向かう。これに先行して、花嫁の家財道具を積んだ荷車が送られ、衆目にさらされる。到着した花嫁一行は花婿の家の中で待たされる。花婿は、男性友人のため、自宅の一角で宴（feast）を開くという。

夕闇が濃くなるにつれ、銃声があげられ、女たちはザガリートをあげ、楽団も輪にかけて騒々しさを増した。家の外にはたいてい天幕が張られ、ここに男たちが集まり、花婿に祝いを述べ、コーヒーを飲み、タバコを吸った。お祭り騒ぎは、とても貧しい人々でない限り、たいてい二日か三日は続けられた。［Blackman 2000: 93］

ブラックマンの記述では、花嫁が「行列」により到着した後の話として、楽団が呼ばれ、新居の戸外に天幕が張られて男性が居座り、宴会を楽しむ様子が描かれている。しかしこれも記述は短く、「床入り」のタイミングや女性客の有無などは述べられない。

同様に、二〇世紀前半の上エジプト農村における観察から『エジプト農民』を書き上げたエジプト人神父ヘンリー・アイルートは、同地の結婚における処女証明の儀礼を強調する。「床入り」の日、花嫁の家財道具と花嫁の家で用意された食事が、花婿の待つ新居に運び入れられる。花嫁はすでに前夜に入浴し、手足にヘンナを施されている。花嫁一行は、ラクダあるいは自動車に乗り、銃声とザガリートが響く中、花婿の家へと向かう。花婿は友人宅で風呂を浴び、手をヘンナで染める。友人宅に集まった人々は、花婿に愛と喜びの歌を歌い、銃声をあげ、塩をふりかける。花婿が友人とともに家に戻ったとき、花嫁はすでに到着しており、そこでまず処女証明が行われる。

> 小さな花嫁はすでに双方の親族に囲まれて待っている。彼らは、花嫁の処女性を最も原始的なやり方で確かめるのだ。血が流れ――花嫁は痛みから泣き叫び、その叫び声は周囲のザガリートにより掻き消される。名誉は守られた。宴が始まり、朝まで続く。宴はいつもにぎやかで、しかし男と女は常に離される。男女はそれぞれ喜び方が違うからだ。色とりどりの菓子やべたつく焼き菓子、時には肉が手渡される。この日には経済観念などない。その日の深夜、いくつかの地域では一、二日後に、結婚は床入りによって完了され、そこにはほとんど秘密はない。［Ayrout 2005: 119］

その後に続く祝宴では、多くの人々が招かれ（しかし男女は場所を分けられ）、飲食物がふんだんに提供されるものとされる。アイルートによれば、夫婦の「床入り」は、処女証明とは別に、当日深夜あるいは後日改めて行われるものであった。ここでの処女証明は、同衾としての「床入り」の一部よりも、周囲に見せるためのものとして「行列」の一部とみなすべきかもしれない。いずれにせよ、花嫁と花婿が「行列」により新居に集合したところで、まず処女証明が行われ、その後にその新居の周辺で祝宴が催されたことが示唆される。

一九六〇年代半ばにカイロ南の都市郊外にのみこまれる寸前の村を調査したヨルダン人人類学者ハーニー・ファフーリーは、一般的な結婚実践と新しい風習の両方を報告する［Fakhouri 1972: 66–70］。一般的な手順では、「床入り」の前日、花嫁の家財道具が運び入れられ、同夜、花婿と花嫁がそれぞれ友人を呼び「ヘンナの夜」を催す。当日、花婿は友人宅で入浴と散髪をし、花嫁は自宅で入浴と美容を行う。その後、花婿は楽団を先頭として村の中を歩き、自宅へ戻る。

> 行列が花婿の家に着くと、参加者たちは、婚礼のために借りられた大きな天幕（*sewan*）に入り、椅子やマットの上に座り、食事をしながら音楽を楽しむ。［Fakhouri 1972: 67、イタリックは原文ママ］

一方、花嫁は、支度が終わった頃に花婿の家族が迎えに来て、近ければ徒歩で行列をなし、遠ければタクシーで移動する。花嫁が花婿の家に着くと、花嫁は設営された舞台に座らされ、家財道具とともに部屋と中庭にいる女性客の視線にさらされる。

> 花嫁が展示される間、婚礼に招かれた女性たちは、歌い、手を叩き、タンバリンの音に合わせて踊って花嫁を楽しませる。このもてなしの最中、花嫁と客には食事と飲み物、紅茶がふるまわれる。［Fakhouri 1972: 68］

ファフーリーの報告では、「行列」に続いて天幕の中で開かれる祝宴が言及される。そこでは、親族や友人が招かれ、男女は別々に席をとり、飲食物が提供され、音楽が演奏された。新しい風習の結婚式では、全体的な手順は変わらないものの、村の床屋ではなく近くの町の「美容院」(beauty shop) が利用され、プロのカメラマンが記念撮影し、楽団がわざわざカイロから呼び寄せられた。処女証明は、一〇～一五年前までは花婿が白いハンカチでくるんだ指で破瓜し、年配の女性が横でそれを見守る風習があったが、新しい結婚式を行った花婿は「ばかげた風習と思ったのでやらなかった」と述べていた [Fakhouri 1972: 70]。

一九八〇年代にナイル・デルタ南東部の農村地域を調査した社会人類学者の大塚和夫は、一三件の祝宴を含む事例から以下の特徴を述べている［大塚　一九八五：二九四―三〇二］。花嫁の家財道具には精確な一覧表が作られる。前夜の「ヘンナの夜」は個々の違いはあるが、親族や隣人の小規模な集まりが一般的とされる。「床入り」の当日昼すぎ、「行列」のために、花嫁の家に花嫁側の親族や隣人が集まり、そこに花婿が自分の親族や友人とともにやって来る。夫婦と近親者が飾りたてた自動車に乗り込み、その後ろに他の人々が乗る車が続き、市街地を練りまわりにぎやかにクラクションを鳴らして新居へ向かう。徒歩の行列が行われる場合もある。

新居に着くと、事前に用意された一段と高い場所に二人は座り、そこで新郎側の親族や新居の隣人たちの祝福をうける。しかし、それもあまり長くは続かず、人々は早めに辞去し、あとには二人とその近親のみが残る。それから二人は初夜を迎えるのである。［大塚　一九八五：二九九］

大塚が観察した事例では、「行列」や「床入り」の日よりも、シャブカと呼ばれる金製品の贈呈による「婚約」

〔khuṭūba〕の際に祝宴が張られることが多かった。前記の引用では、新居近くの「一段と高い場所に二人は座り」との記述から舞台の用意が示唆されるが、特に音楽や飲食の提供がなく、客の訪問も限られていたようだ。むしろ大塚は婚約の祝宴を細かく記述している。大塚によれば、婚約の祝宴こそが「ファラハ」と呼ばれており、歌と踊りと音楽、飲食物の提供、タバコのやりとり、楽団や歌手に対するご祝儀のチップなどが観察された〔大塚　一九八五：二八八―二九〇〕。興味深いことに、一九八〇年代の農村地域であっても処女証明の実施が確認されたのはわずか一件で、処女性重視の観念は残るが、血のついたハンカチを公衆に示す行為はすでに高学歴層や宗教熱心な若者を中心に忌避される傾向にあった〔大塚　一九八五：二九九―三〇二〕。

最後に、二〇〇〇年代初頭にナイル・デルタ東部の村の結婚実践を調査したエジプト人人類学者アブドゥルハキーム・アフマドの報告を見てみよう〔Aḥmad 2014: 165–192〕。花嫁の家財道具の運び入れは花嫁の家族によって行われる。「床入り」の前日昼には、花嫁の化粧や髪のセット、ヘンナの染付けが行われ、夜には、花嫁と花婿のそれぞれの家で「ヘンナの夜」が行われ、親族や隣人、友人が集まり、ティルミス〔塩茹でした団扇豆〕や紅茶が出され、祝婚歌が歌われる。「床入り」の日、双方の家ではそれぞれ早朝から食事が用意され、昼すぎに隣人を招いた「昼食の宴」〔ḥafl al-ghadāʾ〕が催される。花嫁側で用意された食事は花婿側に届けられ、新夫婦の夜食となる。花婿は散髪に行き、親族の家で入浴する。「行列」は、花婿が直接迎えに行く場合と他人を迎えに行かせる場合があるが、花嫁を連れた一行が到着すると新夫婦二人の上に塩や米、チョコレートなどが撒かれる。二人は、参加者の前でケーキを互いに食べさせあったりする。その後は、以下の通りである。

花嫁は新居に入る。花婿は、花嫁とわずかな時間をともにするが、花嫁をその家族〔母親や姉妹〕に任せ、客を迎えるために戻り、祝いの返礼と、言葉あるいは行動による飲食の呼びかけの義務を果たす。〔中略〕村では近年、床入りの夜には性交がなされないようになっている。それは二人に重圧をかけるものであるから、しばし休息をとらせ、その後自然な形で夫婦生活が始められなければならない。［Aḥmad 2014: 188］

新婚夫婦が新居に入る前後に「祝宴」があったかどうかはこの記述からは明らかではない。食事の提供の点では、他の報告にない「昼食の宴」が挙げられるが、「行列」の前日昼に行われる点、それぞれの実家で催される点から、祝宴とは異なるものと考えられる。また、「床入りの夜」における最初の性交渉に関しては、新夫婦にある程度自由が与えられるようになっており、かつて花婿の母親が担ったという処女証明も行われない［Aḥmad 2014: 188］。処女証明は、すでに公の行事とはみなされなくなっているのかもしれない(9)。

以上に見てきたように、過去の民族誌は、結婚を「行列」と「床入り」の二つから説明してきた。前者は花嫁の身体的・財産的移動を示すものとして、後者は花嫁の処女確認や花婿の性交渉の権利行使に関わるものとして論じられた。民族誌的記述には、祝宴に相当する歌や踊り、飲食物の伴う集まりが言及されることがあり、それはたいてい「行列」の後、新居の周辺で親族や友人によって担われるものとされた。ここから、祝宴が何らかの形で「行列」と重複あるいは連続する内容を持つ行事であることが示唆される。ただし、「行列」と祝宴がどのような点で共通し、異なるのか、祝宴を行う理由や結婚の過程における役割、祝宴に集まる人の内訳、その開催方法や食事の提供などは、これまで注目もされず、詳細な事例報告もされていない。この意味で、次節以降で提示する祝宴の事例は、先行研究において描かれてこなかった局面であり、「結婚する」ことの社会的了解のあり方と、行事としての「祝宴」の関係性を、実証的に示そうとする試みである。

三　ファラハに参加する

1　ファラハとの出会い

私はもともと結婚や祝宴をおもな調査項目としていたわけではなかったが、人々との付き合いの中で、期せずして、ファラハと呼ばれる集まりに参加し、観察する機会を得ることになった。この点において重要な対話者となったのは、YとZ、Gの三人である。すでに本書の各章で論じたように、農業分野で働くYとZは私と同年代の男性既婚者であり、アパートの大家Gは五〇代の男性既婚者でその子どもが私と同年代であった。Yは、大学農場がある地域のX村に生まれ育ち、村に生活基盤を置く一方、仕事を通じて町との繋がりを持っていた。他方、Zは、生まれこそバドル郡内の村だが、後に町に引っ越し、町暮らしが長く、バドル郡地域の内外に広範なネットワークを持っている。Gは、幼少期にマルカズ・バドルに移り、成人後は町に自宅を持ちながら、首都カイロで働くなど広く世間を知っている。こうした交友関係にもとづき、私がフィールドワーク中に参加したファラハは二〇件で、その概要は表12にまとめたとおりである。

これら二〇件の内、X村で行われたものが六件、マルカズ・バドルで行われたものが七件あった。「花婿・花嫁との関係」と「同行者」欄の記述に記されるように、半数以上（一一件）の事例において、私と結婚当事者との間に直接の面識がないが、その家族や親族、同行者との関係性から参加した。総じてX村の人々とは顔見知りで、彼らのファラハには気軽に訪れることができた。この表には、現地でファラハと呼ばれる集まりをすべて入れているため、婚約のファラハが二件（表12の6、14）、「ヘンナの夜」が二件（14、17）含まれる。第四節で扱うYの妹のファラハとGの息子のファラハ（13、18）には、「ヘンナの夜」と「床入りの夜」の両方が含まれるが、

表 12　バドル郡とその周辺において参加したファラハ（* 印はバドル郡の外）

No	日付	曜	場所	花婿・花嫁との関係	同行者	食事	楽団
1	2010/9/6	金	カフル・ザィヤート *	花婿が Z の友人の親族	Z, Y 他 2	×	×
2	2010/9/30	木	ワーディー・ナトルーン *	花婿が Z の父方イトコ	Z, Y 他 1	○	○
3	2010/10/15	金	X 村	花婿が X 村住民	Y	○	○
4	2010/10/21	木	マルカズ・バドル	どちらかが Y の知人	Y	×	×
5	2010/10/22	金	ゼーン村	花嫁が Z の妻の妹	Z 一家 , Y	○	○
6	2011/1/28	金	ビリンガート村 *	花嫁が Z 農場で働く	Y	○	×
7	2011/7/5	火	X 村	花婿花嫁が X 村住民	（なし）	○	×
8	2011/7/7	木	マルカズ・バドル	花婿が Z の父方イトコ	Z、他 2	○	×
9	2011/7/8	金	X 村	花婿が X 村住民	Y	○	○
10	2011/7/15	金	ミヌーフィーヤ県の村 *	花婿が Z の親族	Z, Z 兄 , Y	×	○
11	2011/7/16	土	マルカズ・バドル	花嫁の父が大学関係者	Y	×	×
12	2011/9/26	月	マルカズ・バドル	花婿が G の父方オイ	G 家族	○	○
13	2011/10/20	木	マルカズ・バドル	花嫁が Y の妹	Y	○	○
14	2011/10/24	月	ゼーン村	花嫁兄が Z の友人	Z, Y	○	×
15	2011/11/7	月	アイン・ガールート村付近	花嫁が A の妻の妹	G 家族	○	×
16	2011/11/8	火	X 村	花嫁が X 村住民	Y, 他 1	○	○
17	2012/1/18	水	マルカズ・バドル	花嫁が友人の妹	友人	×	×
18	2012/3/29	木	マルカズ・バドル	花婿が G の息子 B	G 家族	○	×
19	2012/3/29	木	X 村	花婿が X 村住民	Z	○	○
20	2012/4/5	木	X 村	花婿花嫁が X 村住民	Y	○	○

出典：筆者作成

それぞれ一件にまとめてある。「食事」の欄には、食事の提供の有無を記してある。食事が出なかった五件の内、屋内施設で行われたものが三件（1、4、11）あり、その施設に来る前に花婿あるいは花嫁の自宅周辺で食事が提供された可能性がある。「楽団」の欄は、音楽を演奏する人や歌手の有無を意味する。楽団のない場合でも、音響機器を用いて音楽を大音量で鳴らすことが常であった。

２　ファラハの参加者たち

バドル郡におけるファラハは、どのような形で行われるのか。手始めに、フィールドワーク初期のX村での祝宴（表12の3）の様子を再現してみよう。当時、私は大学農場に宿泊しており、夕方、Yから電話で「今晩、○○おじさん（X村住民／大学農場関係者）の息子のファラハがあるから行こう」と誘われた。私は花婿とは面識がなかったが、花婿の父とは顔見知りで、X村住民であるYの誘いもあったので、出てみることにした。

夜の九時頃、私はYと合流して、X村の外れの空地に設営された会場に歩いていった。会場には天幕が張られ、電飾が飾られた舞台が設営されており、入口近くでは水煙草用の炭火を作るため、木の枝が燃やされていた。入口右手には、紅茶を給仕するテーブルがあり、係の若者たちが忙しく準備していた。左手では発電用モーターが唸りをあげていた。まだ新夫婦は到着しておらず、入口近くには、私が知るX村住民が何人か集まっていた。私とYは彼らに挨拶をして会場に入り、中で別の知人を見つけてそれぞれ挨拶をしていると、彼らの内の一人に指示されて、会場入口の左手にあるテントの横にある椅子に座らされた。これは、参列者のために用意された食事の順番待ちの列で、中には一列二〇人は入るテーブルが二列並べられていた。椅子はなく、立ったまま食べるようである。

図 32　ファラハ会場の様子

図 33　ファラハの食事

テーブルには等間隔で小皿が並べられており、アルミホイルに包まれた羊肉、味付けされたライス、マカロニ、レバー煮、漬物、パン、様々な菓子があった。私がカメラを取り出して食事の写真を撮ろうとすると、隣にいたYに「おい、そんな場合じゃない[10]（*yabnī mish wa't*）」と叱られた。しかし周囲の人たちが「撮れ撮れ」とけしかけ、食事を作った料理人まで連れてきたので、結局写真を撮ることができた。しかし周囲を見渡すと、それまで大勢いた人々はほと

図 34　会場に到着した花婿と花嫁

図 35　舞台の様子

んど食べ終わってテントから出て行っていたので、私も急いで食事をかきこんだ。テントでは、このような食事の提供が何度も繰り返されていた。

食事が終わって、Yとともに席に座っていると、突然騒々しい音が鳴り響き、行列の一行が会場に到着した。楽団を引き連れた盛大な行列で、会場の入口付近で音楽と踊りの実演がしばらく行われた。空には花火があげられ、祝いの銃声が鳴り響き、専属のカメラマンがその様子をビデオカメラで撮影していた。参列者の中には携帯電話のカメラで動画撮影する者もいた。新夫婦が舞台の上の特別席に座る頃には、参加者も仲間同士でかたまって椅子に座った。

舞台上では司会がマイクを片手に声を張りあげていたが、そこにもう一人スーツ姿の中年男性が登場し、歌い始めた。まわりに尋ねると、同じブハイラ県の工業都市マハッラ・クブラーから呼び寄せたプロの歌手だという。音楽や歌は、大型スピーカーを使って大きな音を出していたため、周囲と話をするためには相手の耳に叫ばないと聞こえないほどであった。私は大学農場関係者らと一緒に座り、舞台上の歌手や新夫婦の様子を見たり、「踊れ」と言われてその場で踊ってみたりして時間を過ごした。参列者には紅茶と水煙草がふんだんにふるまわれ、係の若者がコップや炭火を持って客席を駆けまわっていた。深夜一二時頃、私はYに声を掛け、まだにぎやかさの続く会場を後にして大学農場に戻った。

翌日の大学農場では、前日の出席者たちの間で、「昨日のファラハはいくらかかったか」「誰が出ていたか」という噂話が繰り返されていた[11]。私の存在は、X村住民以外の人々からも認識されていた。その日の夕方、私が買い物のためにマルカズ・バドルを歩いていると、大通り沿いの家具屋の中年男性に呼びとめられ、「昨日のファラハでお前を見たよ。何してたんだ。招待されたのか」と咎めるように、矢継ぎ早に質問された。私は、相手の口調を意識して少し話を誇張しつつ、「勿論行かないわけないよ。大学農場に泊まっているからね」と答えた。すると「それだけで?」となおも納得しない口ぶりであったので、私が「昨日の花婿の父親を知っているかい。○○おじさんだ。知り合いなんだよ」と言うと、彼は「本当か!」と驚いた。今度は私が「そういうあんたはどうなんだ?」と尋ねると、「おれも花婿の父親と友達なんだ。ぜひお茶でも飲んでくれ」と言い、急に柔らかな物腰に変わった。このことは、ファラハが人々の関係性を確認する場であり、また新たに関係を広げる契機となることを示している。その土台となるのは、無料で客に提供される飲食物や歌・踊りの実演であった。こうしたもてなしは、よく現地で聞かれた言葉、「おまえは客だから（*enta dēf-nā*）」と同じ語に由来する「歓待」（diyāfa）の精神と言い換えることができるかもしれない。

一方で、参加者たちもただ漫然ともてなしを受けるのではなく、その場をにぎやかにし、盛り上げる役割を担っているようである。数ヵ月後、X村で別の結婚の祝宴が開かれた（表12の9）。花婿は大学農場関係者で、私は彼から事前に、「今度ファラハをやるから来てくれ」と誘われていた。当日の夜七時頃、私はZ農場からYの車でX村へ向かっているところだった。途中の一本道に差しかかったところで、X村の方からやってきた数台の車の一団とすれ違った。Yに尋ねると「花婿の行列だ」と答えたので、私たちは方向転換し、行列を追いかけることにした。一団が市内に入る前に追いついたが、数台の車が縦に並んで静かに走っているだけであった。一団はマ

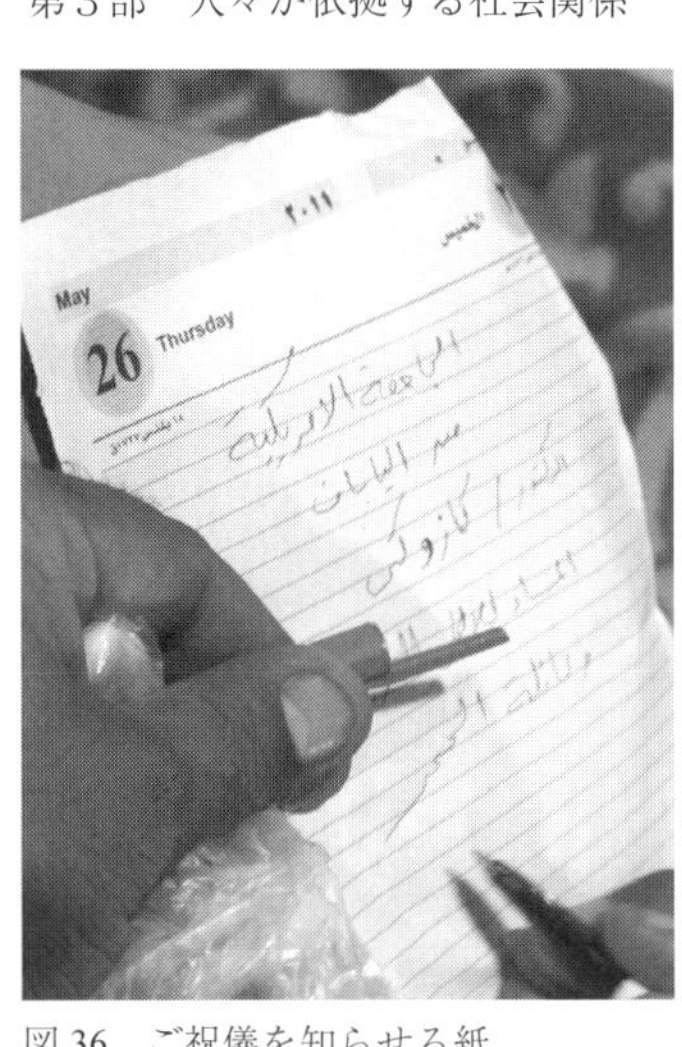

図 36　ご祝儀を知らせる紙

ルカズ・バドルで有名な写真スタジオの前に停まった。バドル郡での結婚では、このスタジオで記念撮影を行ってから祝宴会場に行くことが多い。この時も先客がいて、撮影を待つ間に別の二組が到着した。

X村の新夫婦が撮影を終えて出てくると、一行は再び車に乗り込み、市内の大通りを一周した後、花嫁の家がある村（X村とは別の村）に向かっていった。花嫁の家が近くなると、何台かの車が蛇行し、もうもうと砂塵をまきあげ始めた。花嫁の家に着き、少し外で待ち、再度人が乗り込んだ後、一団は再出発し、ファラハの会場のあるX村へと向かっていった。X村が近くなると一団の車は次第に激しく蛇行運転し始め、けたたましくクラクションを鳴らし、砂塵を巻き上げる騒々しい行列になった。X村に入っても、村の中の空地に設営された会場にはすぐに向かわず、村の中を二、三周まわってから、会場に到着した。Yは「おれは二周で十分だ」と言って列を離れ、自宅前に車を停めた。

会場[12]に着くと、すでに楽団が壇上で演奏を始めていて、その合間にマイクを持った司会がご祝儀のチップを出した人の名前を連呼していた。私はYと別れ、知己のX村住民や大学農場関係者とともに舞台を見ていた[13]。食事のテントもあり、案内役の若者が声をかけて回っていた。私も呼ばれたが、まだお腹が空いていなかったので「また後で」と断ったら、結局食べ損なうことになった[14]。しばらくの間写真を撮り、舞台を眺めていたが、椅子に座る友人（X村住民）を見つけ隣に座った。彼がご祝儀のチップをあげていたので、「自分も出したいが、いくらくらいか？」と尋ねると、「五ポンドで十分だ」と言うので、私は五ポンド札を取り出し、彼が持っていたノートの切れ端に名前を書いて舞台下にいる係のところへ持っていくと、係がノートに名前と金額を書き、次いで司会が私の名前を連呼した。

深夜一二時頃には大きなウェディング・ケーキが運ばれてきて、壇上の新夫婦がそれを互いに食べさせ、グラスに注がれたジュースを飲ませあう姿も見られた。午前一時を過ぎた頃、花婿と同年代の若者たちが舞台に上がって踊りだした。花婿を囲んで輪を作り、あるいは肩車をして、若者たちが存分に踊り、舞台の高揚は最高潮に達した。この頃には飲食物や音楽の提供も終わり、後ろの方では椅子の片付けも始まっていた。午前二時頃にはようやく若者たちの踊りが終わると、残っていた女性たちがザガリートを高らかに響かせ、花婿の母と近親者と思しき女性たちが二人を先導して、水と塩をまき、新居に入っていき、ドアの外で散会となった。

図 37　ウェディング・ケーキ

図 38　肩車され踊る花婿

ファラハでは、参加者が単にもてなしを受け、好き勝手に飲み食いしていただけのように見えるが、実際には、各自が結婚当事者との関係性や立場に応じて、場を構成する役割を担っていることが読みとられた。村からともに車を走らせ、写真撮影に付き合い、行列をにぎやかにすることも一つの役割であり、舞台上の楽団や歌手にご祝儀のチップを出すことも、一つ一つの金額は少なくとも主催者の顔を立てることに通じる。若者は自らの身体を用いて花婿を盛りたて、女性たちも深夜まで残ってザガリートを上げる。もてなす側の提供に応じて、もてなされる側にも相応の奉仕が期待されるのである。

この点をよく表すのが、私が面識のない人々のファラハに参加した事例である。二〇件中一一件がこれにあたるが、私をよく連れ出したのが、苗農場の経営者Zであり、表12の2にあたる二〇一〇年九月のファラハがまさにこれに相当する。その日、私はZ農場にいたが、夜七時頃になるとZが突然「行くぞ（*yallā*）」と言い出した。私は促されるままにZの車に乗り込み、Yが運転席に座った。行き先を尋ねても、「ワーディー・ナトルーンだ」としか言わず、Yも「ファラハだ」としか言わない。ワーディー・ナトルーンはマルカズ・バドルから車で小一時間の距離である[15]。カイロ・アレクサンドリア沙漠道路に出て、道を渡って反対側のナトルーンの町に入り、住宅地を抜けて会場に到着した。時間が早かったのか、まだ人は多くなかった。

Zについて会場に入っていくと、ガラベーヤ（伝統的な長衣）を着込んだ年配の男性たちに迎えられた。彼らはZの親族で、花婿とZは「イトコ」（*awlād ʻamm*「父の兄弟の息子たち」[16]）だと紹介された。つまり、彼らは故郷のミヌーフィーヤ県からワーディー・ナトルーンに移り住んだ人々で、その内の一人のファラハだったのである。挨拶の後、近くの椅子に座っていると、食事のテントに呼ばれた。Zは「他の人もいるだろうから」と丁重に断ったが、相手も退かず、結局私たちは食事をとることになった。テントの中には丸い食卓が五〜六つ並び、等間隔に小皿で、煮込み肉、レバー、ライス、マカロニ、漬物、ポテトフライ、プリン、お菓子が並べられていた。やはり立食形式で、よく気がつく係がいて、ライスを食べ終わった人にはすばやくお代わりが盛られた。

食事を食べ終えて紅茶を飲みながらZの親族である男性たちと雑談をしている間に、行列の一団が到着した。壇上では向かって左手に新夫婦が座り、右手に楽団が並び、司会が大声を上げて、ご祝儀を出した人の名前を連呼していた。司会が名前を呼ぶ合間に、若い男性歌手が歌声をあげ始めた[17]。Zとともに私も舞台に近づき、ご祝儀を出し、壇上で踊ることになった。ただしZは自分では踊らず、私をけしかけただけである。舞台下の観客から「あれ誰だよ」「中国人か？」と訝る声があがり始めた時、司会が私の名前を連呼した。そうしてひとしきり盛りあげた後、私たちは帰途についた。

振り返ってみれば、Ｚが私のような「外国人」を連れていき、余興代わりに踊らせることに「もてなされる側」としての役割を果たす計算があったのだと考えられる。しかしこの方法がいつも成功するとは限らなかった。ある時、Ｚの別の「イトコ」がミヌーフィーヤ県のある村でファラハを開き、ＺとＺの兄とともに訪れたことがあった（表12の10）。会場に着いたのは夜八時頃であったが、行列の一行はまだ到着しておらず、Ｚらの親族である花婿の父に迎えられた後、私たちは席に座って待っていた。少しすると一行が到着したが、若者たちが最初から壇上で踊る騒々しい舞台であった。楽団やカメラマンも揃っていたが、食事は用意されず（少なくとも私たちは呼ばれず）、かなり後になって冷めた紅茶が出されただけであった。Ｚの兄はこうした扱いに腹を立て、花婿の父に帰ることを伝えた。花婿の父は引きとめようとしたが、Ｚの兄の気持ちは変わらず、私たちは帰途についた。

この経験から、ファラハは開催者側からの「もてなし」がなければ、決して居心地のよい場にならないこと、また、招待客や親族であることが必ずしも厚遇を受けることにならないことも理解された。反対に、期待せずに行ってみたら、食事も飲み物も十二分に用意されていたため、食べた分は働けとばかりに、Ｚに「踊れ踊れ」と盛んにけしかけられた例も幾度かあった（表12の8と14）。Ｚの妻の妹の結婚のファラハ（表12の5）に出た時も大変よい「もてなし」を受けた。Ｚにとって妻の妹夫妻は姻戚であるが、一般に姉妹を娶った男同士は「義兄弟」（*'adīl*）と呼ばれ、親しい間柄になると言われる。後にＺは自動車の車両検査を受けるために、隣接するコーム・ハマーダ郡の自動車検査場に行ったが、その際、Ｚと義兄弟にあたる警察官（この時の花婿とは別の人）が同伴して便宜をはかり難なく検査を通ることができた。結婚はこうした互酬的な社会関係の基礎であり、ファラハに出ることは相互の関係を再確認し、補強することに通じる。

　このように、ファラハは歓待の絶好の機会であるが、一つ対応を間違えれば、かえって相手に悪印象を残すことにもなりかねない。他方、ファラハに出る者も時間を割いて出てくる以上、自分が来ていたことを結婚当事者やその家族に対してアピールする必要があり、かつ、その場で受けた「もてなし」に返礼する方法を模索する。ファラハの場で司会にご祝儀を渡し、名前を連呼させること、舞台にあがって直接挨拶すること、壇上で踊ることも有効な手段の一つである。時間軸を長くとれば、ある人のファラハに出ることは、その人をかつて自分や身内のファラハに呼んだ返礼とも考えられる。つまり、ファラハがしばしば催されることで、ある時には「もてなす側」、別の時には「もてなされる側」となることを意味する。こうした見方に立てば、ファラハは、人々の互酬的な社会関係が確認されるだけでなく、その確認が「実演」される場だと言えるだろう。

　過去の民族誌では、「結婚の宴には家族や親族、友人、隣人が呼ばれる」といった類型論的な記述が多く見られた。それは現実とかけ離れた記述ではないかもしれないが、あまりに静態論的にすぎ、結婚を家族・親族のものとみなす言説を無自覚・無批判に再生産することに通じかねない[cf. Eickelman 2002: 140]。私自身も参加者の一員となり、観察した限り、ファラハの参加者たちは、「親族だから出る」「呼ばれたから出る」という単純な規則で行動しているのではないようであった。ある人がファラハに出るのは、当事者との関係性など様々な要素が入り混じった複雑な計算を意識的・無意識的に行った上のことである。個々人の間で考えの違いはあるだろうが、計算をまったくしない人間はいない。家族や親族を論じるときには、規則と実践の違いを意識しながら、その間にひそむ苦悩や感情に目を向ける必要がある。

　ファラハに参加することは、文化的諸観念に彩られ、社会的諸関係の中に絡めとられたものであり、同時に、主体的な意思決定と実演を伴う行為である。そしてそこでは、自分の存在が他人に「見られる」ことが大きな意味を持つ。同じことはファラハの開催者にも当てはまる。神経をすりへらしながら、参加者をもてなし、高い費用と大変な労力のかかるファラハを行うのはなぜか。ファラハは、誰が誰のために、何のために行うのだろうか。この問いに答えるため、次節では、Yの妹のファラハ（表12の13）とGの次男のファラハ（同18）を例に、花嫁側と花婿側のそれぞれから見たファラハを開く側の考えと行為を見てみる。

四　ファラハを開催する

1　花嫁の兄として

Yの妹は、Yより一〇歳ほど年下で、私が二〇〇四年に初めて会ったときにはまだ高校生であったが、二〇一〇年にYと再会したときにはすでに成人し、加えて「ムナッカバ」（munaqqaba）――「ニカーブ」（niqāb）と呼ばれる黒い面覆いを被る女性のことで、顔だけでなく身体の線を見せないように気をつけ、黒い外套を羽織り、黒い手袋を着けることが多い――になっていた。Yによれば、妹がムナッカバになった理由の一つが「婚約した（*itkhaṭabet*）」からであった。相手はマルカズ・バドルに住む若者で、Yもよく知る一家であった。Yの父はすでに五年以上前に退職した年金生活者であったので、長男のYが結婚の交渉に深く関わっていた。Yの両親にとっては、その他の子どもは皆結婚しており、末娘が最後に残された親の責任であった。婚約後、相手の男は結婚を早めるべく、周囲の反対を押し切ってスーダンへ出稼ぎに行き、帰国後ほどなくして二人は無事結婚した。

図39　婚姻の契約

図40　花嫁の家の前に集まった車

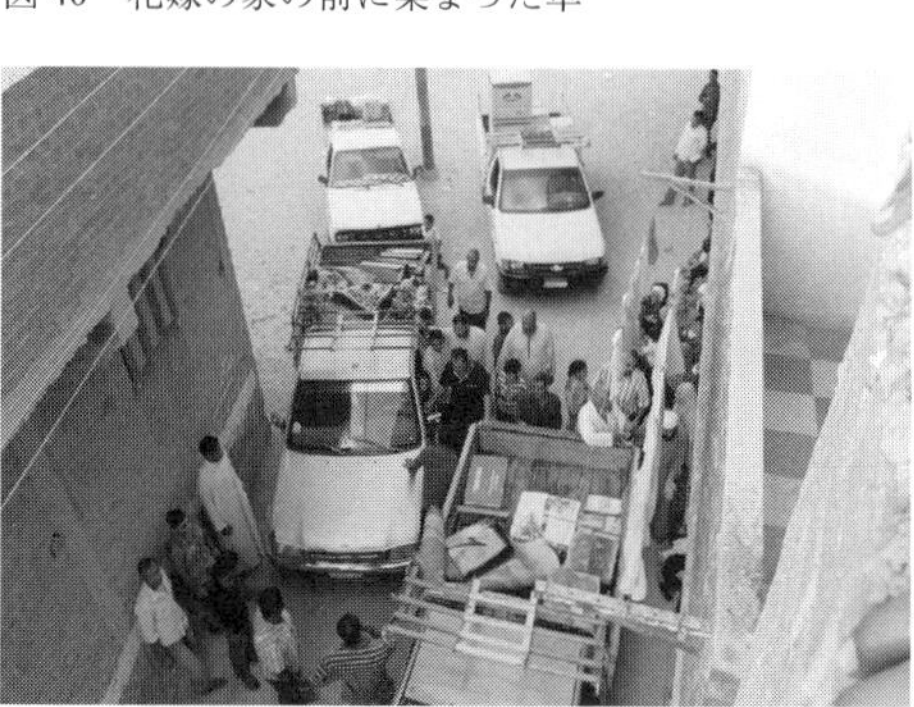
図41　花婿の家に到着する

二人の「婚姻の契約」は、ファラハの三日前、X村のモスクで、午後の礼拝[18]後に行われた。礼拝のためにモスクに来ていたX村住民（二〇人程度の男性）がそのまま契約の場に居合わせたほか、礼拝後に婚姻契約に立ち会うためだけに来た人もいた。見知った子どもも数人いて、モスクの後の方に座る私にまとわりついていた。マルカズ・バドルから呼ばれたマーズーンによる長い説教の後、婚姻の誓約がなされ、Yの父と花婿の間で握手が取り交わされた。その後、ケースを抱えた若者が脇から現れ、臨席者にふるまうジュースを配った。入り慣れないモスクの中で所在なくしていた私に対し、旧知のX村住民が「今日は写真を撮らないのか?」「おれが撮ってきてやる」などと助け舟を出してくれた。

ジュースを飲み、モスクの外に出ると、周囲にはまだ人が見られ、特に花嫁の家のまわりに車や人が集まっていた。家の前にはピックアップトラックが三、四台停まっていて、荷台に男たちがあがり、絨毯やテレビ、食器、布団などを運び込んでいた。Yの妹の「家財道具[19]」（ʿizāl / jihāz）をマルカズ・バドルの新居に運び込むところであった。トラックの運転手には花婿の友人が多く見られたが、花嫁側のX村住民も一人確認された。人々がまわりの車やバイクに分乗した後、この家財道具の行列は村内を一周してから道路に出て、マルカズ・バドルへ向かった。

私もその内の一台に乗り、一団についていった。

マルカズ・バドルの新居の前では、女たちが太鼓を鳴らし歌声をあげて待っていた。車の荷台から家財道具が、人の手によって新居（花婿の実家の四階に増築された）へ運び込まれていった。多くの場合、荷物を持ち上げるのは、花婿側の若い男たちであった。新居では、花嫁側の女たちが包装を解き、道具を並べる仕事をしていた。Yの弟の妻が、臨月の妊婦ながら陣頭指揮をとり、その他Yの姉妹やオバ（母の姉妹）、親族の女性たちなど見たことのあるX村の女たちが中心となって作業をしていた。花嫁とその母、Yの妻は、自宅に残り、この作業に参加しなかった。食器や小物は各自の手で持たれ、布団や毛布などは階段各所に人を配置してリレー方式で次々と運び上げられた。最後に冷蔵庫や洗濯機、ガスコンロなどが、箱のまま紐で結わえられ、花婿の友人の体つきのよい若者の背に担がれていった。

図42　ヘンナの夜

車から荷物が下ろされ、上の階で片付けや配置の作業がなされる間、家の前に若干のX村住民や花婿の友人らが残っていた。少しして、上にいたYが疲れきった顔でおりてきた。家電製品に有名な会社のものが揃っていたので、そのことを褒めると、「よいものを集めたから全部で一七万ポンドもかかった」と言う。Yの父が少しずつ買い集めたものをYが弟と一緒に補ったと言い、Yは「結婚はまわりが疲れる」と諺のような言葉を呟いた[20]。

その翌々日（つまりファラハの前日）の夜、X村の花嫁の実家（Yの父の家）で「ヘンナの夜」が催された。私はZとともにX村に行った。Yの実家がある路地の一面に敷かれたゴザの上に男たちが座って、紅茶を飲み、水煙草を吹かしながら談笑していた。路地に座っていたのは男たちだけで、女たちは屋内

図 43　美容院の外で待つ男たち

図 44　ファラハは花婿のもの？

に集まっていたようである。小さなスピーカーが持ち込まれ、音楽が流されていた。私が知っているYと同世代のX村住民やY一家の親族が多く集まっていた。Yは主催者として参加者に挨拶してまわり、私はZや既知のマルカズ・バドルで働くX村の若者たちとともにいた。Yの妹の「ヘンナの夜」はこうして、穏やかな雰囲気で行われた。

ファラハの当日夕方、私はZとともにマルカズ・バドルの美容院にいるYのもとへ向かった。美容院の前にYの車が停められ、Yが外に立っていて、車の中にはYの妻と娘、女性二人が乗っていた。そこに色とりどりの飾りを付けた車に乗って花婿が到着し、少しして花嫁が美容院から出てきた。前述の通り、花嫁は普段ニカーブをつけていたが、花嫁衣裳では白いウェディングドレスと髪覆いのみであった。そんな花嫁について、花婿の友人たちは怖い顔をして、「女は撮るな（*ma-tṣawwar-sh ḥarīm*）」と私に言った。そこで花嫁の兄のYの顔を見ると、「撮れ（*ṣawwar*）」と短く言うのであった[21]。

花婿と花嫁は飾りたてられた車に同乗し、市内の写真スタジオに向かった。先客が出てくるのを待ってから、記念撮影を行い、その後一行は数台の車に分乗し、花嫁の実家があるX村に向かった。私はZの友人のピックアップトラックに乗り込んだ。車の一団はX村に続く一本道では静かに、X村の中に入ってからは騒がしく走りまわり、ついに花嫁の実家に到着した。そこで花嫁が自宅で待っていた両親に別れの挨拶をし、再度マルカズ・バドルに向かい、新居の近くの空地に設営されたファラハ会場に到着した。X村から会場までは、婚姻契約やヘンナの夜に参加したX村住民の人々がそれぞれ車やバイクを駆って砂埃と騒音をあげ、行列を盛り上げたが、会場で実際に席に座った人はそれほど多くなく、大部分が行列に参加するだけで帰っていった。

会場には天幕が張られ、舞台が設置され、生演奏をする楽団も呼ばれていた。夜一〇時頃には盛り上がりを見せ始め、竹馬に乗ったダンサーが現れ、馬による踊りや花火や爆竹が派手に鳴らされた。深夜一二時過ぎに散会になると、残っていたX村住民はそれぞれ知人の車やバイクに分乗し、乗りきれない分はY、Yの弟、Zの車とZの友人のピックアップトラックで送られていった。

数日後、X村のYの実家を訪れると、Yの父がいたので新夫婦の様子を尋ねると、「ファラハの翌日と翌々日に訪れて、サバーヒーヤの食事も二回届けた。後は一週間後のお祝いで、後はもう犠牲祭になるのを待つだけ」と述べた。ちょうど外出していたYの母が帰ったので話を振ると、「これで私たちがやるべきことは終わった。あとは借金しないように暮らすだけだね」と、安心した顔で答えていた。

以上、花嫁側からファラハを眺めたが、モスクでの「婚姻の契約」から花嫁の家財道具の運び入れ、「ヘンナの夜」、そしてファラハへと至る一連の過程が観察された。それは、ファラハ当日に花嫁が両親に挨拶し、会場に向かい、そのまま新居に住み始めることだけでなく、その数日前から、婚姻契約が締結され、花嫁の家財道具が新居に運び込まれ、花嫁側の女性たちが中心になってその片付けや整理がなされる中で、徐々に、花嫁の身体的・社会的存在が花婿側へと移っていく過程を指すものであった。ファラハ会場に花嫁を送り届けた「行列」の後、祝宴に参加せずに帰ったX村住民がいたことも気になる。ファラハは、花嫁を受け取る花婿のためのものなのだろうか。次項では、花婿の側から見たファラハの様子を見てみよう。

２　花婿の父として

本項で事例とする花婿は、Ｇの次男Ｂである。本書第二章で見たように、Ｇの家は各階が独立したアパートでなっており、当初は三階にＧ夫婦とＢ、一階に長男Ａ一家が住み、二階を季節ごとにやってくる仲買人たちに貸し出していたが、二〇一一年七月にブドウの仲買人が出た直後に私が入ったため、その年の一一月にイチゴの仲買人が来た時、貸し出す部屋が足りなくなった。そこでＧは自らの三階アパートを貸し、四階に屋根を葺き、壁を建て、簡単な内装をして寝室と台所の二部屋だけを作り、そこに住むことにした。

私がＧのアパートに入居した当時、次男Ｂは二〇代後半の不良青年といった風体で、日中はずっと寝ていて、夜になると起きてトゥクトゥク（自動三輪タクシー）の運転手をして朝まで帰らない、といった生活をしていた。その後、トゥクトゥクの所有者と仲違いをしてから、仕事を転々とするようになったが、たいてい昼まで寝て、夕方から外に出て行き、明け方に帰る生活をしていた。そんなＢであったが、時折「おれは結婚している」とか「おれには妻がいる」と述べ、「お前にはおれのファラハに出てほしい」と言うことがあった。私はしばらく彼の言うことを理解できなかったが、二〇一一年一二月のある日、謎が解けた。その夜Ｇのところに、長男Ａ一家とＢ、私がいた。突然、Ｂが結婚したいと言い出した。

Ｂ：父さん（*yābā*）、おれは結婚したい。早くしたい。ベッドがあればいいんだ。

Ｇ：ベッド（*sirīr*）は二、三〇〇〇ポンド。タンギード[22]（*tangīd*）は、枕二つとクッション二つで一〇〇〇。飾り棚（*nīsh*）は二〇〇。小机（*kūmīdīnū*）も衣装箪笥（*dūlāb*）も必要だ。そんな金がどこにある？

Ｂ：何もいらない。〔兄の〕Ａみたいでなくていい。ファラハも椅子だけで食事も出さない。

Ｇ：そんなのダメだ。おれたちには身内（*ahālī*）がいる、親戚（*'arāyib*）がいる。[23] 彼らに食わせないわけにはいかない。肉は二五キロ必要で、一キロ三〇ポンドだから七五〇ポンドだ。コーラも必要。一ケース三〇本で二〇ケースはほしいから六〇〇ポンド。

A：コーラはおれが出す。

G：そもそもお前は仕事がないじゃないか。それだけの金をどうするんだ。Aだって毎月五〇ポンドずつおれに渡していたんだぞ。

A：一日二〇ポンドでも一五ポンドでも親父に渡して、できるかどうかやってみろ。

Gの妻：Bはある仕事に応募していて、明後日サダト市[24]に面接に行くことになっている。△村でも仕事の口はあるけど、これはコネがないから……。

B：あっちの親がもういろいろ揃えて、後は冷蔵庫とガスコンロで五〇〇〇ポンドくらい。おれだっていつまでに準備するとか言わないといけない。四ヶ月とか……。

G：ブドウの仲買人たちが出て行く頃までは無理だ。

A：つまり七月まで待てってことだ。

家族の話し合いは決裂し、Bは飛び出して行った。少ししてA夫婦も下りていき、私とG夫妻だけになると、Gは簡単に事情を説明してくれた。

Bは一年半前に〔婚姻の契約を〕書いた。Bが相手の娘を手放したくなかったから。あれは工場の仕事のすぐ後だったな。だけど相手の親もよくなくて。娘は家の仕事を手伝わされていて、早く家を出たいと言っているらしい。貧しい家の娘なんだ。

その後、この話は持ち出されることなく、私は自然消滅したのかと思っていたが、翌年二月のある日、Ｇが突然、四階から一階の長男の住居に自分の家具を下ろした。Ｂに強く迫られ、不承不承Ｂの新居作りのため四階を明け渡したようである。翌日、Ｇは収まらない腹立ちを滲ませながら、詳しい説明をしてくれた。

ことの始まりは一年半前、Ｂがある工場で働いていた時のことだ。Ｂはポリ容器に印字をする係で、印字した容器をまとめる係の娘と好きあうようになった。しかし仕事に行っても彼女と落ち合って、公園[25]で一日中過ごしていた。不審に思った娘の家族が二人をつかまえ、娘は家に連れ戻され、叩かれ、仕事を辞めさせられた。娘は高一から高二にあがる前の夏休みだった。ここでは親は娘の扱いにすごく気を遣う。息子はどうでもいい。しかもその娘は姉妹の長女だった。それからその娘は、家の仕事をまかされて、叩かれて、ひどい生活になった。元々裕福ではない、貧しい家の子だ。

それでＢは相手の家に行って、結婚させてほしいと言った。相手の家からおれに電話してきて、「すぐ来てくれ。契約をするから」と言った。「そんなの無理だ」と言ったが、Ｂは「契約しないと家に戻らない」と言うので、とりあえず「わかった」と答えて電話を切った。それから、オイ[26]（*ibn okht-ī*）に電話で相談した。あいつは車を持っていたからな。すると、「わかった。自分が行く。オジさん[27]（*khāl-ī*）は行くな。あなたには立場があるから、まず自分が行く」と言ってくれたので、彼を行かせた。

話をさせてみたら、相手の娘がまだ法定年齢になっていなくて、そもそも結婚はできないことがわかった。勿論「そんな話は受け入れられない」と言ったさ。だがＢがどうしても形にしたいと言うので、ウルフィー婚[28]（*gawāz ʻorfī*）をすることにした。別の日を設定して、弁護士に頼んで用意した。三年の間に、花婿側が準備して〔正式な〕婚姻の契約をすることを約束した。

それから一年半……Bはその工場を辞めた。まわりに迷惑をかけたし、人の目があるから。その後、養鶏場で働いたり、トゥクトゥクで働いたりした。しかし最近になって、娘からきついとか叩かれると言われて、Bは仕事が手に付かなくなった。いますぐ結婚したいと言い出した。お前がちょうど留守にしていた二週間くらい前の話かな。おれは金がないからと拒んだが、Bも譲らなかった。「なんでもいいから、ファラハもなしでいいから」と言った。それで昨日、おれは自分の兄弟を集めて相談した。その日の午後だよ、Bがおれに四階を明け渡すように迫ってきたんだ。仕方なくおれは下に移ることに決めた。夕方、自分のベッドを運んで荷物を下ろした。しかし昨日の夜は腹が立って眠れなかったんだ！

昨日、Bはタンギードと家具（*'afsh*）の支払いに六五〇〇ポンド必要で、その前金として二〇〇〇ポンドほしいと言ってきた。その直前に、おれはイチゴの仲買人たちと一緒に沙漠道路沿いの倉庫に行ってきて、彼らが四月一〇日まで〔アパートを〕延長するからと、思いがけない家賃を手にしたばかりだった。その金の八〇〇ポンドがポケットにあり、それしかなかった。さあどうする？　兄が一〇〇〇ポンド貸してくれると言ったので、それに二〇〇足して二〇〇〇ポンドにして前金にした。

昨日うちに集まったおれの兄弟は、初めて四階の部屋に入って、「ビスミッラー、マーシャッラー」[29]「もうここまで来れば十分だ」と言って喜んだ。おれも後は壁を少し塗るだけだから五〇〇ポンドくらいで済むと思う。

後はファラハの椅子とDJ。[30]ジュースはおれの兄弟が用意してくれることになった。食事は母さん[31]がなんとかしてくれると言っている。しかしおれはまだ納得がいかないんだ。肝心のBは、相手のことが気になって仕事もできないと言って、毎日昼まで寝ていて、夜は相手のところに行っている。仕事もしやしない。〔中略〕

昔、あれの兄〔A〕が同じで、結婚しても家でブラブラしていて、親のところに飯を食べに来ていた。だから厳しくして、アパートの入口も分けて、それでようやく働くようになった。

Gが私に滔々と不満を述べているところに、Gの友達のWがやってきた。GとWは生まれも宗教も違うが[32]、Wの店がGの家の近くにあることなどから親しく付き合っていた。互いに同年代で、ほぼ同年代の子ども（ただしWの子どもの方が五、六歳若い）を持ち、Wも自身の息子の結婚問題を抱えていた。しかしこの日、WはGを説得しに来たようであった。遅めの昼食を終え、紅茶を啜りながら、Wが話を始めた。

W：一昨日、Bに会ったよ。夜、店を閉めようとしたときに通りがかってね。結婚したいけど、親父が許してくれないと言っていた。だから何が問題なのか、聞きに来たのさ。部屋もある。タンギードも進んでいる。次の一歩まであと少しじゃないか！

G：ファラハには金がかかる。美容院（*kawafīr*）だって二〇〇ポンド、記念撮影（*ṣūra*）だって二〇〇、スーツ（*badla*）だって二〇〇だろ。そんな金がどこにある？

Gの妻：あたしはもう疲れたよ。もう終わらせてしまいたい。

G：おれたちは、きちんとしたものを食べ、きちんとしたものを飲み、きちんとした暮らしをしてきたのに。こんなひどいことになるなんて[33]（*ilā nuqṭa sōda*）。

W：そんなこと言うもんじゃないよ。これが最後さ。Bに比べたら、おれの息子なんて一〇年前に仕事を継がせてから、一ミッリーム[34]も持ってきたことはないよ。それに、いまの世代は、親の言うことなんか聞きやしない。昔は親が殴れば、子どもは黙って殴られただろう。いまは「もういい、出て行く」（*khalāṣ anā amshī*）だ。お前さんはウンム・クルスーム[35]の時代の人かい。とにかく早く進めて終わらせよう。ファラハはいいもんだよ。一緒に喜ぼう[36]（*vallā nifrah*）、踊ろう。金は後でなんとかなる。この機会は逃しちゃいけないよ。

友人の言葉が効いたのか、Gは次第に前向きになり、準備を進めていった。この会話の一〇日後、GとB、私の三人は、バドル郡内のある村の家具屋に向かった。店内には、飾り棚や衣装箪笥、ベッド、鏡台、小机が所狭しと並べられており、形や色合いがAのものと同じであった。「大きいね」と私が感想を言うと、Gは「Aと同じものにしないと、Bの奥さん（*murāt*）が怒るから。女はすぐ比べるからな」と答えた。飾り棚は気に入るものがなく、倉庫から別のものを持ってこさせた。アントレ（*antirē*, 応接用のソファーセット）もオリーブ色（*zaytūnī*）のものが置いてあったが、Bの妻は葡萄酒色（*nibīdhī*）を希望しているようであった。新居は狭く、寝室しかないので、アントレは部屋を拡張した後に買うこととし、この日は、飾り棚、衣装箪笥、ベッド、小机、鏡台を買い、Bが前金を支払い、私たちは帰途についた。

その日の夜八時頃、二人の男がGの家を訪れた。一人は花嫁の母方オジ（*khāl*）で、もう一人はGのオイ[37]であった。Gは早速、四階に上がり、二人に新居となる部屋を見せた。二人は「マーシャッラー、マーシャッラー」と連呼しつつ、「親のやるべきことはやっている」と言い、Gが残りは後々増築すると説明すると、二人は大きく頷いてみせた。また、その日に買いに行ったばかりの寝具の写真を私のデジタルカメラの画面で見せ、飾り棚は別のものを頼んであることを付け加えた。それから私たちはGのオイの車に乗って、バドル郡内の花嫁の実家を訪れた。花嫁の父に出迎えられ家に入ると、応接間には溢れんばかりの家電製品が置かれ、冷蔵庫、ガスコンロ、洗濯機、ミキサー、テレビ、オーブン、台所の机と棚などが揃えられていた。ソファーに座り、紅茶を啜り、水煙草をふかしてから、Gとオイ、花嫁の父とオジの四人が話し合いを始めた。まず、Gの家を見に来た二人が、新居の様子を伝えた。すかさず、ドアの陰で様子を窺っていた花嫁の母が「アントレは？」と口を挟んできた。

花嫁の母：昔のようにアントレも。いまでなくても、目録[38]（*'ayma*）には書き込んでおいて、いつかは持ってくるべきでしょう？

G〔少し苛立ちながら〕いまは場所がないし、ないものは書けない[39]。

オジ：〔慌てて間に入って〕目録には各々のものを書き込んで、こちらは私がサインするから、そちらはGさんがサインしてくれ。金製品[40]（*dahab*）が五〇〇〇ポンド、家具が八〇〇、飾り棚が三〇〇〇、タンギードが一〇〇〇、アパートが三〇万ポンド。それでいいかな？

ファラハの日取りについては、Gは三月の最終木曜にすると言った。花嫁の母は「四月になってからでも」と口を挟んできたが、この時はGが「彼〔私のこと〕が帰ってしまうから」と言い張り、その日に決まった[41]。Gは、後三、四日で室内の壁塗りが終わり、その後二、三日乾かせば、家具を入れられると説明した。その頃に台所の寸法を測りに来てもらうことにして、今後の予定もまとめられた。ここまで話がまとまった時、花嫁となる娘が私たちの前に出てきて挨拶をした。交渉を終え、花嫁の家を出たのが夜一〇時半であった。

一一時頃、私たちはマルカズ・バドルの家に戻ると、GはBに夜食用に近くの店にターメイヤ[42]を買いに行かせた。Bが戻り、買ってきたターメイヤを食べながら、Bはファラハの相談を始めた。

DJは友達に頼むから三〇〇ポンドくらい。舞台（*kōsha*）は二〇〇ポンドくらいで、下の台を自分たちで作れば、一〇〇か一五〇ポンドでできるかもしれない。椅子（*korsī*）は木のやつなら一つ一ポンド、鉄製はわからないけど高い。鉄の方がいいけどどうするか。最低でも二〇〇ポンドは必要。照明（*nūr*）は家の前につけて二〇〇ポンド。美容院はおれたちが出す。母さんの知り合いに頼んでみる。全部で一〇〇〇は必要。

ファラハまで三週間後と決まり、Bは俄然やる気になっていた。その後、準備はほぼ予定通りに進んでいった。部屋の内装が終わった後、Gは兄弟のトラックを借りて、注文していた家具を取りに行き、店から大工を連れてきて組み立てさせた。

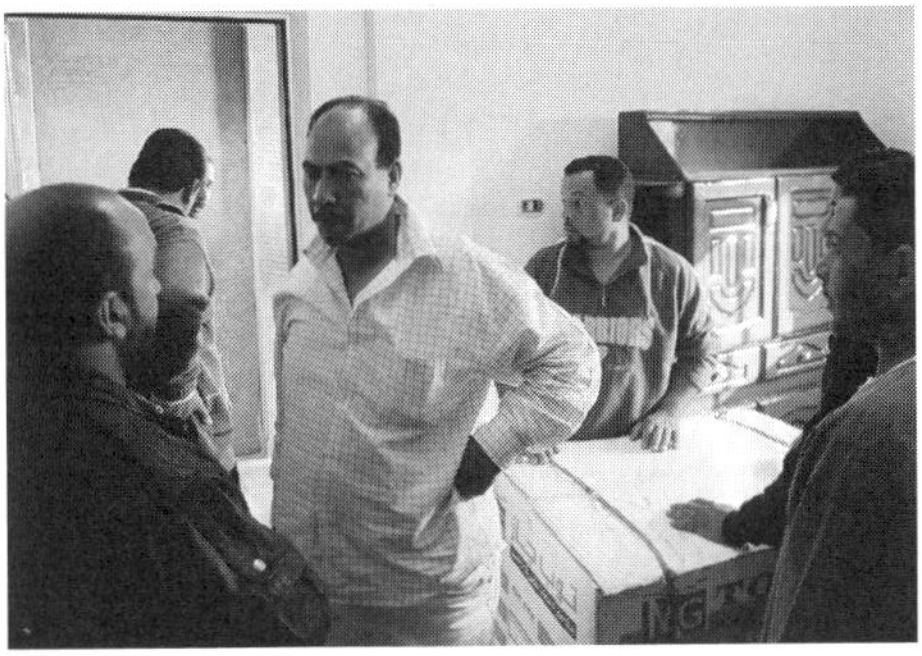

ファラハの一週間前の金曜に花嫁の家財道具の運び入れが行われた[43]。午後二時頃になると、Gの家の路地に車が数台集まった。Gの仕事の同僚や兄弟がトラックを三台用意し、Bの友人がトゥクトゥクを一台出し、隣人が車を一台出した。Bはトゥクトゥクに乗り、私は隣人の車に乗り、花嫁の村に向かった。G夫妻は自宅に残り、Aは早朝から仕事のため不在であった。花嫁の家の前にはゴザが敷かれその上に家財道具が並べられていて、花嫁側の男たちが中心になってそれらが車に運び込まれた。その後、車の一団は喧しくクラクションを鳴らしながら村を出て、マルカズ・バ

図45　家具を運び入れる男たち

図46　家具を飾り付ける女たち

ドルの市内に戻ってきた。Ｇの家に着くと、再び花嫁側の男たちを中心に、家財道具が四階の新居に運ばれていった。新居の中では、花嫁側の女たちが飾り棚に皿やコップを並べ、衣装箪笥に服やタオルを片付けていった。仕事を終えた男たちには次々と紅茶がふるまわれた。

台所では、電動ドリルを持った職人がやって来て、壁に穴を開け、食器棚を取り付けた。そこに男たちが箱から冷蔵庫を出して設置すると、女たちが呼ばれて、台所に皿や鍋、コップを並べ始めた。その横で男たちがガスコンロとボンベをとりつけた。次に職人は寝室に行き、窓の上にカーテンレール用の穴を開け、Ｂがその長さを測ってから店にレールを買いに走った。レールを取り付けると、職人は帰った。その後、女たちは床を掃除し、鏡台に飾り花や敷物を並べ、ベッドの下に大きな調理道具を片付けた。手早く大きめのダンボール箱を広げた上にマットレスを置き、ピンク色のベッドカバーを敷き、赤いハートマークがついたクッションを置いて、作業が終わった。

その間Ｇの妻とＡの妻が夕食を用意し、花嫁側の人々に食事をふるまった。日没頃になりＡが仕事から帰ってくると、ＧはＡにマイクロバスを用意させ、Ａが花嫁側の人々を村に送り届けた。こうして花嫁の家財道具を運び入れがようやく終わった。花嫁道具を運び入れる作業では、Ｙの妹の時と同じく、花嫁側の人々（力仕事は男性、片付けや整頓は女性）が活躍した。他方、花婿側は、花婿本人をのぞいて、ほとんど作業に手も口も出さず、紅茶を入れ、食事を準備して、相手方をもてなした。

そしていよいよファラハの日がやってきた。(44) 当日、家の前の路地に会場を設営するため、朝から大工仕事が行われた。私が午前一〇時頃に木材や木槌の音で目を覚ますと、すでにＧの兄弟やその息子たちが集まり、自らの手で舞台を作っていた。一人、立派な大工道具を持つ人がいて、Ｇの兄だった。外に出てＧに挨拶すると「おれたちはもう朝の八時から仕事している」と、気の立った返事が返ってきた。昼の一二時頃にはＧが怒りを爆発させ、妻を怒鳴る声が聞こえてきた。私は皆の気持ちをやわらげようと、マルカズ・バドルで一番人気の店からリッブ（libb、炒って塩味をつけたかぼちゃやひまわりの種）を二キロ買ってきた。部屋に戻り、リッブを皿に入れて下に持っていき、皆に分けた。するとGが駆けつけてきて、「お前は仕事を遅らせた！」と私を叱った。確かに、まわりを見ると、先ほどまで作業していた人たちは皆リッブを食べるのに夢中で手がとまり、「お茶くれい！」と叫ぶ者も出た。唯一、大工道具を持つGの兄だけが黙々と作業を続けていた。

それでも昼過ぎには、舞台と天幕用の柱が整えられた。そこに照明業者がやってきて、ランプをとりつけた後、天幕を張り、舞台の上に絨毯を敷いた。それから前夜に運びこまれた二〇〇脚の鉄の椅子が並べられ、DJに率いられた若者の一団が音響装置と大型スピーカーを手際よく設置していった。食事は結局プロの料理人が雇われ、近くの空地に天幕を張り、朝から調理を進めていた。

図47　自分たちで舞台を作る

図48　照明と天幕を付ける

夕方六時頃、Bが着替えると言うので、私も部屋に戻り、シャワーを浴びシャツに着替えた。Bには私が持っていたスーツと白いシャツ、黒の革靴を貸して一応の格好が付いた。この段階になり、記念撮影について話しあわれた。Bは「写真はなしでいい」と言ったが、私が「いくらだ？」と尋ねると「まあ五〇ポンドくらいだろう」と言うので、私が出すことにして、私とAの

図 49　「喜び」の始まり

図 50　「喜び」を演じるＧ一家

二人で写真スタジオに行き、予約をした。店で値段を尋ねると、アルバムが一七五ポンドだという答えが返ってきた。話が違うと思いつつ、手持ちの二〇〇ポンドを払い、残りは他の人に任せることにした。

家に戻ると、ちょうど花嫁の家へ「行列」しに行く時間になっていた。Ｇの兄弟やＡが用意した数台のマイクロバス、前も手伝ってくれた隣人の車、Ｂの友人のトゥクトゥクに分乗し、一行は花嫁の家へと向かった（Ｇ夫妻は自宅で待っていた）。花嫁の家に着くと、先に着いたＡが相手方の男性親族となにやら言い争っていた。事情を聞くと、本来はマルカズ・バドルの美容院にいる花嫁を連れてくるところを、すっかり忘れてきたとのことであった。まったくの花婿側の手違いであったが、花嫁側が折れて、そのままマルカズ・バドルに戻ることになった。町に戻るとまず美容院に行き、花嫁を車に乗せた。ここでも再度口論が起きたようであるが、結局、そのまま行列は進められ、市内の道路を蛇行運転して砂塵を舞いあげ、クラクションを鳴らして騒ぎまわった。この時、もっとも激しく走り行列を盛りたてたのは兄のＡで、走りにくいマイクロバスであったにもかかわらず、追走車を一切寄せ付けず、先頭を走りつづけた。

花婿花嫁が乗った車と、行列に参加した車がＧの家に着くと、ＤＪによってけたたましい音楽が鳴らされ、二人は舞台にあがって、中央のソファーに座り、ファラハが始まった。Gは食事の差配や案内を受け持ち、食事の天幕のまわりにいて客を誘導していた。Gの妻は家の中でひっきりなしに紅茶を作り、Gの兄弟や息子たちにコップを載せたトレイを手渡し、参加者に提供してまわっていた。私はひとしきり新夫婦や会場の写真を撮った後、舞台で踊ったり、Wと一緒に座って紅茶を飲み、Gの晴れ姿を眺めていた。

その時、私の携帯電話が鳴った。出るとZで、「今日はX村のファラハに行くって言ってただろ。行くぞ！」と言う。確かにその日はX村でも、ZやYと共通の友人の兄のファラハがあり、その友人から「牛を一頭屠るから絶対に来てくれ」と念を押されていたのだった（表12の19）。私はこっそり席を立ち、Zと待ち合わせて、X村に行き、食事を食べ、写真を撮り、ご祝儀を出し、X村住民と挨拶を交わし、席に座ってしばらく時間を過ごしてから、Zとともにマルカズ・バドルに戻った。私は幾度となくZに早く帰るよう促したが、「来て食ってすぐ帰るわけにはいかない」と諭され、結局帰りは一一時頃になってしまった。

家に戻ると、すでにファラハは終わり、路地で片づけが始まっていた。Gは私を見つけると、「お前は台無しにしちまった！（*enta bawwazt ed-dunyā!*）」と怒鳴り、「どこに行っていたんだ。姿が見えないから、お前は部屋で勉強していると言っちまったじゃないか」とまくしたてた。「とにかくしばらく隠れてろ」と言うので、私が壁の陰にひっそりと座っていると、まもなくGが隣にやってきて腰をおろし、ともに照明や椅子が片付けられる様子を眺めた。片づけが終わると、私たちはGのアパートにあがってG夫婦と残った食事を食べ、私は部屋に戻った。B夫婦はすでに四階にあがった後であったが、その夜も翌日以降も二人の「床入り」を示す血染めの白いハンカチを見せられることはなく、そのようなことが話題にのぼることもなかった。翌日の早朝には花嫁の家族――大半は女性――が騒々しい太鼓の音と歌とともにサバーヒーヤの食事を持って新居を訪れた。こうしてBの「喜び」の時間は無事に幕を閉じ、新生活が始まったのである。

五　おわりに

本章では、バドル郡地域でしばしば観察される結婚の祝宴「ファラハ」を取り上げ、その実施状況とその中における社会関係の構築と実演を描き出した。

第二節では、結婚と祝宴の関係を、バドル郡地域における「結婚したい男」の事例と、エジプトに関する過去の民族誌的記述から論じた。祝宴は、結婚に必要な費用の五分の一ほどを占め、「結婚した」ことを社会に示す重要な行事とみなされるが、従来の研究では、祝宴がどのように行われ、誰によって参加されているのか、具体的には議論されてこなかった。本章の内容はこれらの不足を補い、結婚実践をより詳細かつ文脈に即して理解することを意図したものである。

第三節では、バドル郡地域におけるファラハ調査の全体像と諸事例を示した。第一項では、フィールドワーク中のファラハ事例の概要を紹介した。第二項では、最初期に参加したX村でのファラハの様子を描写し、これに参加した私の存在も噂の対象となったことを論じた。さらに、Zに連れられて参加した様々なファラハの経験から、ファラハを通じた親族紐帯の確認やファラハにおける参加者の役割、開催者による「もてなし」の重要性、社会関係の維持と強化における参加の意義を指摘した。

第四節では、第一項で「花嫁」、第二項で「花婿」の経験を通じて、それぞれのファラハ開催に関わる行為の主体と役割の詳細を探った。「花嫁」であるYの妹の事例からファラハそのものよりも、数日前の家財道具の運び入れから前日の「ヘンナの夜」が最も重要な行事であり、当日の実家での挨拶を区切りとして、花嫁に関わる社会的責任が花婿側に移っていく様子が読みとられた。それでは、ファラハは花婿のものなのだろうか。第二項では、Gの息子という「花婿」の視点からこの疑問を検討した。Bがファラハの開催にこぎ着けるために、飲食物を提供しない、形だけのファラハを提案したところ、父親のGは即座に却下し、「おれたちには身内がいる、親戚がいる。彼らに食わせないわけにはいかない」と主張した。開催側にとってファラハは「もてなし」の重要な機会であり、「責任」である。その評価が帰せられるのは花婿だけでなく、その家族、特に父親であった。実際、Bの事例では父親のGが支出の大半を負担していた。この点から、私がひそかにBのファラハを抜け出して帰ってきた時、Gが「おまえは台無しにしちまった！」と怒鳴った理由も理解されるだろう。Gの叫びは、私もまたGの「家族」の一員として、Bのファラハ開催の「連帯責任」を負った存在だったことを伝えていた。

結婚に関わる支出が個人の収入に比べてはるかに大きい現代エジプトの社会的文脈において、ファラハは、当事者の社会的資源と社会的ネットワークを駆使してようやく成り立つものであり、ファラハの開催を通じて人々は社会関係を再確認し、その場で「実演」することになる。結婚が花婿と花嫁、それぞれの家族と親族を結びつけるものだとすれば、ファラハは、様々な理由や繋がりによりこれに参加した人と結婚当事者、または参加者同士を結びつけるものなのである。

ファラハはその実践と実演を通じて、記憶と記録を残す。たとえ一晩限りのことであっても、当事者や周囲の者によってその場所や雰囲気、規模やもてなしの思い出は繰り返し語られる。近年のファラハの過程には必ず写真撮影が入り、会場でのビデオ撮影と編集が業者の仕事に含まれる。いまや「喜び」の瞬間は、画像や映像の形で残され、人々の記憶を形作っていく。沙漠開拓地の路地や外れは、一見するとただの空き地にしか見えず、法的には誰かの所有地なのかもしれない。しかしその場所は、いつか誰かのファラハが行われたところかもしれないのである。こうした記憶こそが、開発計画地を超えて内発的に発展した地域社会の厚みであり、統計の数字やはるか上空からの衛星写真からでは見えない、沙漠開発の真の中身なのではないだろうか。

註

(1) 本稿では「夫婦になること」の能動的な過程を意味するものとして「結婚」の語を用い、「男女の継続的な性的結合の制度」「関連する法律行為・契約」「姻戚関係」などを広く包含する概念である「婚姻」と区別する。本稿の対象はあくまで前者の「結婚」であり、後者と深く関わる親族関係論は本稿の射程外とする。

(2) 前掲註一の意味での結婚は、口語アラビア語で *gawāz* と表現され、正則アラビア語では **zawāj** あるいは **nikāḥ** の語で表現されることが多い。**zawāj** は、英語の **marriage** と同様に結婚と婚姻の両方を含む語で、現代エジプトの身分法制においては **zawāj** が一般的である。他方、**nikāḥ** は、イスラーム教の聖典クルアーンに現れる語である（たとえば、クルアーンの第二章第二二一節では動詞として **nakaḥa** が用いられる［中田　二〇一四：六四］）。契約を伴う法的行為としての婚姻の意味合いが強く、イスラーム法学の古典では **nikāḥ** がよく用いられる［cf. 松山　二〇〇九、Schacht 1995］。

(3) 第三章の註二九にあるように、現代エジプトでは公務や公益などの理由のために死ぬことを「殉教」と表現する。イスラーム教では自殺は禁じられているので、何か正当な理由をこじつけて「死んでしまいたい」と思う哀しみが表現されている。

(4) アラビア語で「父の姉妹」のこと。一般にオジ・オバは、父方オジ・オバ（ʻamm, ʻamma）と母方オジ・オバ（khāl, khāla）で表現が異なる。

(5) 比較のため、一九八〇年代末のカイロの庶民街における結婚費用の内訳を見てみると、花婿側の費用総額約一万ポンドの内、最大の単独支出はアパート準備金の三五〇〇ポンド（合計比三五％）で、続いて婚約贈呈品のシャブカの一五〇〇ポンド（一五％）、家具のアントレ（応接セット、本章第四節で後述）の一二〇〇ポンド（一二％）が続く。ファラハに関係するものとしては、花婿衣装が七五〇ポンド、花嫁衣裳が一五〇ポンド、花嫁の美容院代が五〇ポンド、ファラハの設備費（音楽や照明、椅子、天幕、茶菓）が二五〇ポンドで合計一二〇〇ポンドであった［Singerman 1995: 112, Table 2.1］。衣装に比べて設備費が著しく低いことにはやや疑念が残る。

(6) イスラーム法学上は婚姻の契約は口頭のみで有効とされ、文書化は必要とされていなかったが、近代エジプトでは、一八九七年の「イスラーム法裁判所組織法」（Lāʼiḥa Tartīb al-Maḥākim al-Sharʻīya wa-al-Ijrāʼāt al-Mutaʻalliqa bi-hā）以来、婚姻・離婚に関連する争訟処理のため、文書化が求められるようになった［Nasir 1990: 70–71; Esposito 2001: 49］。書式については［al-ʻAmrūsī 2000: 40–47］を参照のこと。

(7) マーズーン職は、一九一五年の「マーズーン法」によってイスラーム法裁判所付属の専門職として設置された。一九五五年のイスラーム法裁判所の廃止に伴い、同年の法務省令により再公布されている。その第一八条によれば、マーズーンは「エジプト人のムスリムに関わる婚姻契約、離婚証明、前妻との復縁許可の文書化を独占的に管轄する」。また、第二三条に記されるように、「マーズーンは、二冊の台帳を持ち、一つには婚姻および前妻との復縁許可が、もう一つには離婚が記される」。この台帳こそが、マーズーンの代名詞的道具である。

（8）レインは zaghareet と表記し、『エジプト・アラビア語辞典』では zaghrūta（複数形が zaghārīt）[Badawi and Hinds 1986: 372]、エジプト人文学者アフマド・アミーンの『エジプトの慣習・伝統・表現辞典』では zaghrūda と表記される [Amīn 2008: 226]。「ハンス・ヴェア『現代標準アラビア語辞典』」では、zaghārīd と zaghārīṭ の両方が記載されている [Cowan 1994: 439]。これは、喜ぶべき出来事に遭遇したときに女性が上げる歓喜の声で、口をすぼめ舌を顫わせながら、甲高い音を響かせる。以下、ザガリートと記す。

（9）大塚やアフマドの事例は下エジプト（の東）、私の事例も下エジプト（の西）なので、上エジプト地域とは結婚の慣習や社会的事情が著しく異なる可能性もある [cf. Bach 2004]。

（10）食事の時間が限られていることを踏まえて、「そんな時間はない」と急かす意味であったのかもしれない。

（11）費用についてはそれぞれ見解が異なり、本章第二節で取り上げた二〇代のKが「五万ポンドは下らない」と言うと、他の者（若者・既婚それぞれ）が、「それはない。三万ポンドくらいだろう。食事、舞台、余興にそれぞれ一万ポンドずつだ」と反論した。別の年配男性（五〇代既婚）は「全体で一万三〇〇〇ポンドくらいだろう」と、さらに低い金額を見積もった。

（12）舞台上では、向かって右側に新夫婦が座り、その前にビデオカメラマンが立っている。左側には楽団が座り、中央に司会が立つ。参列者の席は真ん中に幕が引かれ、舞台に向かって右が女性席、左が男性席と分けられていた。これらの位置取りは、ファラハによって異なり、特に明確なパターンは見出されない [cf. 大塚　一九八五：二八七、註一七]。

（13）歌手は花婿の出身地であるファイユームからわざわざ呼び寄せたそうである。

（14）後に大学農場でこの花婿と会った時にその話をすると、残念そうな表情を浮かべた。結果的に彼の「もてなし」を断ってしまったことになったのかもしれない。

（15）ワーディー・ナトルーンは、古来から修道士の隠遁の地として知られるが [山形　一九八七]、現代では開拓事業もさかんに行われ、人口規模も拡大している。

（16）アラビア語で「父の兄弟の息子」のこと。しかし、この語の用法の柔軟さを鑑みると [Eickelman 2002]、ここでは「父方の（近しい）親族」くらいを意味していたとも考えられる。本章の註一で述べたように、婚姻を通じた親族関係論の現状や分析は射程外とする。

（17）私が聞いた限り、この若者の歌はあまり上手ではなかった。服装も普通の若者らしい格好であり、素人の兼業歌手であったのかもしれない。

(18) 午後（al-ʿaṣr）の礼拝は、ムスリムの義務とされる一日五回の礼拝の三回目で、正午（al-ẓuhr）と日没（al-maghrib）の中間に行われる。季節によって変化するが、およそ午後三時から四時頃にあたる。

(19) 「家財道具」は、口語アラビア語では *ʿizāl*、正則アラビア語では jihāz と呼ばれるが、特に花嫁の家財道具を運ぶことを「花嫁道具の行列」（zaffa jihāz al-ʿarūs）［Aḥmad 2014: 159］と呼ぶ。Yの妹の事例では、この日の家財道具の運び込みに関係する一連の流れを全体として「イザール」と呼んでいた。

(20) 諺では、「花嫁は花婿のもの、まわりの人は疲れるだけ」（*el-ʿarūsa li-l-ʿarīs we-l-garī li-l-mataʿīs*）と言う［竹村　二〇一一：二〇二］。

(21) 別の事例（表12の7）では、花嫁側の旧知の家族と一緒に行動し、彼らに私のデジタルカメラを貸して写真を撮った。翌日、写真のデータを彼らのパソコンに移した後、「女たちが映っている写真をすべて消してくれ」と言われた。結局、比較的遠くから撮った写真だけは「特別に」残してもらい、残りはすべて削除した。一般には、顔見知りであれば写真を撮られることはそれほど厳しく扱われない。写真や私の調査に関する理解を得るため、私は常に自分の撮った写真を印刷して、被写体となった人々に配っていた。

(22) 文字通りには「綿を詰めること」だが、実際の作業としては、綿に空気を含ませ膨らませて、新たに掛け布団やクッションなどを作る工程とその製品、寝具に関わるシーツなどの準備全体を指す［cf. Aḥmad 2014: 150–151］。以下、タンギードと記す。

(23) 前者の *ahāli*（単数形は *ahl*）は、「家族、一族、住民」などを意味する。後者の *ʿarāyib*（単数形は *ʿarīb*）は、qāf が af と発音されるが、もとは q-r-b を語根とする言葉で、「親族、親類」を意味する。ここでは、二つをあえて別の言葉で表現したことから、前者をより近しい近親者を想定した「身内」、後者をやや遠い親族として「親戚」と訳出した。

(24) サダト市は、マルカズ・バドルから一時間弱の距離にある沙漠道路沿いの衛星都市で、工業都市として知られる。行政上は隣のミヌーフィーヤ県に属する。

(25) 「ナーディー」（nādī, 会員制スポーツクラブ）と表現されたが、「ナーディーのような場所」、すなわち公園のように緑のある場所のことだと理解した。

(26) アラビア語で「姉妹の息子」のこと。

(27) アラビア語で「母の兄弟」のこと。

(28) 慣習婚（zawāj ʿurfī, ウルフィー婚）は、様々な定義がされるが、ここでは結婚の公式的な成立過程のいずれかを欠く点でインフォーマルな結婚形態の総称という最も広い定義をとる［Sonneveld 2012: 159–184］。

(29)　それぞれ字義的には「神の御名により」(*bi-sm allāh*)、「神のお望みのままに」(*mā shā' allāh*)を意味する。こうした慣用表現は、様々な文脈で用いられるが、前者は何か物事を始める際によく用いられ、後者は何か良い話や美しいものを見たり聞いたりしたときに、無意識的な「邪視」(hasad)を避けるため、あるいはそうした心がけを持つことを示すために口にされる。

(30)　ファラハのような祝宴の現場で音楽機器を操作する職業およびその従事者をこう呼ぶ。

(31)　Gの妻のこと。正確には、長男であるAの名から「ウンム・A」(Aの母)と呼ばれた。Gは時に「ウンム」すら省いて直接「A」と呼ぶことがあった。

(32)　Gは幼少期に近隣のデルタ地域出身の父親に連れられてこの地域にやってきた。他方、Wの一家はアレクサンドリアから移ってきたキリスト教徒である。

(33)　字義通りには「黒い点に至るまで」。

(34)　「ミッリーム」(millīm)は通貨単位で、一ポンドの一万分の一に相当する。現在では使われていない。感覚的には日本の「銭」に近い。

(35)　ウンム・クルスームは、一九六〇年代のナセル期エジプトを代表する国民的歌手で、Gはウンム・クルスームの大ファンであった。第二章の註二二でも扱われたように、ウンム・クルスームの人気はいまだに根強く、しばしば会話にその名が出てくる。

(36)　ファラハの語は、結婚の祝宴以外にも「喜び」に関わる名詞や動詞を構成する。Wはそれにかけて、「一緒に喜ぼう／ファラハをしよう」と言ったのである。

(37)　これも *ibn okht*(姉妹の息子、オイ)であり、自動車を持っていることから、先の過去の話の中で言及されたオイと同一人物と思われる。

(38)　目録(qā'ima)には、花嫁の個人的所有物である家具や道具の一覧が書き込まれる[大塚　一九八五:二九五—二九六、Wikan 1980: 84]。しかしこのときのGの会話では、花婿側が提供した財についても同様に書き込まれ、花婿と花嫁のそれぞれの側が一部ずつ持つことになっていた。

(39)　家に戻った後、私がGにこのアントレに関する交渉の意味を尋ねると、理由を二つ述べた。一つは、理不尽に離婚された場合、目録にもとづいてお金を請求できるからであり、もう一つは、結婚の際にまわりの人に見せるからであった。

(40)　ここで言う金製品は、婚約の贈呈品「シャブカ」や結婚指輪を意味するものと思われるが、Bのシャブカについては何も聞かれなかった。

(41)　この話し合いにおける私の役割は判然としない。Gは、花嫁の家族に対して「おれには兄弟が五人いるが、このオイと、外国から来たこの男が一番信頼を置ける」と述べていたが、明らかに誇張であろう。

(42)　Gの家では、夕食はフールやターメイヤ、チーズ、蜂蜜とパンが多かった。フールとターメイヤについては第二章の註三八を参照のこと。

(43)　Yの妹の例と異なり、婚姻の契約は観察されなかった。これまでの経緯から考えると、すでに契約自体は済ませていたと考えられる。

(44)　Bの「ヘンナの夜」は、自宅前に照明をつけ、翌日のファラハで使う椅子を広げて、マルカズ・バドルに住むGの親族と、Bの友人たちを招き、紅茶とティルミス（塩茹でしたウチワ豆）を出す程度であった。他方、Bのファラハと同日に行われたX村のファラハ（表12の19）はより大規模であったが、その「ヘンナの夜」も大々的で、プロの菓子職人の手による大量の菓子や紅茶がふるまわれた。

おわりに

本書は、現代エジプトの沙漠開発を、これに関わる人間の言動から描き出した民族誌的研究である。沙漠開拓地の一つ、ブハイラ県バドル郡地域でのフィールドワークとそこで得られた種々のアラビア語資料をもとに、地域社会の「歴史」、沙漠開拓地の所有を巡る「法」、人々が生活する上で依拠する「社会関係」の三点を取り上げ、各二章から議論してきた。以下では、各章で提示された議論を総括する。

1 開発の評価と歴史認識

第一部では、バドル郡の人々による開発の評価と歴史認識を論じた。第一章ではバドル郡地方行政機構による冊子『タフリール県は革命の申し子』［'Ammār 2003］を資料とし、第二章ではバドル郡中心の町マルカズ・バドルのモスクに関するGの語りを取り上げた。

第一章で扱った冊子は二〇〇一年のバドル郡成立を記念して作成された。題名は「バドル郡」ではなく「タフリール県」を主語とし、「革命の申し子」を述語とする。ここでいう革命は「一九五二年革命」であるので、同時期の「タフリール県」が主語であってもおかしくはないが、作成の経緯からすれば主語を「バドル郡」とする可能性もあったはずである。地域の起源として「革命」が強調されたが、内容ではこの「革命」の支持者であり、「タフリール県計画」を主導した軍人のマグディー・ハサネインはほとんど触れられない。むしろこの冊子が雄弁に語るのは、「バドル郡」の設置に尽力した地元の政治家、アフマド・ライシーであった。

バドル郡地域の人々はこの点をどのように捉えているのだろうか。町の住民に地域の偉人や指導者について尋ねた際、よく名前が挙げられたのがナセル、次いでハサネインであった。ライシーを挙げる者は皆無であった上、私の方からライシーの名前を出して尋ねると、たいてい否定的な評価が下された。ライシーがかつて代表を務めた南タフリール農業社（第四章参照）の開拓地処分の政策が持ち出され、「金持ちに土地を売り払った」と語られることが多かった（人々はタムリークによって土地を得たが、そのこととライシーを結びつけない）。二〇一〇年代初頭には、ライシーがすでに「過去の人」になっていたことも背景にあるかもしれない。

バドル郡地域の住民の多くは、ライシーについて書かれたこの冊子の内容や存在を知らなかった。私はこの冊子を面会した南タフリール農業社の代表から手土産に贈られたが、これを持つ人は周囲にほとんどいなかった。出版の経緯からすれば、この冊子は公務員や教師など、限られた政府関係者に配られたようである。その希少性と行政刊行物という性質から、地域住民から自らと無縁のものだと思われたのだろう。アラビア語で「歴史」はターリーフ（ta'rīkh）で、「記述」を原義とする。私が「バドル郡やマルカズ・バドルのターリーフについて知らないか」と尋ねたことも誤解を与えた原因かもしれない。人々は自らを「歴史」に書かれる存在とみなしていないのである。この冊子は、それほど「歴史」が人々の日常生活から遠い経験になっていることを示唆している。

「歴史」を持たない人々は、自らの地域社会の過去と現在について何を記憶し、それをいつどのように明らかにするのだろうか。第二章ではこの点をマルカズ・バドルの住民の一人、Gの語りから論じた。前半ではまずGの人生譚を示した。Gは貧しい家の出だが学業優秀で公務員になった経歴を持ち、若き日の大病や弁舌の巧みさなど、強い個性を持っている。また、一九六〇年代生まれのGはこの地域を「故郷」とする最初の世代であり、二〇一〇年現在、地域社会の中核を担う壮年世代の一人であった。Gは公務員になってカイロに出て、後にカイロとマルカズ・バドルを往復する運転手を兼業し、頻繁な移動を繰り返した。この点では国内外の労働移動が活発になる一九八〇年代以降の地方出身者の状況と重なる。Gの人生譚は、この時期の一人のエジプト人の個人史でもある。

第二章後半では、町のモスクに関するGの見解を提示した。「頑固」なイスラーム実践者の話からは、彼らが当局から受ける規制の厳しさや政府との距離感が語られた。他方、自ら建てたモスクをワクフ省に差し出す代わりに、自分の家族をモスク管理人、すなわち同省の公務員にする話も聞かれた。市内有数の富裕者が、私財を投じて救急病院を建て、貧者に配慮した経営を行うことで、「慈善家」と呼ばれるのに対し、別の富裕者は、相応の慈善事業を行っているにもかかわらず、Gとの個人的な関係から、Gから「慈善家」とみなされない。このことはGの評価が、文字通り「個人的見解」であることを意味する。

第一章の記述がターリーフ「歴史」だとすれば、第二章のGの語りはヒカーヤ(ḥikāya)、すなわち「物語」である。Gの語りは、しばしば夜、彼の自宅で家族に囲まれて過ごす時間の中、突如始まるものであった。語りのきっかけはGが日中遭遇した出来事や、この一家団欒の末席にいることを許された「部外者」の私からの問いかけであった。Gに「町のターリーフを語ってくれ」と頼んでも、同じような詳しい話は出てこなかっただろう。偶然の選択ではあったがモスクには、個人の評判に関わる、適度な具体性と一般性があった。Gの語りから明らかになったように、バドル郡地域にも人々の間で名を知られた有力者や富裕者がおり、それぞれの事業や行為によって地域社会を下支えしている。沙漠開発地域には「歴史がない」のではなく、その地域を支える個人や業績がいまだ「語られていない」、あるいはその物語がいまだ「聞かれていない」だけではないか。第一部の議論は、沙漠開発の歴史語りの形を示すと同時に、地域社会の内部における歴史と語りのあり方を問い直している。

2 沙漠開拓地の法制展開

第二部では、バドル郡地域の人々の生活に深く関わる、「沙漠開拓地」の法制度的側面を論じた。第三章では民法第八七四条を中心に沙漠地の法の歴史的展開を明らかにし、第四章では人々が持つ土地売買契約書の内容とその形成過程を読み解いた。

一九世紀エジプトではナイル川流域の農地に関する法律が多く制定されたが、その周囲に広がる沙漠地に関するものは少なかった。何の役にも立たない「広大な空の非耕作地」のために法整備を行う必要性が感じられなかったのだろう。ところが、二つの大戦を経て近代主権国家として独立した道を歩み始めた頃、一九四八年に制定された新民法には、沙漠地に関して、一八七五年および一八八三年の旧民法になかった規定が加えられた。この民法第八七四条により、国土の大部分を占める沙漠地が「国の所有物」とされたが、第三項の例外規定で、事前許可がなくてもエジプト人が沙漠地を活用した場合には、その範囲の所有権を認めるものとした。

本書第三章では、この規定の由来となったと考えられるイスラーム法の「死地蘇生」の原理と比較し、さらに一九五〇年代以降に第八七四条第三項を修正した特別法を検討した。一九五八年法律第一二四号は沙漠地の所有権移転を禁止して第三項規定を停止させ、一九六四年法律第一〇〇号は占有の禁止の明言とともに、第三項規定を正式に廃止した。一九世紀末には「誰の権利も付着しない」フロンティアであった沙漠地は、二〇世紀後半には、「国家の権利が付着した」国有地へと早変わりした。現行法である一九八一年法律第一四三号を読む限り、そこにはもはや「事前許可のない占有」が許される余地はない。同法において「許可のない占有」は明示的に禁止され、違反した場合には行政撤去や刑事罰の対象になることが定められている。

本書第四章では、これらの歴史的展開を踏まえた上で、現代のバドル郡地域において、「国有地」であるはずの沙漠地が人々の「私有地」になる仕組みを考察した。考察の材料となったのは、Gの土地売買契約書である。Gや地域住民によれば、彼らやその親世代は、かつて「占有」や「分配」により土地を保有していたが、その所有権は曖昧な状態にあった。ところが、国有財産の民営化を推進する政治方針がとられた一九七〇年代頃から、南タフリール農業社のような沙漠開拓地を管轄する公的機関が、「タムリーク」と呼ばれる手続きをとり、土地保有者に測量、登記、対価の支払いの三点と引き換えに、土地の所有権を認めていった。この手続きの完了を示すものとして「予備売買契約書」が発行された。

第四章の後半では、バドル郡地域で観察された売買契約書の形式を、一九七〇年代半ばから八〇年代初頭に発布された関係省令から跡づけ、「タムリーク証書」から「予備売買契約書見本」へと展開する中で、「国有地」が「公的機関保有地」となり、さらに「私有地」へと転換する仕組みを明らかにした。その名残として、沙漠開拓地の売買契約書には、「処分」すなわち転売の制限を示す条項が存在する。この転売制限規定はGの契約書にも見られたが、バドル郡地域の中でも、南タフリール農業社から土地の所有・管理権を得た協同組合が売り手となる契約書では、やや緩やかな規定がとられている。このことは、沙漠開拓地の所有権が、国から公的機関、協同組合、個人に至る多層構造を持つことを示唆する。

バドル郡地域における土地売買契約書のように、現代エジプト社会では法が社会に入り込み、日常生活の中でも法的手続きや公的文書と無関係ではいられない。人々が関わらざるをえないこの「法と社会」の問題は、いままさに民族誌的方法論が求められている領域の一つであろう。

3　人々が依拠する社会関係

第三部では、バドル郡の人々が社会生活を営む上で依拠する社会関係を論じた。第五章ではバドル郡地域における農業周辺事業として苗農場（マシタル）を事例とし、第六章では人々が結婚成立のために不可欠とみなす祝宴（ファラハ）を巡る社会関係の実演を詳述した。

第五章では、バドル郡地域において近年隆盛する苗農場産業を取り上げ、その一つであるZ農場の経営と労働事情、社会関係を描き出した。苗農場は、一九九〇年代以降のエジプト農業の自由化により作付指示が撤廃され、利益追求のため野菜や果物のような換金作物を多くする傾向と、補助金や自給経済が崩れ、市場経済の中に浸かったグローバル資本主義の地域的展開を表している。国家が後景に退き、剥き出しの市場の力が日常生活を覆う時代に、バドル郡地域の人々はそれぞれ異なる立場から苗農場に参入し、日々の「稼ぎ」を得ようとしている。

Z農場を経営するZは、開拓地受領者の父親と湾岸産油国への出稼ぎに成功した兄弟を持ち、地域社会の中で比較的恵まれた層に属する。苗農場に関わる前は「公務員」として働いたが、給料の低さと兄が始めた事業の継承からZ農場の経営に携わるようになり、現在では自覚的に経営者としての哲学を追求している。他方、Z農場で働くYは、国家や開発が提供する土地分配や就業支援を受けることなく、農業労働者として働きながら、自身と家族の生活を支え、苗農場の技術と経験を積み重ねてきた。同輩のマシタル経営者と協業関係を組むZと異なり、経営者になりきれないYは、幅広くネットワークを持ちながら、技術者として「稼ぐ」道を模索している。経済自由化に伴う消費支出の上昇や教育費用の高騰は、Yのような立場の人々に最も強く影響を与える。バドル郡地域もすでにこうした大きな政治・経済に組み込まれており、その中で人々は社会関係という資源を駆使しつつ生き残る方法を模索している。

こうした難しい経済状況の中でも、バドル郡地域では結婚をするために祝宴を開くことが不可欠とみなされる。

第六章では、この結婚の祝宴を題材に、バドル郡地域における社会関係の「実演」を検証した。第六章前半では、エジプトの祝宴に関する過去の民族誌を参照しながら、バドル郡における祝宴の過程を整理し、祝宴には「見る・見られる」側面があることを指摘した。従来エジプトの（ムスリムの）結婚の成立過程は「婚姻の契約」と「行列」「床入り」の儀礼から構成されると論じられてきた。現在でも大枠は変わっていないが、一九七〇年代頃から「床入り」が祝祭的場としての「祝宴」へと変化してきたようである。これにより祝宴が「見る・見られる」関係の中心に据えられ、祝宴の開催が不可欠とみなされる意識が生まれたと考えられる。

祝宴は、そうした互酬的関係性のためだけに行われるのか。祝宴は誰のためのものなのか。第六章後半では、祝宴を開催する側に着目し、祝宴に至る過程を詳述した。花嫁側の視点としてYの妹、花婿側の視点としてGの息子の事例を取り上げ、それぞれ周囲の人間を巻き込んだ過程を描き出した。花嫁側から見れば、結婚の最重要局面は、婚姻の契約後の家財道具の運び入れにあり、祝宴当日にはむしろ花婿が「喜び」を爆発させているように見えた。それでは祝宴は花婿のものなのか。Gの次男Bの事例からは、結婚当事者のBが費用がないという理由で「ファラハはなしで」と提案したところ、父親のGは言下に反対し、祝宴の必要性を強く主張した。このことは、花婿の父Gが単なる費用分担者であるだけでなく、祝宴の開催を通じて花嫁を引き受ける「社会的責任」を共有する立場にあることを示している。トートロジー的表現になってしまうが、祝宴は、祝宴に代表されるような社会的関係がある社会を希求する人々自身のために行われているのである。

＊　＊　＊

以上、本書では、二〇一〇年代初頭のバドル郡地域におけるフィールドワークから、沙漠開拓地に生きる人々の生活世界を描き出し、これまでの沙漠開発の議論の中に欠けていた人間の姿を論じてきた。バドル郡地域は、一九五〇年代以降の「新しい土地」の中では古い方とはいえ、数百、数千年の歴史を誇るナイル川流域の村々に比べれば、まだまだ「寄せ集め」に過ぎないとみなされることも多い。また、土地所有の点においても沙漠開拓地は独特の仕組みを発展させ、「古い土地」とは異なる特徴を有している。それでもなお人々はこの地域で土地を買い、その土地に暮らし、時に祝宴を催して大騒ぎし、この土地に記憶を刻み込んでいる。そうした社会的厚みが積み重なる中で、少しずつこの地域もエジプト社会の「普通の地域社会」の一風景となりつつあると言えるだろう。

「開発計画地」であった時代と異なり、一度「普通の地域社会」の枠組みが作られれば、国家や公的機関は、生活世界の奥深くに隠れ、警察や司法、行政機関の関与という特別な——人々にとっては緊迫した——場面を除けば、目の前に現れてくることがない。開発が国家による外からの介入であるとすれば、開発事業が進み、それが「完了」することによって、国家による介入もまた「完了」することはあるのだろうか。本書で見てきたように、開発事業が終わったとしても、地方行政機構に看板を掛け換えるだけで、国家がその地域から出て行くことはない。国家は居座り続け、人々はその現実の中を生きていかなければならない。

本書で描き出した世界では、人々と国家の間の距離は「つかず離れず」が保たれている、ように見える。しかしそれは、国家と人々の関係が「それでもなんとかうまくいった」状況を取り上げただけかもしれない。いわば、悲喜こもごもの事件をたっぷり見せた後、最後はにぎやかなファラハで大団円を迎える、エジプト映画の伝統的様式美の世界である。この方法には収まりきらないものを、いつか書きたいと思う。

あとがき

私がエジプトに初めて足を踏み入れたのは、二〇〇二年六月のことである。日本で習った片言の正則アラビア語は、空港で待ち構えていたタクシー運転手にはまったく通じず、かえって彼らの、同じく片言だがやけに明快な英語に押しきられてしまったことをよく覚えている。その後エジプトを幾度となく訪れたが、カイロ空港が沙漠の中にあることを意識したのは、沙漠開発を研究対象とするようになってからである。最初の訪問から一五年以上経つ間に空港周辺の建物は増えていき、いまやカイロ空港は住宅地の中にあるといっても過言ではない。

＊　＊　＊

本書は、二〇一七年四月に東京大学大学院総合文化研究科に提出した博士論文『現代エジプトの沙漠開発の民族誌——ブハイラ県バドル郡地域の歴史・法・社会関係の研究』に加筆修正を施したものである。博士論文および本書の各章は、序章、第二章、第五章、結語を除き、学術雑誌に発表した論文がもとになっている。旧稿を掲載してくださった雑誌と匿名の査読者、編集委員会の方々に感謝しつつ、以下にその初出を記す。

第一章
「エジプトのある沙漠開拓地の歴史——ブハイラ県バドル郡、あるいは旧タフリール県計画地域の事例から」『アジア地域文化研究』九巻、八九—一一一頁。

第三章
「現代エジプトの沙漠地の法——民法第八七四条と一九五〇年代以降の特別法の検討から」『日本中東学会年報』三〇巻二号、一—三一頁。

第四章
「A Sales Contract: The Mechanism for the Private Ownership of Reclaimed Desert Land in Contemporary Egypt」『日本中東学会年報』三一巻二号、二〇七—二三六頁。

第六章
「現代エジプトのファラハ——ブハイラ県バドル郡における結婚の祝宴の報告」『アジア・アフリカ言語文化研究』九一号、五—四〇頁。

＊　＊　＊

沙漠開発を研究対象とすることは、エジプトのカイロ・アメリカ大学（The American University in Cairo）大学院修士課程在籍時に考え始めた。本書序章ではその学術的意義を述べたが、沙漠でスプリンクラーがまわって水を撒き、芝生や果樹園が広がる風景の異様さ、印象深さが沙漠開発に関心を抱く出発点となったことも否定できない。こうした現象をどのようにして「人類学」と交わらせるかが、その後長きにわたる課題となった。本書はその試行錯誤の成果の一つである。とはいえ、私が人類学と出会うきっかけとなった東京都立大学での恩師、大塚和夫先生がもしご存命であれば、「おまえさんもまだまだやなぁ」と言われる声が聞こえるようである。カイロ・アメリカ大学在学時には、英語もアラビア語も覚束ない中、経済人類学やベドウィン研究を専門とするドナルド・コウル先生、実験的民族誌で知られるケヴィン・ドワイヤー先生、同大学付属沙漠開発研究所所長のリチャード・タットワイヤー先生にご指導いただいた。また、タットワイヤー先生には後の長期留学の受入教員にもなっていただいた。

二〇〇八年に東京大学大学院総合文化研究科地域文化研究専攻博士課程に入学し、途中の休学期間を含めて、実に七年半も在籍した。指導教員の長沢栄治先生は、人類学とは何かに悩み、地域研究に「駆け込んだ」私を受け入れてくださっただけでなく、その後もなかなか進まない研究を辛抱強く見守り続けてくださった。最終審査に至る段階でいただいた粘り強いご指導を含めて、ただただ感謝の一念である。博士論文の副査を引き受けてくださった杉田英明先生には、授業や論文へのご指導の中で、エジプト口語まる出しの状態から正則アラビア語を扱う基礎を作っていただいた。森山工先生には、人類学とは何かという問いへの煩悶にお付き合いいただき、これに応える道筋を示していただいた。最終審査から副査に加わっていただいた桜美林大学の鷹木恵子先生には、生煮えであった「開発研究」にきちんと結論を出すべきことを、早稲田大学の大稔哲也先生には、エジプト研究の先輩として私が見過ごしていたエジプト社会の諸特徴をご教示いただいた。諸先生方から頂戴したご指摘、ご助言に応えられているかいまだ心許ないが、学恩に厚くお礼申し上げたい。

博士課程在籍中、二〇〇八年度と二〇一二年度に東京大学博士課程研究遂行協力制度を、二〇一三年度から日本学術振興会特別研究員ＤＣ２（課題番号：13J03016）を受けた。二〇〇八年度には松下国際財団（現・公益財団法人松下幸之助記念財団）から松下国際スカラシップ（現・松下幸之助国際スカラシップ）をいただき、二〇〇九年九月から二年半エジプトに長期留学することができた。二〇一六年度には東京外国語大学アジア・アフリカ言語文化研究所のジュニア・フェローとして、二〇一七年度からは日本学術振興会特別研究員ＰＤ（課題番号：17J02475）として同所の近藤信彰先生に受け入れていただき、研究を続けている。これらの方々、団体からの支援に記して謝意を表する。

＊　＊　＊

二〇〇九年からの長期留学では当初、大規模沙漠開発事業「トシュカ計画」を扱う予定であったが、調査準備や交渉を進めている間に「二〇一一年革命」が起きた。盤石に見えたムバーラク体制は民衆デモの波にのみこまれて一気に瓦解した。抑圧に加担したとして警察は糾弾され、治安は不安定化した。長年の権力構造が崩れたため、誰に頼めば物事が進むのかわからなくなった。そのためトシュカ計画の調査交渉は頓挫し、諦めざるを得なかった。

そこで修士論文の調査地であり、その後追跡調査を行っていたバドル郡をフィールドとすることに切り替えた。まったくの偶然の産物であるが、先行きの見えない状況において最も頼りになるのは、人間関係であることを痛感した出来事でもある。凡例に記したように、本書ではフィールドで出会った人々の名前はすべて仮名にしてあり、一人ひとりの実名を挙げることはできないが、多くの時間をともに過ごし、色々な物事を教えてくれたバドル郡の人たち、またカイロでお世話になった友人たちに深く感謝している。

二〇一二年四月に帰国した後、一年に一、二度はエジプトを訪れているが、長期留学時のように長い時間はとれない。そうした状況の中、かつてのアパート大家Gは、毎月一回、電話で話をしようと誘ってくれた。そこで私たちは月の第一金曜と日にちを決め、連絡をとり続けている。話の内容は、Gの健康状態、互いの近況や変化、私の研究の進捗状況などである。Gは、私が博士論文を書いていることを知っており、しばしば様子を尋ねてきた。二〇一七年三月の電話では、月末に最終審査があることを伝えると、「よく見直し準備するように」と、訓示を垂れてきた。博士号取得後の二〇一七年八月にエジプトを訪れた際には、「これでおまえもブーロフェッサールだ」と、わがことのように喜んでくれた。二〇一八年三月には、博士後の研究がなかなか進まないことをこぼした私に対し、「おまえはまだ階段を上り始めたばかりだ。焦るな」と説いてくれた。

そのGが二〇一八年五月下旬に亡くなったことを六月の電話で知ったばかりで、まだ心の整理がついていない。思えば、最初の空港のタクシー運転手の時から、私はGのようなエジプトの人々の「言葉の技」や「発想の力」に魅せられてきた。日常のふとした拍子に味のある言葉を発するその姿は、どこか物事を考え抜いた「哲学者」のようであり、響きのよい言葉を巧みに操る「詩人」のようでもある。本書からそのようなエジプトの雰囲気が少しでも伝われば、そしてそうした言葉を惜しみなく与えてくれたGの姿が本書によって記憶に残ることになれば、それに勝る喜びはない。

＊　＊　＊

本書の刊行にあたっては、二〇一八年度の日本学術振興会科学研究費助成事業（研究成果公開促進費）の助成を受けた（課題番号：18HP5124）。この手続きに関わった匿名の査読者、事務担当者すべての方々に感謝したい。風響社の石井雅社長には編集・出版の労をとるだけでなく、申請から本書を出版することの悩みまで、本当に多くの点で親身に相談に乗っていただいた。ご助言の通り、思い切り書かせていただきました！

最後に、多年にわたるわがままを許してくれた両親に、そしてともに歩み、支えてくれた妻に、感謝の意を表することをお許しいただきたい。

二〇一八年六月　エジプトの日差しのまばゆさを思いながら

著者

参考文献

〈日本語〉

アルヴァックス、M（小関藤一郎訳）
　一九八九　『集合的記憶』行路社。

イブン＝ハルドゥーン（森本公誠訳）
　二〇〇一　『歴史序説1』岩波書店。

石井洋子
　二〇〇七　『開発フロンティアの民族誌――東アフリカ・灌漑計画のなかに生きる人々』御茶の水書房。

磯貝健一
　二〇〇二　「死地蘇生」大塚和夫ほか編『岩波イスラーム辞典』岩波書店、四三六頁。

伊能武次
　二〇〇一　「エジプトの地方行政」伊能武次・松本弘編『現代中東の国家と地方（I）』日本国際問題研究所、五五―七九。

大河原知樹、堀井聡江、磯貝健一編
　二〇一一　『オスマン民法典（メジェッレ）研究序説』NIHUプログラム「イスラーム地域研究」東洋文庫拠点東洋文庫研究部イスラーム地域研究資料室。

大河原知樹、堀井聡江
　二〇一四　『イスラーム法の「変容」――近代との邂逅』山川出版社。

太田好信
　二〇〇九　『［増補版］民族誌的近代への介入――文化を語る権利は誰にあるのか』人文書院。

大塚和夫
　一九八五　「下エジプトのムスリムにおける結婚の成立過程――カリュービーヤ県ベンハー市とその周辺農村の事例を中心に」『国立民族学博物館研究報告』一〇（二）：二七三―三〇七。
大塚和夫ほか編
　二〇〇二　『岩波イスラーム辞典』岩波書店。
大森元吉編
　一九八七　『法と政治の人類学』朝倉書店。
オジェ、M（森山工訳）
　二〇〇二　『同時代世界の人類学』藤原書店。
加藤博
　一九九三　『私的土地所有権とエジプト社会』創文社。
クリフォード、J（毛利嘉孝ほか訳）
　二〇〇二　『ルーツ――二〇世紀後期の旅と翻訳』月曜社。
後藤絵美
　二〇一四　『神のためにまとうヴェール――現代エジプトの女性とイスラーム』中央公論新社。
小堀　巌
　一九六七　『ナイル河の文化』角川書店。
近藤信彰
　二〇一四　「ペルシア語文書の世界」西井涼子編『人はみなフィールドワーカーである――人文学のフィールドワークのすすめ』東京外国語大学出版会、一八〇―一九六。
ジャバルティー（後藤三男訳）
　一九八九　『ボナパルトのエジプト侵略』ごとう書房。
鈴木恵美
　二〇〇五　『エジプトにおける行政・立法関係――体制変化と世襲議員の変容』博士論文（東京大学大学院総合文化研究科）。
　二〇一三　『エジプト革命――軍とムスリム同胞団、そして若者たち』中央公論新社。
高野さやか

二〇一五『ポスト・スハルト期インドネシア社会の法と社会——裁くことと裁かないことの民族誌』三元社。

竹沢尚一郎
二〇〇七『人類学的思考の歴史』世界思想社。

竹村和朗
二〇〇八a「[書評] 石井洋子著『開発フロンティアの民族誌——東アフリカ・灌漑計画のなかに生きる人びと』東京、御茶の水書房、2007年、291+XIX頁」『文化人類学』七三（一）：一一五—一一八。

二〇〇八b「[書評] El Shakry, Omnia. *The Great Social Laboratory: Subjects of Knowledge in Colonial and Postcolonial Egypt*. Stanford, California: Stanford University Press, 2007., xii+328pp.」『日本中東学会年報』二四（一）：三五七—三六〇。

二〇一一「エジプト口語アラビア語の諺——「異文化」を見る窓として」『アジア・アフリカ言語文化研究』八二：一四五—二一七。

二〇一三a「エジプトのある沙漠開拓地の歴史——ブハイラ県バドル郡、あるいは旧タフリール県計画地域の事例から」『アジア地域文化研究』九：八九—一一一。

二〇一三b「[書評] David Sims, Understanding Cairo: The Logic of a City Out of Control (Cairo: The American University in Cairo Press, 2010, 335+xxiii)『日本中東学会年報』二九（一）：一九九—二〇三。

二〇一四a「エジプト二〇一二年憲法の読解——過去憲法との比較考察（上）」『アジア・アフリカ言語文化研究』八七：一〇三—二四〇。

二〇一四b「エジプト二〇一二年憲法の読解——過去憲法との比較考察（下）」『アジア・アフリカ言語文化研究』八八：九一—二八四。

二〇一四c『ムバーラクのピラミッド——エジプトの大規模沙漠開発事業「トシュカ計画」の論理』風響社。

二〇一五a「現代エジプトの沙漠地の法——民法第八七四条と一九五〇年代以降の特別法の検討から」『日本中東学会年報』三〇（二）：一—三二。

二〇一五b「エジプト二〇一四年憲法——スィースィー政権の統治理念を読み解く手掛かりとして」『ジェトロ・アジア経済研究所 政策提言研究報告書』(http://www.ide.go.jp/Japanese/Publish/Download/Seisaku/201503_takemura.html)

二〇一六a「現代エジプトのファラハ——ブハイラ県バドル郡における結婚の祝宴の報告」『アジア・アフリカ言語文化研究』九一：五—四〇。

二〇一六b「エジプトの『革命後』の展開——三つの憲法の読解から」大稔哲也編『「アラブの春」の社会的研究—エジプ

ト一月二五日革命を中心に―』科学研究費最終報告書（課題番号 24320138）、一二一―一四二。

二〇一六c「苗農場で働く――現代エジプトの沙漠開拓地における農業実践の一事例として」『日本中東学会第三二回年次大会 企画セッション・個人研究発表要旨集』六六。

二〇一六d「個人の語りを書く――エジプト・ブハイラ郡の住民Gを事例として」『日本文化人類学会第五〇回研究大会発表要旨集』一二〇。

二〇一八「第二章　憲法――二〇一四年憲法の制定過程と条文内容」土屋一樹編『動乱後のエジプト――スィースィー体制の形成（二〇一三～二〇一五年）』アジア経済研究所、一九―三七。

土屋一樹

二〇一三「エジプトの農業開発政策と農業生産の推移」『現代の中東』三四：一九―四一。

二〇一五「スィースィー政権の経済開発」『中東レビュー』二：一七―一九。

長沢栄治

一九九七「エジプト」川田順造ほか編『岩波講座開発と文化1 いま、なぜ「開発と文化」なのか』岩波書店、二五八―二六〇。

一九九八「中東の開発体制――エジプトにおけるエタティズムの形成」東京大学社会科学研究所編『二〇世紀システム4 開発主義』東京大学出版会、二〇七―二三八。

二〇〇八「経済改革問題の歴史的経緯」山田俊一編『エジプトの政治経済改革』アジア経済研究所、八九―一一四。

二〇一二a『エジプト革命――アラブ世界変動の行方』平凡社。

二〇一二b「門戸開放期エジプトの国家と社会――グローバル化の波と社会運動」柳澤悠・栗田禎子編著『アジア・中東――共同体・環境・現代の貧困』勁草書房、二三九―二六八。

二〇一三『エジプトの自画像――ナイルの思想と地域研究』平凡社。

中田考監修、中田香織／下村佳州紀訳、松山洋平訳著、黎明イスラーム学術・文化振興会責任編

二〇一四『日亜対訳クルアーン』作品社。

西井涼子編

二〇一四『人はみなフィールドワーカーである――人文学のフィールドワークのすすめ』東京外国語大学出版会。

日本文化人類学会監修、鏡味治也、関根康正、橋本和也、森山工編

二〇一一『フィールドワーカーズ・ハンドブック』世界思想社。

林佳世子
二〇〇二「ワクフ」大塚和夫ほか編『岩波イスラーム辞典』岩波書店、一〇七六―一〇七八。
ヘロドトス（松平千秋訳）
一九七一『歴史（上）』岩波書店。
堀井聡江
二〇〇四a『イスラーム法通史』山川出版社。
二〇〇四b「エジプトにおける先買権と土地所有権」『アジア経済』四八（六）：二九―四九。
二〇〇九「エジプト民法典におけるイスラーム法の影響の批判的考察」『イスラム世界』七二：一―二五。
二〇一一「メジェッレ研究序説」大河原知樹、堀井聡江、磯貝健一編『オスマン民法典（メジェッレ）研究序説』NIHUプログラム「イスラーム地域研究」東洋文庫拠点東洋文庫研究部イスラーム地域研究資料室、三五―四二。
牧野信也訳
二〇〇一『ハディースV――イスラーム伝承集成』中公文庫。
松山洋平
二〇〇九「婚姻」浜本一典、中田考、松山洋平、前野直樹著『イスラーム私法・公法概説――家族法編』日本サウジアラビア協会、九九―一八五。
両角吉晃
二〇〇七「エジプト民法典小史」『東京大学大学院ローレビュー』二：一五一―一六四。
柳橋博之
二〇一二『イスラーム財産法』東京大学出版会。
山内昌之
二〇〇二「ムスタアミン」大塚和夫ほか編『岩波イスラーム辞典』岩波書店、九六七。
山形孝夫
一九八七『砂漠の修道院』新潮社。
ライト、W（後藤三男訳）
一九八七『アラビア語文典 下巻 文章論韻律論』ごとう書房。
ローゼン、L（市原靖久ほか訳）

二〇一一 『文化としての法——人類学・法学からの誘い』福村出版。

〈欧米語〉

Al-Ahram Center for Political and Strategic Studies
2012 *Mapping Islamic Actors in Egypt*. Cairo: Al-Ahram Center for Political and Strategic Studies.

Amin, Galal
2011 *Egypt in the Era of Hosni Mubarak 1981–2011*. Cairo: The American University in Cairo Press.

Amin, Galal (Jonathan Wright trans.)
2013 *Whatever Happened to the Egyptian Revolution?* Cairo: The American University in Cairo Press.

Atef, Gawaher
1987 *The New Villages in the Reclaimed Lands: A Study on Women's Impressions Regarding the Level of Development of the Area*. Unpublished Master's Thesis Submitted to the Department of Sociology, Anthropology, Psychology, and Egyptology, The American University in Cairo.

Ayrout, Henry Habib
2005[1963]. *The Egyptian Peasant*. Cairo and New York: The American University in Cairo Press.

Bach, Kirsten
2004 "Changing Family and Marriage Patterns in an Aswan Village." In *Upper Egypt: Identity and Change*, eds. Nicholas Hopkins and Reem Saad, 169–189. Cairo: The American University in Cairo Press.

Badawi, El-Said and Martin Hinds, eds.
1986 *A Dictionary of Egyptian Arabic (Arabic-English)*. Beirut: Librairie du Liban.

Baer, Gabriel
1962 *A History of Landownership in Modern Egypt, 1800–1952*. London: Oxford University Press.

Bakr, Mohd Daud
2001 "Foreword to this edition." In *The Mejelle: Being an English Translation of* Majallah El-Ahkam-i-Adliya *and A Complete Code on Islamic Law*. eds. B. A. L. Tyser, D. G. Demetriades, and Islamil Haqqi Effendi, v–vii. Kuala Lumpur, Malaysia: The

Other Press.

Bambale, Yahya Y.

2007 *Acquisition and Transfer of Property in Islamic Law*. Lagos: Malthouse Press Limited.

Bishay, Adli

1991 "The DDC: From Conception to Realization." In *Desert Development Part 2: Socio-Economic Aspects and Renewable Energy Applications*. eds. Adli Bishay and Harold Dregne, 43–74. Chur: Harwood Academic Publishers.

Blackman, Winifred S.

2000[1927] *The Fellahin of Upper Egypt*. Cairo: The American University in Cairo Press.

Brown, Nathan J

1997 *The Rule of Law in the Arab World: Courts in Egypt and Gulf*. Cambridge: Cambridge University Press.

2002 *Constitutions in a Nonconstitutional World: Arab Basic Laws and the Prospects for Accountable Government*. New York: State University of New York Press.

Bush, Ray, ed.

2002 *Counter-Revolution in Egypt's Countryside: Land and Farmers in the Era of Economic Reform*. London and New York: Zed Books.

CAPMAS

2009 *Statistical Year Book*. Cairo: CAPMAS.

2014 *Statistical Year Book*. Cairo: CAPMAS.

Cernea, Michael M.

2000 "Risks, Safeguards, and Reconstruction: A Model for Population Displacement and Resettlement." In *Risks and Reconstruction: Experiences of Resettlers and Refugees*. eds. Michael M. Cernea and Christopher McDowell, 11–55. Washington. D.C.: The World Bank.

Chambers, Robert

1969 *Settlement Schemes in Tropical Africa: A Study of Organizations and Development*. London: Routledge & Kegan Paul Limited.

Clifford, James and George Marcus, eds.

1986 *Writing Culture: The Poetics and Politics of Ethnography*. Berkeley: University of California Press〔ジェイムズ・クリフォード、ジョージ・マーカス編、春日直樹ほか訳　一九九六『文化を書く』紀伊國屋書店〕

Cole, Donald P.

1975 *Nomads of the Nomads: The Āl Murrah Bedouin of the Empty Quarter*. Chicago: Aldine.（ドナルド・パウエル・コウル著、片倉もとこ訳　一九八二『遊牧の民ベドウィン』社会思想社）

Cole, Donald P. and Soraya Altorki

1998 *Bedouin, Settlers, and Holiday-Makers: Egypt's Changing Northwest Coast*. Cairo: The American University in Cairo Press.

Cowan, J M., ed.

1994 *The Hans Wehr Dictionary of Modern Written Arabic*. Ithaca, NY: Spoken Language Services, Inc.

Debs, Richard A.

2010 *Islamic Law and Civil Code: The Law of Property in Egypt*. New York: Columbia University Press.

Dwyer, Kevin

1982 *Moroccan Dialogues: Anthropology in Question*. Baltimore and London: The Johns Hopkins University Press.

Eickelman, Dale F.

2002 *The Middle East and Central Asia: An Anthropological Approach (4th ed.)*. Upper Saddle River, New Jersey: Prentice Hall.

El-Abd, Salah

1979 "Land Reclamation and Resettlement in Egypt." In *Human Settlements on New Lands: Their Design and Development*. eds. Lila El-Hamamsy and Jeannie Garrison, 91-113. Cairo: The American University in Cairo Press.

El-Hamamsy, Laila and Jeannie Garrison, eds.

1979 *Human Settlements on New Lands: Their Design and Development*. Cairo: The American University in Cairo Press.

El Shakry, Omnia

2007 *The Great Social Laboratory: Subjects of Knowledge in Colonial and Postcolonial Egypt*. Stanford: Stanford University Press.

Esposito, John. L.

2001 *Women in Muslim Family Law (Second Edition)*. New York: Syracuse University Press.

Fahim, Hussein M.

1975 *The Study and Evaluation of the Rehabilitation Process in the Newly Settled Communities in Land Reclamation Areas: Final*

Report (Part 2): The Nubian Settlement in Kom Ombo Region, Upper Egypt. Cairo: Social Research Center, The American University in Cairo.

Fahmy, Ninette S.
2002 *The Politics of Egypt: State-Society Relationship*. London: Routledge & Curzon.

Fakhouri, Hani
1972 *Kafr El-Elow: An Egyptian Village in Transition*. New York: Holt, Rinehart and Winston, Inc.

Gerber, Haim
1994 *State, Society, and Law in Islam: Ottoman Law in Comparative Perspective*. New York: State University of New York Press.

Gouvernement Egyptien
1946 *Recueil des Lois, Décrets et Rescrits Royaux (Année 1945. — Quatrième Trimestre)*. Cairo: Imp. Nationale, Boulac.

Habashy, Nabil
1991 "Agricultural Marketing in South Tahrir Area." In *Desert Development Part 2: Socio-Economic Aspects and Renewable Energy Applications*. eds. Adli Bishay and Harold Dregne, 481–493. Chur: Harwood Academic Publishers.

Hanna, Fuad and Moustapha A. G. Osman
1995 "Agricultural Land Resources and the Future of Land Reclamation and Development in Egypt." *Options Méditerraniéennes*, Ser. B(9): 15–32.

Heffening, W.
2000 "'Urs." In *The Encyclopaedia of Islam (New Edition), Vol. X*. eds. P.J. Bearman et al., 899–907. Leiden: E.J. Brill.

Hill, Enid
1987 *Al-Sanhuri and Islamic Law: The Place and Significance of Islamic Law in the Life and Work of 'Abd al-Razzaq Ahmad al-Sanhuri Egyptian Jurist and Scholar 1895–1971*. Cairo Papers in Social Science, 10(1), Monograph.

Hopkins, Harry
1969 *Egypt the Crucible: The Unfinished Revolution of the Arab World*. London: Secker & Warburg.

Hopkins, Nicholas S.
1987 *Agrarian Transformation in Egypt*. Boulder and London: Westview Press.

Hopkins, Nicholas S. and Kirsten Westergaard, eds.

1998a *Directions of Change in Rural Egypt*. Cairo: The American University in Cairo Press.

Hopkins, Nicholas S. and Kirsten Westergaard

1998b "Introduction: Directions of Change in Rural Egypt." In *Directions of Change in Rural Egypt*. eds. Nicholas S. Hopkins and Kirsten Westergaard, 1–16. Cairo: The American University in Cairo Press.

Hopkins, Nicholas S. et al.

1988 *Participation and Community in the Egyptian New Lands: The Case of South Tahrir*. The Cairo Papers in Social Science, 11(1), Monograph.

Hoyle, Mark S.

1991 *Mixed Courts of Egypt*. London: Graham & Trotman.

Lane, Edward W.

1978[1895] *Manners and Customs of the Modern Egyptians*. The Hague and London: East-West Publications.

Meyer, Günter

1998 "Economic Changes in the Newly Reclaimed Lands: From State Farms to Small Holdings and Private Agricultural Enterprises." In *Directions of Change in Rural Egypt*. eds. Nicholas S. Hopkins and Kirsten Westergaard, 334–353. Cairo: The American University in Cairo Press.

Mitchell, Timothy

2002 *Rule of Experts: Egypt, Techno-politics, Modernity*. Berkeley: The University of California Press.

Moustafa, Tamir

2007 *The Struggle for Constitutional Power: Law, Politics, and Economic Development in Egypt*. Cambridge: Cambridge University Press.

Nasir, Jamal J.

1990 *The Islamic Law of Personal Status (Second Edition)*. London/Dordrecht/Boston: Graham & Trotman.

Ongley, F., trans. and Horace E. Miller, ed.

1892 *The Ottoman Land Code*. London: William Clowes and Sons, Limited.

Peters, R

2002 "Waqf." In *Encylopaedia Islam (New Edition), Vol. XI*, eds. P.J. Bearman et al., 59–63. Leiden: E.J. Brill.

Rivlin, Helen Anne
1961 *The Agricultural Policy of Muḥammad ʻAlī in Egypt*. Cambridge, Massachusetts: Harvard University Press.

Saab, Gariel
1967 *The Egyptian Agrarian Reform 1952–1962*. London, New York, and Toronto: Oxford Univesity Press.

Saad, Reem
1988 *Social History of an Agricultural Reform Community in Egypt*. Cairo Papers in Social Science, 11(4), Monograph.
2002 "Egyptian Politics and the Tenancy Law." In *Counter-Revolution in Egypt's Countryside: Land and Farmers in the Era of Economic Reform*. ed. Ray Bush, 103–125. London and New York: Zed Books.

Sabea, Hanan H.
1987 *Paths of Rural Transformations: Stratification and Differentiation Process in a New Land Area*. Unpublished Master's Thesis Submitted to the Department of Sociology, Anthropology, Psychology, and Egyptology, The American University in Cairo.

Schacht, J.
1995 "Nikāḥ." In *The Encyclopaedia of Islam (New Edition), Vol. VIII*. eds. C.E. Bosworth et al., 26–29. Leiden: E.J. Brill.

Scudder, Thayer
1991 "A Sociological Framework for the Analysis of New Land Settlements." In *Putting People First: Sociological Variables in Rural Development (2nd ed.)*. ed. Michael M. Cernea, 148–187. New York: The International Bank for Reconstruction and Development / The World Bank.［サイアー・スカッダー「新規入植を分析するための社会学的枠組み」マイケル・M・チェルネア編、「開発援助と人類学」勉強会訳　一九九八『開発は誰のために――援助の社会学・人類学』社団法人日本林業技術協会、一〇五―一三〇］

Scudder, Thayer and Elizabeth Colson
1982 "From Welfare to Development: A Conceptual Framework for the Analysis of Dislocated People." In *Involuntary Migration and Resettlement: The Problems and Responses of Dislocated People*. eds. Art Hansen and Anthony Oliver-Smith, 267–287. Boulder. Colorado: Westview Press.

Sherbiny Naiem A., Donald P. Cole, and Nadia Makary Girgis
1992 *Investors and Workers in the Western Desert of Egypt: An Exploratory Survey*. Cairo Papers in Social Science, 15(3), Monograph.

Sims, David

2010 *Understanding Cairo: The Logic of a City Out of Control*. Cairo: The American University in Cairo Press.

2014 *Egypt's Desert Dreams: Development or Disaster?* Cairo: The American University in Cairo Press.

Singerman, Diane

1995 *Avenues of Participation: Family, Politics, and Networks in Urban Quarters in Cairo*. Princeton, New Jersey: Princeton University Press.

Singerman, Diane and Barbara Ibrahim

2001 "The Cost of Marriage in Egypt: A Hidden Variable in the New Arab Demography." In *The New Arab Family*. ed. Nicholas S. Hopkins, Cairo Papers in Social Science, 24 (1/2): 80–116.

Sonneveld, Nadia

2012 *Khul' Divorce in Egypt: Public Debates, Judicial Practices, and Everyday Life*. Cairo: The American University in Cairo Press.

Springborg, Robert

1979 "Patrimonialism and Policy Making in Egypt: Nasser and Sadat and the Tenure Policy for Reclaimed Lands." *Middle Eastern Studies*, 15(1): 49–69.

1989 *Family, Power, and Politics in Egypt: Sayed Bey Marei — His Clan, Clients, and Cohorts*. Philadelphia: University of Pennsylvania Press.

Sukkary-Stolba, Soheir

1985 "Changing Roles of Women in Egypt's Newly Reclaimed Lands." *Anthropological Quarterly*, 58(4): 182–189.

Tadros, Helmi R.

1975 *The Study and Evaluation of the Rehabilitation Process in the Newly Settled Communities in Land Reclamation Areas: Final Report (Part 1): The Newly Settled Communities in the Northwestern Nile Delta*. Cairo: Social Research Center.

1978 *Rural Resettlement in Egypt's Reclaimed Lands: An Evaluation of a Case Study in the Northwestern Nile Delta*. The Cairo Papers in Social Science, Monograph 4.

Takemura, Kazuaki

2005 *Farmworkers in the Desert: An Anthropological Study of a Village in Egyptian Reclaimed Desert Land*. Unpublished Master's

Thesis Submitted to the Department of Sociology, Anthropology, Psychology, and Egyptology, The American University in Cairo.

2016 "A Sales Contract: The Mechanism for the Private Ownership of Reclaimed Desert Land in Contemporary Egypt." *Annals of Japan Association for Middle Eastern Studies*, 31(2): 207–236.

Toth, James

1999 *Rural Labor Movements in Egypt and Their Impact on the State, 1961–1992*. Cairo: The American University in Cairo Press.

Tyser, B.A.L., D.G. Demetriades, and Islamil Haqqi Effendi, trans.

2001 *The Mejelle: Being an English Translation of* Majallah El-Ahkam-i-Adliya *and A Complete Code on Islamic Law*. Kuala Lumpur, Malaysia: The Other Press.

Voll, Sarah P.

1980 "Egyptian Land Reclamation since the Revolution." *Middle East Journal*, 34(2): 127–148.

Warriner, Doreen

1962 *Land Reform and Development in the Middle East*. London: Oxford University Press.

Waterbury, John

1971 "The Cairo Workshop on Land Reclamation and Resettlement in the Arab World." *American Universities Field Staff Report (Northeast Africa Series)*, 17(1): 1–14.

1979 *Hydropolitics of the Nile Valley*. Syracuse, New York: Syracuse University Press.

Wathelet, J.A. and R.G. Brunton, eds.

1922 *Codes Égyptiens et Lois Usuelles en Vigueur en Égypte.* Brussels: Veuve Ferdinand Larcier, Editeur.

Wikan, Unni. (Ann Henning trans.)

1980 *Life among the Poor in Cairo.* London: Tavistock Publications.

〈アラビア語〉

ʻAbd al-Fattāḥ, al-Sayyid

2011 *Abāṭira al-Fasād: Wuzarā' wa-Rijāl A'māl Nahabū Tharwāt Miṣr* ［腐敗遊び人――エジプトの富を奪った大臣とビジネ

スマン］. n.p.: Dār al-Ḥayā li-l-Nashr wa-al-Tawzīʻ.

ʻAbd al-Wahhāb, ʻIzzat

1959 *Mudīrīya al-Taḥrīr: 1959*［タフリール県――一九五九年］. Cairo: al-Iṣlāḥ al-Zirāʻī.

Abū Dunyā, ʻAlī Sulaymān and Tharwat Saʻd Zaghlūl, eds.

2009 *1) al-Qānūn Raqm 143 li-Sana 1981 fī Sha'n al-Arāḍī al-Ṣaḥrāwīya wa-Lā'iḥat-hu al-Tanfīdhīya al-Ṣādira bi-Qarār Wazīr al-Taʻmīr wa-al-Dawla li-l-Iskān Raqm 198 li-Sana 1982, 2) al-Qānūn Raqm 7 li-Sana 1991 fī Sha'n Baʻḍ al-Aḥkām al-Mutaʻalliqa bi-Amlāk al-Dawla al-Khāṣṣa (al-Ṭabʻa al-ʻĀshira)*［（一）沙漠地に関する一九八一年法律第一四三号および一九八二年建設・住宅供給国務大臣令第一九八号施行令、（二）私的国有地に関連する諸規定に関する一九九一年法律第七号（第一〇版）］. Cairo: al-Maṭābiʻ al-Amīrīya.

Aḥmad, ʻAbd al-Ḥakīm Khalīl Sayyid

2014 *ʻĀdāt wa-Taqālīd al-Zawāj: Dirāsa fī al-Thaqāfa al-Shaʻbīya*［婚姻の慣習と伝統――民衆文化の研究］. Cairo: Miṣr al-ʻArabīya li-al-Nashr wa-al-Tawzīʻ.

al-ʻAlība, Aḥmad al-Sayyid

2004 *Muḥāfaẓa al-Buḥayra (Silsila al-Muḥāfaẓāt al-Miṣrīya)*［ブハイラ県（エジプトの県シリーズ）］. Cairo: Markaz al-Dirāsāt al-Siyāsīya wa-al-Istirātījīya.

ʻAllām, Aḥmad Khālid and Muḥammad Jamāl Mursī

1973 *Tanmiya al-Qarya al-Miṣrīya wa-al-Takhṭīṭ al-Iqlīmī*［エジプト農村の開発と地域的計画］. Cairo: Maṭbaʻa al-Nahḍa al-ʻArabīya.

Amīn, Aḥmad

2008[1953] *Qāmūs al-ʻĀdāt wa-al-Taqālīd wa-al-Taʻābīr al-Miṣrīya*［エジプト慣習・伝統・表現辞典］. Cairo: Sharika Nawābigh al-Fikr.

ʻAmmār, Muḥsin Shafīq, ed.

2003 *Mudīrīya al-Taḥrīr Walīda al-Thawra*［タフリール県は革命の申し子］. Buḥayra: Markaz Maʻlūmāt Badr.

n.d. *Iṣdār ʻan Markaz Badr wa-al-aTanmiya al-Maḥallīya (2009/2010)*［バドル郡要覧――二〇〇九／二〇一〇年］. Buḥayra: Markaz Maʻlūmāt Badr.

al-ʻAmrūsī, Anwar

2000 *Mawsū'a al-Aḥwāl al-Shakhṣīya li-l-Muslimīn: al-Nuṣūṣ, wa-al-Fiqh, wa-Mabādi' al-Qaḍā' (al-Juz' al-Thālith)*［イスラーム教徒身分法注釈全書――条文、法解釈、判例（第三部）］. Alexandria: Dār al-Fikr al-Jāmi'ī.

'Āshūr, Anwar 'Alī

1982 *al-Zawāj wa-Ādāb al-Zifāf: fī al-Ḍaw' al-Sunna al-Nabawīya al-Musharrafa*［結婚と婚礼作法――栄光ある預言者のスンナに照らして］. Cairo: Maktaba al-Qur'ān.

Bahjat, Aḥmad 'Abd al-Tawwāb

2005 *Sharḥ al-Qānūn al-Zirā'ī (al-Juz' al-Awwal): al-Milkīya al-Zirā'īya fī al-Aṭyān al-Zirā'īya wa-al-Ṣaḥrāwīya*［農地法注解（第一部）――農地および沙漠地における農地所有権］. Cairo: Dār al-Nahḍa al-'Arabīya.

al-Bayyūmī, Islām Muḥammad and Tharwat Sa'd Zaghlūl, eds.

2006 *al-Qānūn Raqm 59 li-Sana 1979 fī Sha'n Inshā' al-Mujtama'āt al-'Umrānīya al-Jadīda wa-al-Qarārāt al-Munaffidha la-hu (al-Ṭab'a al-Ḥādiya 'Ashara)*［新都市共同体の設置に関する一九七九年法律第五九号（第一一版）］. Cairo: al-Maṭābi' al-Amīrīya.

2007 *al-Qānūn Raqm 178 li-Sana 1952 bi-Sha'n al-Iṣlāḥ al-Zirā'ī (al-Ṭab'a al-Sābi'a)*［農地改革に関する一九五二年法律第一七八号（第七版）］. Cairo: al-Maṭābi' al-Amīrīya

Buḥayrī, Aḥmad Muḥsin and Sāmī 'Abd al-Samī' al-'Arabāwī, eds.

2013 *al-Qānūn Raqm 100 li-Sana 1964 bi-Tanẓīm Ta'jīr al-'Aqārāt al-Mamlūka li-l-Dawla Milkīya Khāṣṣa wa-al-Taṣarruf fī-hā wa-Lā'iḥat-hu al-Tanfīdhīya Wafqan li-Ākhir al-Ta'dīlāt (al-Ṭab'a al-Sābi'a)*［私的所有物としての国有不動産の賃貸組織化およびその処分に関する一九六四年法律第一〇〇号、ならびにその施行令の最新版（第七版）］. Cairo: al-Maṭābi' al-Amīrīya.

Buḥayrī, Aḥmad Muḥsin and Tharwat Sa'd Zaghlūl, eds.

2014 *al-Qānūn al-Madanī (al-Ṭab'a al-Sādisa 'Ashra)*［民法（第一六版）］. Cairo: al-Maṭābi' al-Amīrīya.

al-Bukhārī, Abū 'Abd Allāh Muḥammad b. Ismā'īl b. Ibrāhīm b. Bardizbah al-Ju'fī. (Muḥammad 'Abd al-Qādir Aḥmad 'Aṭā, ed.)

2001 *Ṣaḥīḥ al-Bukhārī (al-Juz' al-Awwal)*［ブハーリー・サヒーフ集（第一部）］. Cairo: Dār al-Taqwā li-l-Turāth

Farghalī, Dārīn

2010 "<al-Miṣrī al-Yawm> Tarṣudu Riḥla al-Maḥṣīl: min al-Mazra'a ilā al-Mustahlik... min Hunā Yabda'u <Junūn al-Ṭamāṭim>."［『アルマスリー・アルヨウム紙』は農作物の流通路を辿る――農場から消費者まで：ここから「トマトの狂乱」

が始まる〕 *al-Miṣrī al-Yawm*. 16/10/2010, 2316: 11.

Ghānim, Ibrāhīm al-Bayyūmī

1998 *al-Awqāf wa-al-Siyāsa fī Miṣr*〔エジプトにおけるワクフと政治〕. Cairo: Dār al-Shurūq.

2007 *Wizāra al-Awqāf (Silsila al-Wizārāt al-Miṣrīya)*〔ワクフ省（エジプトの省シリーズ）〕. Cairo: Markaz al-Dirāsāt al-Siyāsīya wa-al-Istirātījīya.

Ḥamdī, Ṣubḥī, ed.

2003 *al-Munjid al-Wasīṭ fī al-ʻArabīya al-Muʻāṣira*〔現代アラビア語中辞典〕. Beirut: Dār al-Shurūq.

Ḥasanayn, Majdī

1975 *al-Ṣaḥrā'... al-Thawra wa-al-Tharwa: Qiṣṣa Mudīrīya al-Taḥrīr*〔沙漠……革命と富——タフリール県物語〕. Cairo: al-Hay'a al-Miṣrīya al-ʻĀmma li-l-Kitāb.

Hayba, Sāmī

2007 *Mawsūʻa Amlāk al-Dawla al-Khāṣṣa fī Ḍaw' Qaḍā' al-Naqḍ wa-al-Idārīya al-ʻUlyā*〔破棄院および最高行政裁判所の判例に照らした私的国有地注釈全書〕. Alexandria: Munsha'a al-Maʻārif.

Ḥimdān, Jamāl

1994 *Shakhṣīya Miṣr: Dirāsa fī ʻAbqarīya al-Makān (al-Juz' al-Thālith)*〔エジプトの個性——場所の天性の研究（第三部）〕. Cairo: Dār al-Hilāl.

al-Ḥukūma al-Miṣrīya, ed.

1941 *Majmūʻa al-Wathā'iq al-Rasmīya (li-l-Thalātha al-ʻAshar al-Thāniya min Sana 1940)*〔公文書集（一九四〇年以降）〕. Cairo: al-Maṭbaʻa al-Amīrīya bi-Būlāq.

n.d. *al-Qānūn al-Madanī: Majmūʻa al-Aʻmāl al-Taḥḍīrīya (al-Juz' al-Awwal)*〔民法——起草準備録（第一部）〕. Cairo: Maṭbaʻa Dār al-Kitāb al-ʻArabī.

Ibn Shās, Jalāl al-Dīn ʻAbd Allāh b. Najm. (Ḥamīd b. Muḥammad Laḥm, ed.)

2003 *ʻIqd al-Jawāhir al-Thamīna fī Madhhab ʻĀlim al-Madīna*〔マディーナの学者〔マーリク・イブン・アナス〕の学派における高価な宝石の頸飾り〕. Beirut: Dār al-Gharb al-Islāmī.

al-Ittiḥād al-Ishtirākī al-ʻArabī

1974 *Waraqa Uktūbir: Muqaddima min al-Ra'īs Muḥammad Anwar al-Sādāt*〔一〇月文書——ムハンマド・アンワル・サーダー

ト大統領による］. Cairo: Dār al-Sha‘b.

al-Jabalī, Muṣṭafā

1985 “Qaḍīya al-Arḍ al-Jadīda 2: al-Tajriba al-Miṣrīya fī Istiṣlāḥ al-Arāḍī.”［新しい土地の課題2――土地開拓におけるエジプトの経験］*al-Ahrām al-Iqtiṣādī*, 6/3/1985, 855: 34–36.

Jallād, Fīlīb b. Yūsuf

n.d. *Qāmūs al-Idāra wa-al-Qaḍā’ (al-Juz’ al-Awwal)*［行政・司法辞典（第一部）］. n.p.

al-Kāsānī, ‘Alā’ al-Dīn Abū Bakr b. Mas‘ūd

1997 *Badā’i‘ al-Ṣanā’i‘ fī Tartīb al-Sharā’i‘*［法の配置における技芸の驚嘆］. Beirut: Dār al-Kutub al-‘Ilmīya.

Khayrī, Haytham

2011 “<Tūshkā wa-Tur‘a al-Salām wa-al-‘Uwaynāt>… al-Aḥlām al-Qawmīya allatī Iḥtalla-hā al-Fasād”［「トシュカとサラーム運河とオウェイナット」――腐敗が奪い取った民族の夢］*al-Shurūq*, 16/2/2011, 746: 7.

Kishk, Muḥammad ‘Āṭif

1999 *al-Arḍ wa-al-Mā’ fī Miṣr: Dirāsa fī Isti‘māl wa-Idāra al-Mawārid fī al-Zirā‘a al-Miṣrīya*［エジプトの土地と水――エジプト農業における資源の利用と運営に関する研究］. Cairo: Mīrīt li-l-Nashr wa-al-Ma‘lūmāt.

al-Majma‘ al-‘Arabī al-Qānūnī, ed.

n.d. *al-Mawsū‘a al-Qānūnīya al-Shāmila li-Dawla Miṣr (DVD)*［エジプト国家に関する法律全集（ＤＶＤ）］. Cairo: al-Majma‘ al-‘Arabī al-Qānūnī.

Mar‘ī, Sayyid

1957 *al-Iṣlāḥ al-Zirā‘ī fī Miṣr (al-Ṭab‘a al-Ūlā)*［エジプトの農地改革（初版）］. n.p.

1970 *al-Zirā‘a al-Miṣrīya*［エジプト農業］. Cairo: Wizāra al-Zirā‘a wa-al-Iṣlāḥ al-Zirā‘ī.

Najīb, Muḥammad Fatḥī

2003 *al-Tanẓīm al-Qaḍā’ī al-Miṣrī (Ṭab‘a Mazīda Munaqqaḥa)*［エジプトの司法組織（増補版）］. Cairo: Dār al-Shurūq.

Nawawī, Muḥyī al-Dīn Abū Zakarīyā’ Yaḥyā b. Sharaf

2006 *Rawḍa al-Ṭālibīn*［学徒の庭園］. Beirut: Dār al-Kutub al-‘Ilmīya.

Qadrī Bāshā, Muḥammad

2012 *Murshid al-Ḥayrān ilā Ma‘rifa Aḥwāl al-Insān fī al-Mu‘āmalāt al-Shar‘īya*［ムルシド・ハイラーン（人間状況の知に向

けた法的行為について悩める者への導き)］. Beirut: Manshūrāt al-Jabalī al-Ḥuqūqīya.

Qiṭā‘ al-Shu’ūn al-Iqtiṣādīya

2011 *Nashra Iḥṣā’āt al-Zirā‘īya (al-Juz’ al-Awwal, al-Maḥāṣīl al-Shitawīya 2009/2010)*［農業統計報告書（第一部、冬作物二〇〇九／二〇一〇年］. n.p.

n.d. *Nashra Taqdīrāt al-Dakhl al-Zirā‘ī (‘Ām 2010)*［農業所得推計報告書］. Cairo: Wizāra al-Zirā‘a wa-l-aIstiṣlāḥ al-Arāḍī.

Ramzī, Muḥammad

1994a. *al-Qāmūs al-Jighrāfī li-l-Bilād al-Miṣrīya min ‘Ahd Qudamā’ al-Miṣrīyīn ilā Sana 1945: al-Qism al-Thānī: al-Bilād al-Ḥālīya (al-Juz’ al-Thānī: Mudīrīyāt al-Gharbīya wa-al-Minūfīya wa-al-Buḥayra*［エジプト国土地理辞典、古代エジプトから一九四五年まで　第二編――現在の国土（第二部：ガルビーヤ県、ミヌーフィーヤ県、ブハイラ県)］. Cairo: al-Hay’a al-Miṣrīya al-‘Āmma li-l-Kitāb.

1994b. *al-Qāmūs al-Jighrafī li-l-Bilād al-Miṣrīya min ‘Ahd Qudamā’ al-Miṣrīyīn ilā Sana 1945: al-Qism al-Thānī: al-Bilād al-Ḥālīya (al-Juz’ al-Rābi‘: Mudīrīyāt Asyūṭ wa-Jirjā wa-Qinā wa-Aswān wa-Maṣlaḥa al-Ḥudūd)*［エジプト国土地理辞典、古代エジプトから一九四五年まで　第二編――現在の国土（第四部：アスユート県、ギルガー県、ケナー県、アスワーン県、国境局)］. Cairo: al-Hay’a al-Miṣrīya al-‘Āmma li-l-Kitāb.

al-Sanhūrī, ‘Abd al-Razzāq

1986 *al-Wasīṭ fī Sharḥ al-Qānūn al-Madanī (9): Asbāb Kasb al-Milkīya ma‘ al-Ḥuqūq al-‘Aynīya al-Aṣlīya al-Mutafarri‘a ‘an al-Milkīya (Ḥaqq al-Intifā‘ wa-Ḥaqq al-Irtifāq)*［ワスィート（民法注釈全書）第九巻――所有権取得の理由および所有権から派生する本源的権利］. Beirut: Dār Iḥyā’ al-Turāth al-‘Arabī.

Sharika Shill li-l-Taswīq, ed.

1996 *Aṭlas Ṭurq Miṣr*［エジプトの道路地図］. Cairo: al-Hay’a al-‘Āmma li-l-Ṭurq wa-al-Kibārī wa-al-Naql al-Barrī.

‘Uthmān, Usāma

2007 *al-Mawsū‘a al-Qaḍā’īya fī Amlāk al-Dawla al-Khāṣṣa fī Ḍaw’ al-Qaḍā’ wa-al-Fiqh*［司法および法解釈に照らした私的国有地法注釈全書］. Alexandria: Munsha’a al-Ma‘ārif.

N.A.

2008[1888] *al-Majalla (al-Ṭab‘a al-Thālitha)*.［メジェッレ（第三版)］al-Āstāna al-‘Ulyā: Maṭba‘a al-Jawā’ib.

N.A.

2011　*Qānūn al-Idāra al-Maḥallīya wa-al-Lā'iḥa al-Tanfīdhīya Wafqan li-Ākhir al-Taʿdīlāt*［地方行政法および施行令の最新版］.
Cairo: Dār al-ʿArabī.

図表一覧

や

ら・わ

わ

ま

な

は

さ

索　引

著者紹介

竹村和朗（たけむら　かずあき）

1980年生まれ。

2015年東京大学大学院総合文化研究科博士課程単位取得満期退学。博士（学術）。

専攻は、地域研究（中東・エジプト）、文化人類学。

現在、日本学術振興会特別研究員PD（東京外国語大学アジア・アフリカ言語文化研究所）。

単著として、『ムバーラクのピラミッド：現代エジプトの大規模沙漠開発「トシュカ計画」の論理』（風響社、2014年）。共著として、『現代エジプトを知るための60章』（明石書店、2012年、鈴木恵美編）、『動乱後のエジプト：スィースィー体制の形成（2013～2015年）』（アジア経済研究所、2018年、土屋一樹編）。共訳として、『女性をつくりかえるという思想：中東におけるフェミニズムと近代性』（明石書店、2009年、アブー＝ルゴド編）。論文として、「エジプト口語アラビア語の諺：異文化を見る窓として」（『アジア・アフリカ言語文化研究』82号、2011年）、「エジプト2012年憲法の読解：過去憲法との比較考察」（上・下、『アジア・アフリカ言語文化研究』87・88号、2014年）など。

現代エジプトの沙漠開発　土地の所有と利用をめぐる民族誌

2019年2月10日　印刷
2019年2月20日　発行

著　者　竹村和朗
発行者　石井　雅
発行所　株式会社　風響社

東京都北区田端4-14-9（〒114-0014）
Tel 03(3828)9249　振替 00110-0-553554
印刷　モリモト印刷

ISBN978- 4-89489- 257-6 C3039